退職給付の財務報告

―利害調整と信頼性付与の構造―

中村文彦 著

東京 森山書店 発行

序　　文

　本書は，現代の経済システムの1つである財務報告が，退職給付という社会制度と関わりを持つ場合に生じる問題および理論を論究したものである。

　退職給付は，労働市場における労働の需要および供給に密接な関わりを持つ制度であり，現代経済においては，その制度上の構造からユニークでかつ複雑な役割を担っている。例えば，年金基金は，資本市場における投資活動を通じて，機関投資家という形で日々の資産価格形成を左右するほどの強大な権力および影響力を有している。また，株主としての年金基金は企業統治の問題についても重要な関わりを持っている。

　しかしながら，このような経済面での影響の大きさと重要性にも関わらず，どのようなメカニズムからそのような投資活動が導かれるのかという点を説明する理論は，十分に議論されてきているとは言い難い。本書では，この投資活動を導く鍵を財務報告の中に求めている。特に，退職給付の運営活動および財務報告のいずれもが経営者によって行われることに着目し，企業会計の経済的な影響の視点から，経済および企業会計のダイナミックな交錯を研究している。

　ところで，日本の新しい退職給付の財務報告体系は，資本市場を重視する日本版ビッグバンを端緒としていることから，投資家への意思決定の情報提供機能を重視する。しかし，現代の企業会計には，投資家への意思決定情報提供だけでなく，利害関係者間の利害調整機能も求められているはずである。退職給付の財務報告と運営活動，特に投資活動との間に，なんらかの関係があるのであれば，利害調整機能が重視されないことで問題が生じるのではないか，そういった疑念が本書における基本的な問題意識を形成しているといえよう。

　理論仮説の提示，検証可能な命題の導出，検証という経済学の一連の研究プ

ロセスからみれば，本書には「検証」という残された大きな課題が存在する。これについては，今後の研究活動で逐次明らかにしたい。

本書の刊行に際しては，まず恩師である善積康夫教授（千葉大学）に感謝を申し上げなければならない。本書は，千葉大学に提出した博士学位論文をもとに加筆・修正を行ったものであるが，善積教授にはその執筆の間，常に親身なご指導とご鞭撻を賜ってきた。ここに深く感謝を申し上げるとともに，今後も精進することをお誓いしたい。

千葉大学大学院の博士課程でご指導を賜った井上良二教授（龍谷大学），大塚成男助教授（千葉大学）にも感謝を申し上げる。著者は博士学位論文の執筆中，難問に遭遇する度，両先生の研究室に伺った。その度に，両先生はいやな顔ひとつせずに，異なるアプローチで，著者を叱咤激励し，解決へと導いてくださった。両先生の胸を借りることができたからこそ，この研究がひとつの形にまとまったのである。また，井上教授には本書の出版に関してひとかたならぬご尽力を賜っている。博士課程ではその他，高橋賢助教授（横浜国立大学）からも管理会計の視点からご助言を賜った。千葉大学の西千葉キャンパスでの知的探求の日々は，その後の研究活動の大きな原動力となっている。それぞれの先生に，重ねて感謝を記したい。

そもそも，著者が退職給付会計を研究テーマに選んだのは，大学院の修士課程において故新井清光教授（当時早稲田大学）に御指導頂いた頃であった。残念ながら，博士論文の執筆中に先生は他界された。先生より最後にいただいた手紙にあった「どうか良い論文を書いてください」という一言に，本書は果たして応えることができたのであろうか。謹んで先生のご冥福をお祈りしたい。また，大学院の先輩，川村義則助教授（早稲田大学）には，在学中よりひとかたならぬご厚恩を受けている。

著者は，日頃より日本会計研究学会ならびに様々な研究会においても，発表・報告の機会に恵まれ，多くの先生方より研究に対するご助言と励ましを頂いている。厚くお礼を申し上げたい。

出版事情が厳しい時節にも関わらず，市場性の乏しい本書の出版を引き受け

てくださった森山書店社長菅田直文氏，同社編集部長土屋貞敏氏，同社スタッフの方々にお礼を申し上げる。

　最後に私事にわたることをお許しいただきたい。著者の学究生活を見ることなく他界した祖父中村清に感謝したい。計数に明るい人物であった祖父は，精神面でもまた物質面でも著者を支えてくれた。本書のテーマは年金の大切さを説く祖父が導いたのかもしれない。祖父の墓前に謹んで本書を捧げ，冥福を祈りたい。良質の家庭教育を与えてくれた母敏子にも感謝を贈る。生活に心安らぐ場を与えてくれる，妻の久美子，長男の知誠そして長女の美月に感謝したい。

　2003年6月

中　村　文　彦

目　　次

第1章　問題の所在と研究方法
第1節　問 題 の 所 在 …………………………………………………*1*
1　序 …………………………………………………………………*1*
2　日本版ビッグ・バンによる情報提供機能の重視 ………………*2*
3　利害関係の変化と問題の所在 ……………………………………*5*
第2節　退職給付会計研究の構想…………………………………*8*
1　Basset［1976］の提示する退職給付会計の基本論点 ………*8*
2　COFRI［1997］の提示する退職給付会計の基本論点 ………*10*
3　退職給付会計研究の視点 ………………………………………*13*
4　先行研究および研究方法…………………………………………*14*
5　本 書 の 構 成 ……………………………………………………*17*

第2章　退職給付会計の分析視座
第1節　序 ……………………………………………………………*21*
第2節　退職給付会計システムにおける利害関係 ……………*22*
1　所有権の視点における利害の対立関係 ………………………*22*
2　リスクの視点における利害の対立関係 ………………………*23*
3　信託の法理における退職給付の利害関係 ……………………*24*
第3節　退職給付会計の利害調整 …………………………………*27*
1　利害調整プロセスへの関心 ……………………………………*27*
2　退職給付会計の利害調整機能 …………………………………*28*
　（a）　分析における仮定 …………………………………………*28*

（b）利害対立のトライアングル関係 …………………………… *29*
　　3　退職給付会計における利害調整のメカニズム ……………… *33*
　　　（a）利害調整と会計選択との関係への着目 …………………… *33*
　　　（b）第1段階の会計選択と利害調整………………………………… *34*
　　　（c）第2段階の会計選択と利害調整 ……………………………… *36*
　第4節　退職給付会計情報の信頼性 ………………………………… *38*
　　1　退職給付会計情報の信頼性 ………………………………………… *38*
　　2　信頼性付与の責任配分構造 ………………………………………… *40*
　　　（a）経営責任と退職給付会計情報の信頼性 …………………… *40*
　　　（b）保険数理業務責任と退職給付会計情報の信頼性 ……… *42*
　　　（c）公認会計士と退職給付会計情報の信頼性 ………………… *43*
　第5節　退職給付会計の分析フレームワーク ……………………… *45*
　　1　分析フレームワークの提示 ………………………………………… *45*
　　2　利害トライアングルの分析フレームワーク ………………… *46*
　　3　退職給付会計システムの分析フレームワーク ……………… *47*
　　4　信頼性付与の責任配分構造の分析フレームワーク ………… *50*
　　5　その他の分析視点 …………………………………………………… *51*

第3章　退職給付会計の生成
　　　　──企業年金の危機と退職給付会計の模索──

　第1節　分析の焦点 …………………………………………………… *59*
　第2節　会計規制以前の退職給付会計 ……………………………… *60*
　　1　退職給付会計の生成環境 …………………………………………… *60*
　　2　規制以前の退職給付会計およびディスクロージャー ……… *61*
　第3節　退職給付会計に対する規制動向 …………………………… *67*
　　1　初期の退職給付会計制度 …………………………………………… *67*
　　　（a）退職給付コストと退職給付制度運営 ……………………… *67*

（b）規制初期の過去勤務コストをめぐる議論 ……………………… 69
　　2　退職給付コストの認識および測定の変化 ……………………… 75
　　　（a）年金ROIの重視と退職給付会計の変化 ……………………… 75
　　　（b）保険数理法に基づく退職給付コスト算定 …………………… 77
　　　（c）発生基準の適用に関する議論 ………………………………… 79

第4章　退職給付会計の展開
　　　　──退職給付会計に対するERISAの影響──

第1節　退職給付会計の統合的視点からの分離 ……………………… 87
　　1　ERISAによる利害バランスの変化 ………………………………… 87
　　2　FASBによる2つの退職給付会計プロジェクト ………………… 90
第2節　退職給付会計システムの形成 …………………………………… 95
　　1　退職給付制度と企業財務の関係 ………………………………… 95
　　2　SFAS 35の設定における利害調整 ……………………………… 97
　　　（a）SFAS 35における利害調整の主体 …………………………… 97
　　　（b）制度の範囲に関する議論 ……………………………………… 98
　　3　拠出企業の退職給付会計基準設定における議論 ……………… 101
　　　（a）SFAS 36における未決の問題 ………………………………… 101
　　　（b）年金負債に関するFASBの論点整理 ………………………… 104
　　　（c）SFAS 87設定プロセスにおける議論 ………………………… 109
　　　（d）無形資産の問題 ………………………………………………… 112
　　　（e）追加負債の算定における年金債務の議論 …………………… 114
第3節　小　　　括 ……………………………………………………… 116

第5章　合衆国型の退職給付会計システム
　　　　──株主主権の企業システムと退職給付会計──

第1節　合衆国の退職給付システム …………………………………… 123

第2節　合衆国における退職給付会計 …………………………124
1　退職給付制度における利害のバランス ………………………124
- （a）　合衆国型退職給付システムの特徴 ………………………124
- （b）　合衆国型企業システムと退職給付制度 …………………125
- （c）　経営者行動に対するERISAの機能 ………………………128

2　退職給付会計システムにおける利害調整 ……………………130
- （a）　退職給付会計基準の設定における利害調整 ……………130
- （b）　会計方針の選択とERISA …………………………………134

3　信頼性付与の構造とERISA …………………………………137

第3節　合衆国の退職給付会計システムにおける
　　　　　測定と報告 ………………………………………………140
1　退職給付の運営活動に関する測定 ……………………………140
2　退職給付債務の測定 ……………………………………………141
3　退職給付制度資産の測定 ………………………………………146
4　SFAS 35におけるディスクロージャー ……………………150
5　報告利益計算とSFAS 87における退職給付コスト ………155
- （a）　報告利益計算と年金費用 …………………………………155
- （b）　報告利益計算と年金負債 …………………………………164

第4節　合衆国における退職給付会計の構造 ……………………169

第6章　日本型の退職給付会計システム
　　　　──従業員主権の企業システムと退職給付会計──
第1節　日本の退職給付会計システム ……………………………177
第2節　退職給付会計と日本型企業システム ……………………180
1　退職給与引当金の会計処理 ……………………………………180
- （a）　退職給与引当金に関する基本的考察 ……………………180
- （b）　過去勤務費用の会計処理に関する議論 …………………187

2　「もう1つの資本」としての退職給与引当金の機能 ……………189
　　3　退職給付制度のシフトと日本型企業システムの揺らぎ …………192
　　　（a）　退職給付制度のシフト ………………………………………192
　　　（b）　退職給与引当金会計および企業年金会計の相違 …………194
　　4　年金基金の会計問題 ………………………………………………196
　第3節　日本の退職給付会計システムの構造分析 ……………………198
　　1　利害バランスと退職給付会計 ……………………………………198
　　2　退職給付会計基準による測定と報告 ……………………………205
　　　（a）　計算構造の概要 ………………………………………………205
　　　（b）　退職給付会計基準における負債計上 ………………………208
　　　（c）　退職給付会計基準の年金費用計上 …………………………210
　　　（d）　計算構造の特徴と注記による開示事項 ……………………213
　　3　信頼性付与の構造に関する分析 …………………………………214
　　　（a）　経営者とアクチュアリーの関係 ……………………………214
　　　（b）　経営者と公認会計士の関係 …………………………………219
　　　（c）　公認会計士とアクチュアリーの関係 ………………………221
　第4節　小　　　括 ………………………………………………………221

第7章　退職給付会計の日米比較

　第1節　比較分析の視点 …………………………………………………227
　第2節　退職給付会計の形成過程の比較 ………………………………228
　　1　利害バランスの変容過程 …………………………………………228
　　2　利害調整と信頼性付与の構造に関する形成過程 ………………230
　第3節　利益計算構造に関する日米比較 ………………………………238
　　1　利益計算構造の比較の意義 ………………………………………238
　　2　拠出企業の財務報告に関する比較 ………………………………240
　第4節　小　　　括 ………………………………………………………253

終章　総括と展望 …………………………………………………… *257*
　　　──知識から知恵への転換──

引用文献・参考文献 ……………………………………………… *265*

第1章
問題の所在と研究方法

第1節 問題の所在

1 序

　退職給付に関する会計は，実務面においてのみならず，近年，1つの研究領域として，ますます重要性を帯びてきている。それは，この会計領域が退職給付を財政面から支えるという役割を持っているためであり，また会計理論の点からも，資産・負債評価をはじめ利益概念などの本質的な事項に対して重要な問題を提起するためである。

　かかる重要性が日本で一般に理解されるようになってきたのは，日本版ビッグ・バンのなかで退職給付会計に対するドラスティックな改革が行われたことに端を発している。その内容を大まかに分ければ，次の2つに集約することができるだろう。第1に，金融資本市場における透明性・公正性の向上という命題を達成するために企業会計改革が行われ，退職給付に関する財務報告を拡充するための退職給付会計基準が公表されている。第2に，資本市場における退職給付資金の投資運用活動の効率性および慎重性を両立し，退職給付制度を維持・強化するために，投資環境の改革[1]が行われている。この結果，退職給付会計がもつ意思決定情報の提供機能が強調され，退職給付の財務報告制度に注目が集まることとなったのである。

　本来，企業会計には，投資意思決定情報の提供機能だけでなく，分配可能利益情報を中心とした利害調整機能が求められているはずである。なぜなら，現代社会における財務情報の需給均衡は，投資意思決定情報の提供機能を重視する証券取引法系列の財務報告規制と，利害調整機能を重視する商法系列の財務

報告規制という2つが，財務報告のミニマム・ラインとして供給者（企業）に課されることで成立しているからである。このような制度会計の本質を前提とするならば，情報提供機能を重視するような制度の変革には，利害調整というもう1つの重要な機能を歪めてしまうデメリットも存在したはずである。にもかかわらず，情報提供機能を日本版ビッグ・バンで重視したのはなぜであろうか。ここでは，そのような問題意識を出発点として，退職給付会計における問題の所在を明らかにしてみたい。

2 日本版ビッグ・バンによる情報提供機能の重視

　退職給付の財務報告システムは，企業（財務報告書の作成者）が退職給付会計情報を供給し，ステークホルダー（財務情報利用者）が当該情報を需要する市場であるととらえることができる。この財務報告によって提供される投資意思決定情報の内容を考える場合には，一般に，株価との関係において，伝統的アプローチと経済的アプローチの2つの視点から論じられることが多い。伝統的アプローチにおいては，報告利益が資本市場とシステマティックに連動することが想定されている。この立場においては，報告利益を操作することで株価が操作できるという考えに立っているために，財務報告における報告利益の計算構造に重点がおかれている。一方，経済的アプローチにおいては，株価は，予想される将来の税引後キャッシュ・フローを，リスクに見合った分で割引いた現在価値に等しくなるものと考えられている。この立場においては，報告利益はキャッシュ・フローの予測に対し役立つかぎりにおいて有効な業績尺度となり得る。したがって，財務報告における利益計算構造の重要性は，伝統的アプローチに比べて相対的に薄れることになる。どちらのアプローチもともに重要な視点であるため，それらは投資および与信意思決定情報の内容に反映されることになる[2]。

　このような視点からすれば，日本版ビッグ・バンによって拡充された会計情報が主としてキャッシュ・フローに関するものである理由が鮮明となる。年金基金等の退職給付資産は，現代社会において機関投資家[3]による巨大な資

金[4]として，資本市場・債券市場・不動産をはじめとする各種財市場に投資・運用され，大きな影響力を有している。投資・運用に関するリスクの分散は，現代投資理論に基づけば，個々の資産のリスクおよびリターンを考慮して行われるべきであるが，日本版ビッグ・バン以前のポートフォリオ規制のもとでは，リスク分散およびリターン追求の各手法をともに十分に行うことが出来なかった。退職給付会計情報もまた，アセット・ミックスの変更あるいはポートフォリオ変更等を決定するためのリスク見積り指標として十分に活用されていなかったのである。

　そこで，株式，社債券等の各投資資産の特性を考慮に入れない一律の投資規制を撤廃することで，退職給付資金を保有する年金基金等の機関投資家が効率的な投資を行い得る環境を整え，運用パフォーマンスの向上から加入者の退職給付を増大させる可能性をもたせたのである。これによって，公的年金が万が一財政難を乗り切れなかった場合にも，企業年金の給付財源を確保することで老後保障としての整合性を保つことも不可能ではなくなるというメリットが得られることになる。特に，確定給付制度（後述）の場合，給付の時点にまで拠出企業の責務が及んでおり，運営パフォーマンスの悪化に基づく積立不足に対する拠出企業の追加的なコスト負担が義務付けられている。従って，退職給付の運営が失敗し，退職給付額を財源で十分に賄いきれないような場合には，事業主が加入者の退職給付の受給権を保護する必要が生じることになる。そうであるからこそ，年金投資の失敗を1つのリスク・ファクターとしてキャッシュ・フロー情報に表現し，従業員の最低給付を保証する必要があったのである。この点が大幅に改善されたことによって，国際間の自由な投資資金移動を阻害する要因も減少したと考えられよう。

　ところで，キャッシュ・フローが重視されたからといって，分配可能利益も依然として重要な情報であることは間違いない。それは，ステークホルダー[5]間の利害調整という，投資者の情報ニーズとは異なった視点からの退職給付財務情報が必要とされることに関係がある。財務情報に利害調整機能を想定する場合，財産の受託者が委託者のために顛末としての財務報告を行うスチ

ュワードシップ会計（stewardship accounting）が重視される。しばしば，「自己と他人との利害の線引き（安藤［1989］，165頁）」という言葉で表されるように，その中心的な役割を果たすのは，財務諸表の利益計算構造によって算定される利害裁定基準としての報告利益，特に分配可能利益[6]（稼得利益）である。それは，利益計算構造を通じて算定された分配可能利益が，活動の顛末としてディスクローズされることを通じて，債権者，株主をはじめとするステークホルダー間の利害調整が行われるためである。

このことは，たとえば，「稼得利益情報は，一般に，経営者の受託責任または会計責任を評価するための中心である（SFAC 1, par. 51）」といわれ，それが経営者の評価尺度として有効であると考えられていることからも，また，「企業の将来のキャッシュ・フローおよび良好なキャッシュ・フローを生み出す企業の能力についての投資者，債権者その他の情報利用者の関心は，企業のキャッシュ・フローに関する直接的な情報よりもむしろ稼得利益に関する情報についての関心と主として結びつくことになる（SFAC 1, par. 43）」と考えられていることなどからも明らかであろう。こういった視点も加味すれば，稼得利益情報およびキャッシュ・フロー情報の双方が十分に考慮されてこそ，投資意思決定情報が有用となり得ると言えよう。

無論，情報提供機能の視点からキャッシュ・フローが重視され，利害調整構造の視点から分配可能利益に関する情報が重視されるという本質に基づいて考えれば，日本版ビッグ・バンによって情報提供機能が重視されたことで，分配利益情報に比べてキャッシュ・フロー情報のウエイトが相対的に増大したことは明らかである。しかしながら，キャッシュ・フロー情報も報告利益情報もともに，情報提供と利害調整のどちらにも役立つ情報であり，この点からすれば，情報提供機能の視点からキャッシュ・フロー情報を強化することは利害調整機能の強化にもつながっているはずである。

もともと退職給付制度は，従業員給付を目的として企業に設置されながらも，その運営をもっぱら企業側に委ねてしまっている。このために，退職給付の運営に関して，企業側の保有する情報と従業員が保有する情報とは非対称と

ならざるを得ない。すなわち，ステークホルダーとしての従業員は，このような情報の非対称性を回避するために，必然的に退職給付の財務報告を求めるインセンティブを有しているのである。情報提供機能の強化が，これを満たす役割を担うことは明白である。経営者には株主の利害を確保する責任とは別に，従業員給付の確保に対する責任があるはずであり，それを評価するためには退職給付の運営に関するキャッシュ・フロー情報が欠かせないからである。

3　利害関係の変化と問題の所在

　ところで，退職給付会計における情報提供機能の重視は，従業員に対してメリットだけでなくデメリットをもたらすことにも注意を必要とする。ここではこの点について考えてみよう。これまで日本経済は，いわゆる日本的経営の3種の神器――長期継続雇用[7]，年功序列賃金，企業別労働組合――を武器にして，製造業の牽引によって成長を遂げてきた。その中核となったのは，日本型分業システム，つまり長期相対取引によって行われた系列取引のような「意図された企業間分業」と，「柔らかな企業・作業場内分業」[8]である。それによって，国際的にみて「相対的に高い生産効率性」を維持してきたのである。しかしながら，退職給付会計の情報提供機能の重視によって，将来のキャッシュ・アウトフロー情報としての追加年金コスト情報や，発生主義による期間退職給付費用の計上が確定給付制度に規定されることで，従業員側の人的資源管理の方向は大きく変えられる可能性を有している。

　たとえば，拠出企業が自らの企業価値を創造することに重点をおき，企業戦略策定のために割引キャッシュ・フロー分析（DCF分析）による企業評価を行う場合を考えてみよう。年金費用をはじめ年金コストは，企業において重要なキャッシュ・アウトフローの構成要素となることから，積立不足や年金運用の失敗によって年金損失が生じることは，企業財政に対するマイナスの要素として市場において評価される可能性がある[9]。

　このような状況を回避するために，経営者は人件費削減の方向に向かうことになる。このような労働コスト問題に対処する際，経営者が採りうる方策はい

くつか考えられる。まず，賃上げは行っても，その増加分に見合うだけの退職給付額の減額を行うというケースが考えられる。給付の切り下げである。次に，制度を確定給付型から確定拠出型に変更してしまうケースもあり得る。この場合，企業の退職給付に対する責任は毎期の掛金拠出を行った時点で消滅するので，退職給付に関するリスクを従業員が負うことになる。また，経営者が生産拠点を他の地域に移すというプロジェクトを採用する可能性も生じてくる。時には，給付水準を維持あるいは増大しようとする従業員との間の労働需給バランスが崩れ，退職給付をめぐる利害の対立構図[10]が形成されることもあろう。

このような状況においては，労働インセンティブとしての退職給付の機能が低下し，単なる労使関係の対立のみならず，1つの企業体としての結束力が損なわれることになる。そうなれば，従来のように良好な労使関係に基づいて形成されてきた「効率的で柔らかい企業内分業」が崩壊の危機にさらされることになる。日本の年金資産規模が名目 GDP の約 13.4%[11] にも上ることを考慮すれば，退職給付のコスト・ベネフィットをめぐる労使交渉問題は，産業構造転換をはじめとして日本経済の根幹を揺るがしかねないともいえるだろう。

さて，以上における検討から，資本市場の機能向上という日本版ビッグ・バンの「錦の御旗」のもとで，情報提供機能の重視という視点から行われた退職給付会計制度の整備には，問題が存在することが判明した。この変革の根本的なルーツからすれば，合衆国・国際会計基準等において先行的に形成された退職給付会計が模範とされていることは明らかである。しかしこの場合，この退職給付会計制度が依然として利害調整の視点から十分に検討されていないことは，制度的にも理論的にも問題となる。それが結果的に，退職給付の財務報告システムを形成するバック・グラウンド，つまり退職給付システムおよび会計理論との関係を十分に考慮せずに取り入れられることになるからである。

まず制度の視点から問題を考えてみよう。例えば，合衆国における退職給付会計は，従業員の受給権保護を明確にした包括的な退職給付法である，従業員退職所得保障法（Employee Retirement Income Security Act : ERISA）の整備に

端を発して構築されている。ERISA でそれに関わる各経済主体間の利害関係が明確に規定されたので，そこに示されるステークホルダーの利害を十分なレベルで確保することが会計基準設定において目標とされ，利害調整機能が強化されているのである。これに対し，日本ではこれに相当するバック・グラウンドが存在しないまま，単に投資意思決定の情報提供機能を重視する目的のみから退職給付会計が整備されている。すなわち，経済主体間の利害を調整する視点が明らかに劣位におかれてしまっているのである。その結果，従業員の受給権を保護するための退職給付会計の整備が，従業員自身の利害を逆に侵害する可能性をもつという脆弱性が内包されているのである。

次に，会計理論の視点から問題を考えてみよう。日本版ビッグ・バンによる情報提供機能の重視から導かれた退職給付会計基準は，退職給付の運営活動をどのように認識・測定，記録・計上，報告するという一連の継続記録過程の検討よりも，むしろ，国際化という流れによって情報提供機能を重視した視点から設定されている。それゆえ，会計利益の計算構造に関しては，それまで伝統的にステークホルダーの利害調整機能を果たすものと考えられてきた歴史的原価 (Historical Cost : HC) をベースにした体系[12]から，退職給付の運営活動に関わるキャッシュ・フローをあらかじめ評価するのに役立つ情報を算定するために時価＝発生基準の枠組みを想定した計算体系へと変貌を遂げたのである。

しかしながら，退職給付の財務報告を考える場合，本来は，基本財務諸表，脚注による情報開示，その他の補足情報をどのように組み合わせて財務報告書をデザインするかが争点となるはずである。すなわち，退職給付制度の運営活動をどのように企業の財務報告書に表現すれば，情報提供と利害調整の2つの機能を果たすことができるのかということが議論の中心となるのである。この点からすれば，退職給付の運営活動をどのように認識・測定し，利益計算構造に関わらしめるかにつき十分議論をしないまま，単に制度だけを移植しても，利害調整に対して十分に機能することは望めないだろう。このように考えれば，上述のような問題を解決するためには退職給付会計をステークホルダーの利害調整の視点から分析するフレームワークを構築することが急務と思われる

のである。

第2節　退職給付会計研究の構想

1　Basset［1976］の提示する退職給付会計の基本論点

さて，以上までの検討によって本研究の対象となるべき領域の輪郭は示されたものと思われる。しかしながら，研究方法に関する吟味は依然として行われていない。そこで，一般に退職給付会計にはどのような論点が存在しているのかという点を考慮しながら，最終的な本論文における研究方法を示したい。まず，少し古い文献であるが，Basset［1976］に幾つかの基本論点が示されているので，最初にこれをベースにして検討を加えてみよう。

Basset［1976］の示した基本論点（p.12）は次の7つである[13]。
① 会計および報告のエンティティーはどうあるべきか。
② 年金制度の財務会計および財務報告に特有の目的は何であるか。
③ 財務諸表を作成するのに最も適切な会計の基準（basis）は何であるか。
④ 年金制度の多様な資産分類を説明するためにはいかなる測定基準を用いるべきか。
⑤ 年金給付の責務を
　（a）財務諸表上，負債または資本として表すべきか。
　（b）脚注あるいはその他のディスクロージャーにより表すべきか。
　（c）まったく行わないのか。
⑥ 年金制度の財務活動はどのように報告されるべきか。
⑦ 年金制度の財務諸表ではどのようなディスクロージャーが要請されるか。

まず①においては，退職給付会計を行い報告するのはどの主体であるかという問題が提示されている。この問題を検討することが重要であることは，次の点を考え合わせれば明らかである。多様な形態で行われる退職給付システムは，多くの経済主体が関わっていることで法律的にも複雑な利害関係を構成し

ている。エンティティーつまり財務報告主体の決定は，退職給付システムを構成する多くの経済主体の中から会計責任を負わせる財務報告主体を決定することに等しいのである。言いかえれば，財務報告主体として定められた経済主体は，自身を含めてそのステークホルダーに対する利害裁定を行う責任を与えられるのである。

　②の論点では，退職給付会計，特に年金会計固有の目的は何かを求める必要性が提示されている。確かに，会計上の真実が「相対的真実」に基づいて決定される近代会計においては，会計目的観を照らし合わせた考察は必要不可欠である。財務報告基準の会計計算構造は会計目的によって規定されることから，財務報告のあり方も当該報告を通じてステークホルダーの利害関係を決めることになるのである。そういった意味においては，この年金会計固有の目的を探究する視点は，次の③の基本論点につながってくることになる。

　③では，年金費用計上などの問題において，現金基準（cash basis），発生基準（accrual basis）等のなかから退職給付会計において用いるべき基準を議論することが退職給付会計の1つの論点であることが示されている。これらは費用・収益の計上基準であると同時に，資産・負債の評価にも深く関っており，この問題をどのように考察するかによって利益計算構造が規定されることにもなるのである。

　④では，退職給付制度資産の評価問題がクローズ・アップされている。年金基金は，一種の金融機関としての機能を有しており，財務理論に基づいた財政計算によって運営が行われている。この意味では，資産の評価は日々のマーケットの動向に基づいた評価に基づくほうが望ましいと想定されるだろう。しかしながら，近代会計の計算構造における資産・負債評価は，取得時の市場価格をベースにして決定されたものである。つまり，この問題が提起された1979年当時においては，年金制度資産と企業会計の資産評価は本質的に異なっていたのである。この問題を解決することも，退職給付会計の論点の1つとなっていたのである。

　⑤の論点は，年金制度の負債つまり年金債務の問題に焦点を当てたものであ

る。退職給付債務は，バランスシートの貸方側にかかわるものである。この場合において，負債も資産と同様歴史的原価による評価を行うことが近代会計上定められてきた。しかしながら，先述したように年金基金が財務理論に基づいて運営されていることから，年金債務を現在の価値で評価することのほうが実態に即しているといえるのである。このことを前提とすれば，バランスシートの貸方側と年金債務との関係を議論する必要が生じてこよう。

⑥および⑦に関しては，次のような背景が存在する。この Basset の論文が書かれた当時は，財務理論の領域において，年金基金および企業それぞれの財務をどのように関係付けるのかがトピックスとなっていた。というのも，合衆国では ERISA が 1974 年に公表され，「従業員の受給権保護」が企業経営者に明確に義務付けられたためである。

企業に対するそのような義務は，企業財務上においては年金リスクという負担として表現されることになる。そのため，企業の財務報告においてこの実質関係を反映させるべきかに議論が集まっていた。中でも最も注目されていた点は，従来考察されてきた年金会計の測定問題③，④に加えて，年金会計の新しい測定問題，すなわち上記の ERISA に由来する年金リスクを企業の利潤計算構造に関らしめることの是非を検討することであった。

この問題は，企業と年金基金双方の立場から考察することが出来る。まず，企業側から見れば，年金基金の年金資産および年金債務を，企業利潤計算における計算パラメータとして関わらせるべきか，補足情報として公表するべきか公表しないのかが問われることになる。反対に，これを基金側から見れば，基金としてどのような情報を開示すべきかが問われることになる。つまり⑥および⑦はこの双方の立場からの論点を提起したものである。

2　COFRI［1997］の提示する退職給付会計の基本論点

以上のように Basset 論文では，退職給付会計の領域においてこれまで議論が行われてきた点が明確に示されている。しかしながら同論文は 1976 年の文献であり，今日の視点に立脚した退職給付会計の基本論点の網羅に関しては，

不十分と言わざるを得ないだろう。そこで，日本における退職給付会計基準の設定に先立って議論され公表された企業財務制度研究会（Corporation Finance Research Institute：COFRI）［1997］における基本論点を検討したい。COFRI［1997］では次のような主要論点があげられている（103頁）。

① 従業員に対する将来の給付債務はどのように見積もるべきか。
② 給付債務の見積額を各期の費用として配分するためには，どのような基準によることが妥当か。
③ 貸借対照表において認識すべき年金負債はどのようにとらえるべきか。
④ 事業主が負うべき年金給付債務の現在価値は一定の割引率を用いて算出されることとなるが，割引率としてはどのような率を用いるべきか。
⑤ 年金給付債務を測定するためには年金給付債務を決定する変数（基礎率）を見積もることが必要になるが，基礎率の見積もりはどのように行うべきか。また見積もりの範囲はどこまでとすべきか。将来の給与水準を見込むことは妥当か。
⑥ たとえば，年金資産の期待収益率が実際の収益率を下回った場合のような，前提と実績の差異，前提を変更したことによる差異は会計上どのように扱うべきか。
⑦ 制度の導入，改定によって生ずる過去勤務費用はどのように処理すべきか。
⑧ 前提のとりかたによって結果に大きな差が生ずることになるが，このような点について開示面でどのように配慮すべきか。

先の Basset 論文に比して，COFRI の示す基本論点には，少なくとも，次のような特徴を見出すことが出来る。まず第1に，COFRI の論点は Basset の論点よりも今日的で具体的な内容が反映されていることが指摘できる。Basset が基本論点を示した当時は，まだ先例となり得るだけの包括的な退職給付会計基準が，どの国にも存在していなかった。これに対し，COFRI では，既に合衆国，イギリスおよび国際会計などで会計基準が先例として成立しているために，その違いを念頭に置きながら論点が整理されているのである。退職給

付債務の計算において，前提や仮定のとり方はパラメータを変動させ，算定利益に影響を与える。つまり，これらを念頭に置いた上で論点を示しているのであり，Basset の論点よりも具体的である。

　第2に，COFRI の報告書と Basset の論文とでは財務報告に対する会計上のとらえかたに違いがあることが指摘できるだろう。Basset の問題提起は，ASOBAT（A Statement of Basic Accounting Theory）［1966］の公表を受けて，少なくとも，利用者指向の財務報告を想定しているものと考えられる。ただ，当時の会計理論の状況からも明らかなように，利用者に情報を伝達することのみを想定していることは否定できない。これに対し，COFRI の報告書では会計が経済的なインパクトをもつという今日的な考え方に立っている(14)。

　まず，④の割引率に関しては，次のような問題が存在する。割引率は，年金債務として算定された将来の給付額を，今日の価値に変換する際に用いられる。しかしながら，割引率を高く設定することは，いま用意すべき給付準備資金が過少に評価される可能性を含んでいる。それは，退職給付制度に対して企業および従業員がいま拠出しておくべき金額が，割引率を高くすることによって少なめに算定されるからである。反対に，割引率が低く設定されていると給付資金を過剰に積みたてる危険性を有している。この場合は，多めに拠出額が算定されるからである。

　④の論点は年金債務の算定方法に関する論点というよりも，むしろ算定された債務を企業が負担すべき退職給付コストとしてどのように表すかという問題である。しかしながら，⑤の基礎率の見積りの問題や，⑦の過去勤務費用の問題は，年金債務そのものを算定することに関わる重要な問題である。⑤の基礎率の見積もりが異なれば，年金債務そのものが過少にあるいは過大に評価されることになるためである。

　⑦の過去勤務コストの問題は，制度の改訂によって生じた年金債務の増分であるが，それを企業の利潤計算にどのように関わらしめるかを議論することも退職給付会計における1つの論点であることが示されているのである。

　今日の退職給付会計における問題は，年金負債の測定評価の問題のみではな

い。制度資産の期待収益率をどのように予想するのかといったことも，計算構造上重要な論点の1つである。退職給付の運営においては，後述するように，退職給付債務の管理と制度資産に対する投資運用管理の2つの側面を考えることが必要不可欠である。制度資産の投資運用管理には，期待収益率という投資に先立った見積もりが用いられることになる。実際の収益率が期待収益率を下回るあるいは上回る場合には，⑥の期待収益率と実際値の差異の処理が問題となり，また退職給付費用をはじめとする⑧の会計数値の変動可能性も問題となるであろう。これらの点についても，退職給付会計は考察を迫られることになるのである。

3　退職給付会計研究の視点

　以上の2つの文献検討を通じて，退職給付会計の基本論点が理解されたと思われるが，情報提供機能の重視によって引き起こされる利害関係の変化の問題を検討するためには，これに加えて次のような特質を理解することが重要であると思われる。第1に，制度の多様性に基づいて，退職給付制度と企業のリスク・テイクについての関係が異なっている点に注意をしなければならない。確定給付制度の場合，制度運営リスクを企業が負うために，企業の業績に当該リスクが直接関係する。したがって，退職給付会計においてはそれをどのように表現するべきかが問題とされるのである。ところが，確定拠出制度の場合には，企業は運営のリスクを負わないことからこのような問題が生じない。このように考えれば，リスク・テイクと企業財務の関連性についての整理は十分に行われる必要があるといえよう。

　第2に，退職給付に関する各種の経済主体の利害関係と，制度運営に関する責任関係が，信託法等に基づいて複雑に構成されているということを考慮しなければならない。退職給付会計においては，このような法律的なバック・グラウンドとは別に，会計エンティティーを設定し，それらの退職給付システムを構成する経済主体を，財務報告主体とそのステークホルダーという関係に再構成することとなる。この再構成が適切に為されなければ，会計的な側面における

利害関係を損なうばかりか，法的な利害関係を損なう可能性も考えられることになる。

以上より，本研究の視点を次のように設定する。1つめは，退職給付制度に関わる経済主体として，受給者である従業員，資金拠出者および運用責任者である経営者，企業の経営戦略との関わりから退職給付会計政策に関心を有す企業の株主，という3つのステークホルダーに着目し，それぞれの利害がどのような関係にあるのかを明らかにする。2つめは，退職給付の財務報告システムにおける上記のような利害調整を支える会計情報にどのようなメカニズムで信頼性が付与されるのかを明らかにする。3つめは，退職給付会計システムの構造を明らかにするために，歴史的な視点から分析を行う。前述の2つの文献に見られたように，退職給付会計の論点は時代とともに変化を遂げてきているが，歴史的なプロセスの理解なくしては，上の2つの分析が十分に行い得ないからである。4つめは，退職給付会計がどのような点で会計理論上の問題を有しているのかを明らかにする。会計基準の国際化の動向と資本市場の問題は密接に関わることを考え合わせれば，金融商品の会計基準と並んで重要な問題提示をする退職給付会計基準を，会計理論面から再検討することには十分な意義が存在するはずである。5つめは，上記の利害調整を通じて退職給付会計システムがどのような経済的影響を実体経済に与えているのかを明らかにすることである。これは，退職給付会計は，企業会計と実体経済の相関関係が広く観察しやすい分野であると考えられることと深い関わりを有している。

4　先行研究および研究方法

退職給付会計に関する研究は，資本市場が発達する合衆国において早くから蓄積されてきている。もともと合衆国においては，企業経営の立場から企業年金制度の運営が行われており，ごく初期の退職給付研究においては，課税と制度の選択の問題が主たる課題とされていた。この背景には，合衆国に特有の年金税制の存在を無視し得ない。実際，信託年金制度は，課税優遇政策によって税のメリットを享受しかつ運用リターンを享受しうるために，1940年頃から

急速に普及しはじめた。この信託年金制度の普及は，企業経営者の関心を，次第に投資収益率へとシフトさせる効果を有していたために，これに伴って投資収益率の問題と年金政策の問題が次第に論じられるようになってきた。

意思決定と有用性とを結びつけ，利用者指向（user orientation）の観点に立った会計理論を求めた基礎的会計理論（A Statement of Basic Accounting Theory: ASOBAT [1966]）がAAAから公表された1966年の前後においては，株価下落によって合衆国企業の退職給付運営の失敗が明らかになっていた。このことは，Modiliani and Miller [1958] を端緒として生じた財務理論革命と相俟って，退職給付の運営と企業財務とを結びつける研究を盛んにした。

Tepper and Afreck [1974] では，年金制度から企業財務への効果が論じられ，Sharpe [1976] では年金政策を企業の立場からとらえた分析がなされた。特に，年金債務が資本市場における株価形成に関わっているかを実証分析によって検証した Oldfield [1977] は重要な役割を持っている。1980年以降に展開された Willinger [1985], Daley [1984], Dhaliwal [1986], Landsman [1986], Barth [1991] などの退職給付会計研究の基本的な視点を提供しているからである。合衆国における退職給付会計の研究領域は，退職給付会計の問題を全体的な視点から観察し，体系的に考察するという視点よりも，むしろ，このような個々の実証的な研究の蓄積によって支えられてきているといえるだろう。

ところで，一般に社会科学には，次の2つの研究アプローチがあることが広く知られている。それは，規範的アプローチと記述的（実証的）アプローチである。規範的アプローチとは，しばしば，'before the fact research' といわれるように，事前的性質を有した分析アプローチである。これは，そもそも「規範」という言葉の語義が「行為の基準」という意味にほかならないことから，あるべき姿を模索する分析としてもとらえることが出来る。一方で，記述的（実証的）アプローチについては，既に生起した事象に関して，現時点で利用可能なデータ等をもとに，主として数理・統計的分析がなされる。それによって，行動に関する説明理論を構築し，将来予測に役立てようとするのである。

記述的アプローチに関しては，'after the fact research'という表現をされることもあり，事実の分析から得られたデータに基づいて，より正確な将来予測を行うために構築されたアプローチである。この点で，規範的アプローチとは対照的であるといえるだろう。

先に示した5つの課題を研究するために，本書では投資意思決定に有用性をもつ外部財務情報が経済主体間の利害調整をも行い得ることに着目して，退職給付会計の基本的な研究方法として帰納的なスタンスをベースにした研究方法をとるものとする。記述的アプローチによって蓄積された多くの研究結果を帰納的な視点から整理し，それに基づいて退職給付会計システムの過去，現在を検討することによって，我々の進むべき未来に重要なインプリケーションが与えられるからである。ただし，本研究においては多経済主体間の行動を観察する方法論の一つであり，契約を行動原理の指標とする分析視点であるエージェンシー理論を補足的に利用する。エージェンシー理論では，ある経済主体が他の経済主体にある行為の依頼をした場合，その経済主体間には契約に基づいたエージェンシー関係が生じるものととらえる。通常，株主と経営者との間に企業経営に関する権限委譲を想定し，株主をプリンシパル，経営者をエージェントとするエージェンシー関係を中心に理論が組み立てられている。その際，株主と経営者のそれぞれが序数的な効用（ordinal utility）の尺度[15]をもつと考えるので，経営者は基本的に株主効用極大化を目指すものの，自己の利害が損なわれる場合，あるいは株主効用極大化を犠牲にしても自己の利益がある場合などには株主の利害に反する行動をとることになる。いわゆる情報の非対称性に起因するモラル・ハザード問題の発生である。この際，株主は利用可能な資源の価値減少を最小限に押さえるために，経営者行動に関してモニタリングを必要とし，会計情報にその機能を期待する。

このようにエージェンシー理論は，多種主体間の利害関係を理解するのに有効な分析ツールであり，本書の趣旨である経済的影響と利害調整の関係を明らかにするためには必要な研究方法であると考えられる。

5 本書の構成

　本書では，退職給付会計を日米比較という視点から分析する。冒頭において述べたように，退職給付の財務報告に関する日本の改革は国際化を前提としたものであるが，実際には，退職給付制度を取り巻く環境は各国において一様ではなく，それゆえ退職給付会計システムはその不均質な環境下において形成され，各国に固有の与件によって異なったものとなっている。このことを前提とすれば，真の意味での国際化を促進するためには，退職給付会計システムの構造が，双方の国でどのようなフレームワークの下で実行されているのかという視点から望ましい退職給付の財務報告を考察する必要が存在するだろう。

　具体的な分析については，次の構成によって行う。第2章においては，まず，分析対象である退職給付会計システムにおける利害関係の整理を行う。その際，退職給付システムを，(ⅰ)所有権，(ⅱ)リスク，(ⅲ)信託法，の3つの視点から分析することによってその特徴を明らかにする。次に，そのような対立する各経済主体の利害調整機能が退職給付会計に期待されている理論的な背景を検討し，その上で本書の課題を分析するための分析枠組みを検討する。

　続く，第3章「退職給付会計の生成」および第4章「退職給付会計の展開」では，退職給付会計を先駆的に整備してきた合衆国において，退職給付会計がどのように発展してきたのかを分析する。他国に先駆けて退職給付会計基準の整備にあたってきた合衆国の退職給付システムは，現在のような姿になるまでに，様々な要素が関わっていた。その中でも，従業員の受給権保護を理念とするERISAの成立は，退職給付会計を「生成」というステージから「展開」というステージにまでドラスティックに変化させる役割を担っている。退職給付会計システムの構造を正しくとらえるためには，このような法制度が必要とされた根本的な要因が理解されていなければならないと思われる。このような視点に立ち，退職給付会計システムの形成プロセスで繰り広げられた利害に関する争いと，それが会計基準の形成にどのように関わっているのかをここで分析するのである。

　第5章「合衆国型の退職給付会計システム」では，第3および第4章の分析

において導き出された特徴に基づいて，合衆国の退職給付会計システムが現状においてどのような機能を利害調整において有しているのか，そしてそのような機能を支える機構はどのように構築されているのかという点を分析する。合衆国では，ごく早期より退職給付会計基準の形成が試みられてきただけでなく，ERISAなどの法制度の整備をはじめとして退職給付システムの体系化がなされてきている。合衆国の退職給付会計システムを1つの体系として理解するには，このような退職給付会計の形成と企業システムの関わり，あるいは職業会計人や保険数理人などの専門プロフェッションの利用可能性などに関する検討も行わなければならない。退職給付のステークホルダーの利害関係が，合衆国型の企業システムとERISAの機能によってどのように位置付けられているのかという点を出発点として，合衆国における退職給付の財務報告の実像に迫ってみたい。

同様に，第6章「日本型の退職給付会計システム」では，次のような分析が行われる。日本の場合には，退職給付一時金制度というユニークな退職給付の慣行が企業経営に深く根ざし，日本企業の企業システムの特徴を導き出している。企業年金制度の導入は，後発的に起こっているのである。それゆえ，退職給付会計システムが現在の姿になるまで，退職一時金に対する引当金会計と年金会計がそれぞれ異なったフレームワークにおいて行われていた。

ここでは，これらの特徴が現在の退職給付会計システムにどのように関わっているかを明らかにし，日本の退職給付会計システムを成立させる会計基準と，退職給付の財務報告における2つのトライアングル構造の検討を行う。

第7章の「退職給付会計の日米比較」では，主に5章および6章における議論を踏まえて，日米の退職給付会計システムの構造に関する比較分析を行う。ここでは，退職給付会計システムの構造全体の比較をはじめとして，第2章で導かれる2つの基本的トライアングルのそれぞれについて日米比較を行う。

上述のような検討を十分に行ったうえで，終章の「総括と展望」では，これまでの分析を総括し，今後の展望を導くための結論的な検討を行うものとしたい。

注

（1） この点については，通産省［1997］において次のような課題として示されている。①企業年金，投資信託等の運用規制の撤廃を通じた資産運用の効率化，②確定拠出型年金の実現を通じた資本市場への資金供給の拡大，③企業年金資金の効率的な運用確保の観点からの受託者責任の明確化，（81-87頁）である。

（2） たとえば，合衆国の財務会計基準審議会（Financial Accounting Standards Board：FASB）が公表する財務会計の諸概念（Statement of Financial Accounting Concepts：SFAC）の1号によれば，当該情報はキャッシュ・フローに関する情報，企業の一会計期間の業績に関する情報（SFAC 1, par. 42），経営者の受託責任の遂行に関する情報（par. 50）などから構成されている。この場合のキャッシュ・フロー情報は，企業への正味キャッシュ・インフローの見込額，その時期およびその不確実性をあらかじめ評価するのに役立つものでなければならない（par. 37）。

（3） 従来，株主としての年金基金は議決権を行使せず長期に株式を保有する安定株主であると考えられていた（Brancato［1997］, p. 22）。ところが近年は議決権を積極的に行使する方針を打ち出すようになっている。この背景には，投資家としての年金基金のジレンマが存在する。保有株の大量放出によって急激な価格下落（株価暴落）を起こす可能性があるためである。したがって，当該株式を売却したくても売却できない年金基金は，このような保有リスクを回避するために，議決権の行使に踏み切るのである。

（4） 合衆国のマーケットに流入する退職給付資金は，ERISAによって規制されていることから，「ERISAマネー」と呼ばれ，その動向が株式相場に影響を与えている。

（5） FASBの概念ステートメントでは，企業のステークホルダーを外部情報利用者という呼称で表している（SFAC 1, par. 27）。同ステートメントではこのほかにも，弁護士，エコノミスト，研究者等もこの情報利用者に加え，広範な情報利用者を想定している。

（6） 分配可能利益は，債権者保護および出資者保護の思想を背景とする商法系統の会計において重視されている。安藤［1985］によれば，商法会計制度における債権者保護と出資者保護の内容は次のようになっている。債権者保護は，第1に商人の詐欺破産及び過度破産の防止（破産防止），第2に破産の判定ないし予知手段の債権者への提供（状況開示），第3に株式会社の配当規制（資本維持），を内容としている（3-5頁）。一方で，投資者保護に関しては，第1に分配利益の計算に関する出資者相互間の利害の調整（利益調整），第2に財産管理の受任者から委任者（出資者）への顛末報告（顛末報告），第3に財産管理の受任者から委任者（出資者）への状況報告（状況報告）を内容にしている（3頁および6-7頁）。

（7） 一般には終身雇用制度とされるが，退職後にグループ企業に出向するケースもあるので，一概に終身雇用であるとはいえないという見解もある。

（8） 橋本［1992］によれば，柔らかな企業・作業場内分業とは，「ある人が欠勤すれば，

作業グループ内のだれかにその負担がかかる仕組みだということであり，この関係が相互に了解されているということ（46頁）」である。この関係を作業グループ内で可能にするために，従業員には広い技術力の習得が求められる。
（9）　企業評価の観点から年金コストに言及するものとしては，実務家による次の文献を参照。Copeland, et. al.［1990］では，年金コストはフリー・キャッシュフローの特殊な構成要素として考えられており，年金に関するキャッシュ・フローを計算する際には，年金制度における超過積立あるいは過少積立が企業評価と整合的に行われる必要があることが述べられている。
（10）　労働大臣官房政策調査部編［1997］の統計によれば，労働争議の際に退職年金を含む退職金が紛争事項になった労働組合は，1987年が13.3%，1992年には18.4%，1997年では12.1%にのぼっている。これを企業規模別の割合で見ると，5,000人以上の企業では9.3%，1,000から4,999人の企業では21.5%となっている。このことから，労働コストの問題が労使交渉の対立の主要因となっていることは明らかである（労働大臣官房政策調査部編［1997］，319頁）。
（11）　ライフデザイン研究所編［1999］の統計データでは，平成9年度の年金資産残高は，適格年金においては191,545億円，厚生年金基金では485,778億円となっている。また，名目GDPに関しては5,045,656億円である。
（12）　例えば，Ijiri［1967］，pp. 66-67（井尻［1968］90-91頁）を参照。
（13）　ここで提示した以外に，Bassetはもう一つ問題点を提示しているが，それは合衆国における年金会計基準設定に固有の問題であるのでここでは省略する。
（14）　ASOBAT［1966］においては，「情報の利用者が事情に精通して判断を行うことができるように，経済的情報を識別し，測定し，伝達するプロセスである（p.1）」とされている。また，AICPAの会計原則審議会（Accounting Principles Board：APB）のステートメント4号での定義は，「経済上の意思決定を行う上に有益な，経済体に関する数量的な関係（主として，本質的に財務的な情報）を提供すること（par. 9）」である。これに対し，FASBは財務報告に焦点を絞り，財務報告を「経営および経済的意思決定を行うにあたり有用な情報を提供すること（SFAC 1, par. 33）」と位置付けている。
（15）　このような序数的効用の尺度は，経済数学的には効用関数によって表現されることになる。ミクロ経済学の教科書では，しばしば合理性の公準を説明する際に，経済主体が効用関数を有することが述べられている。

第2章

退職給付会計の分析視座

第1節 序

　一般に，退職給付システムは，その複雑性および信託法の特殊性などにより権利関係がとらえにくいと考えられている。確かに，OECDによる退職給付の国際比較の活動（OECD [1992]）などに示されているように，退職給付制度は各国で多様な形で展開されているのも事実である。また，信託法は英米法に由来する法律であるために，大陸法の法体系における諸国と英米とでは，退職給付信託に関する実務および制度が異なることも当然である。

　しかしながら，退職給付会計の利害調整構造に着目するのであれば，まずこれに先立って，退職給付制度に関わる経済主体の利害関係を，十分に分析可能な形で整理しなければならないであろう。つまり，退職給付制度ごとの相違をひとつのまとまった体系としてとらえる必要があるのである。そこで，制度ごとの相違にとらわれない形で退職給付制度全体をとらえるために，「退職給付システム」というひとつの概念をひとまず想定することにしよう。

　本章では，最初にこの退職給付システムの特徴を整理し，そこにおけるステークホルダー間の利害対立の構図を明らかにする。次に，このような対立するステークホルダー間の利害を，企業会計がどのように調整するのかという点について，2つの会計選択という分析視点から，退職給付会計の利害調整構造を検討する。さらに，退職給付の財務報告がモラルハザードなどの問題を回避し利害調整という機能を果たすための理論的な仕組みについても検討した上で，本書における退職給付会計の分析視座を示すことにする。

第2節 退職給付会計システムにおける利害関係

1 所有権の視点における利害の対立関係

　付加給付ともいわれる退職給付制度は，企業における人的資源管理（Human Resource Management : HRM）の一環をなすものである。Ivancevich [1995] によれば，HRM のプロセスは，企業内外環境の影響下で，人的資源に関する取得，報酬，開発，保護および評価，といった一連のフローを行うもの（p.36）であり，退職給付制度はこのうちの「人的資源の報酬」に属している。

　従業員と企業との間では雇用契約が締結されるが，退職給付制度が企業に設置される場合，あらかじめ労使間で労働報酬の一部を退職給付によって受取る契約がなされる。その場合，労働役務に見合う報酬金額が労働者に直接渡されず，一旦企業に留保され，年金基金等に積立てられたうえで，退職時に退職給付が支給されることとなる。このように，退職給付制度においては，従業員が提供する労働とその対価を巡る労使間の利害関係が基本構図として成立する。

　しかしながら，退職給付制度は多様であることから，実際にはこの利害関係を制度ごとに異なったものとして解する必要が生じる。退職給付制度には，退職一時金制度（Lump Sum Retirement Benefit Plan）のように退職時に支給されるものと，確定給付年金制度（Defined Benefit Pension Plan）および確定拠出年金制度（Defined Contribution Pension Plan）のように企業年金によって一定の期間支給されるものとがあり，それぞれで企業が行う HRM の内容が異なってくるのである。

　退職一時金制度の下では，引当金処理を通じて資金が内部留保されるので，退職給付資金は企業の稼動資本の一環として給付に至るまで経営に用いられ，一方で，退職給付コストおよびベネフィットは企業の利益計算のなかにすべてとりこまれるのである。これに対し，企業年金の場合には，信託契約あるいは保険契約によって外部に拠出された資金は企業の稼動資金とは明確に分離さ

れ，企業と資金の所有者たる運用受託機関との連携関係において，従業員の退職給付確保のために運用される。つまり企業年金の財政計算は，企業の利益計算とは別の枠組みでなされるのである。このような制度上の特質から，受託機関の運用失敗により給付水準が確保されない場合に，外部における損失を企業の利益計算に表示する方法がなければ，損失が認識されにくい構造になるのである。

このように「所有権」というキーワードの下では，退職一時金制度と企業年金制度の間には類似性はみられない。一時金制度の下では企業の利益計算に必然的に介入する制度運営の成果が，企業年金制度ではまったく別の計算として独立してしまうためである。それゆえ，この視点からは退職給付システムの利害関係を，1つの整合的な構造としてとらえることは出来ない。

2　リスクの視点における利害の対立関係

ここで，「リスク」というキーワードのもとで，企業年金制度の1つである確定給付制度と退職一時金との間に類似性を見出すことができる点に着目しよう。

確定給付制度は，退職給付資金を企業の外部機関に拠出する企業年金の1つである。この制度の下では，従業員に対する退職給付額は，外部機関との間であらかじめ決められた給付算定式に基づいて算定され，企業は従業員に給付が履行されるまでの運営リスクをすべて負うものとされる。この制度の下では，企業が負担する退職給付コストが2種類ある。1つは，企業が基金へと拠出すべき通常の掛金であり，それは給付額の見積り計算に基づいて決定される。企業経営の視点からすれば，この拠出掛金が確定給付制度における基本的な退職給付コストとなる。いま1つは，追加的退職給付コストである。運営上のリスクは制度設置の企業にあることから，資産の運用パフォーマンスが良好でない等により実際値が期待値を下回る場合には，企業に追加的な退職給付資金拠出の責務が生じる。そのため，この追加コストの負担を軽減するために，法的には自己の所有資産ではない年金資産を，企業が積極的にマネジメントする必要

が生じるのである。この運営は，負債サイドの要因と資産サイドの要因とを有機的に関連付け，将来の給付利用可能額を管理する年金ALM[1]として行われている。

　年金債務たる給付額を可能な限り正確に見積り，年金資産運用を効率的に管理することで最終的な給付利用可能額を管理・統制しなければ，企業が制度の運営リスクに由来するコストの低減が図れないのであれば，一時金制度の場合と同じように，確定給付制度も企業の利益計算に関わる退職給付制度として考えられるということになる。つまり，リスクの視点からは両制度には実質的に類似点が見られる[2]ということになる。

　こうして，退職一時金制度および確定給付制度における利害関係は，整合的な構造としてとらえられることが判明した。従業員の立場から見れば，企業のリスク負担によって従業員の利害が確保されることになるから，受給権確保について一種の保証があるシステムとして考えられるようになる。

　しかしながら，このリスクの視点についても完全に退職給付システムの本質を網羅しうるわけではない。例えば，同じ企業年金でも確定拠出制度[3]の場合には，年金給付額は給付算定式に基づくのではなく，企業および従業員が拠出をした掛金をもとに運用受託機関が資産運用を行い，それを従業員自身が自己の責任のもとに管理統制することによって最終的に給付額が確定する。企業の責任は掛金を拠出する時点で消滅するために，リスクの負担者は企業ではなく従業員自身となるのである。それゆえ，資産運用パフォーマンスの失敗等が追加コストとして企業の利益計算に関わることはないのである。このような制度には類似性を見出せないことを考えると，必ずしもリスクの視点が最良とは言えないことになるだろう。

3　信託の法理における退職給付の利害関係

　企業年金の場合，信託制度を利用することもあるので，各経済主体の利害関係が信託の法理から規定されることもある。ここでは，信託法においてこの利害関係がどのように表現されるのかを検討しよう。確定給付制度の場合，企業

はその運営管理のために年金信託を設定する事が多い。年金信託においては，信託の設定者（settlor）である事業主（employer），受益者（beneficiary）である従業員（employee）あるいは加入者（member），受託者（trustee）である運用の受託機関，という3つの主体によって法律関係が構成されている。信託の目的とされる財産は，信託財産（trust property）である。

年金信託契約は，基本的には，財産権（property）に関するフィデューシャリー的信認関係（fiduciary relation）として理解される。この信認関係は，一般的には，相手の信頼を受けた当事者の一方が，もっぱら相手方の利益のために行動し助言する義務を負うものであり，広義の信頼関係（confidential relation）と同義に用いられる。信頼関係を狭義にとらえる場合には，もっぱら受益者の利益のために信託財産を管理するという高度の忠実義務（duty of loyalty）を負うことになるために，受益者の利益をはかるために可能な限りの忠誠を尽くした行動をとる必要が生じる。

年金信託の場合には，基本的には，受託者である運用受託機関がフィデューシャリー責任（fiduciary responsibility）を負い，受益者である従業員のために資産の運用を行う。この2者の関係は，忠実義務に基づいた狭義の信認関係であるので，受託者が受益者と利害対立の関係になることは認められない。

問題となるのは，設定者である事業主がフィデューシャリー（fiduciary）としての責任を負うのか否かについてであるが，この点に関しては法的源流を同じくする英米法のなかでも，英国と合衆国とでは見方が異なっている。合衆国の場合には，企業年金制度に従事するものすべてにフィデューシャリー責任を課している[4]。この考えに基づけば，事業主は当然フィデューシャリー責任を負うことになる[5]。これに対し英国では，長い間合衆国に比べてフィデューシャリーの範囲が狭く設定されていた[6]のである。ただ，近年ではいくつかの判例[7]から事業主はフィデューシャリーとして見なされるようになり，受託者同様，もっぱら受益者である従業員のために資産の運用を行うという，忠実義務に基づいたフィデューシャリー責任のもとにおかれた。このことから，信託契約のもとで事業主（経営者）および従業員はフィデューシャリー的

信認関係があるものと考えることができるのである。

　ここで問題となるのが, フィデューシャリー責任の内容である。英米法においては, 信託財産の所有権に関する特有の関係が成り立っており, 信託財産の所有権が, コモン・ロー上の権原（legal title）とエクイティー上の権原（equity title）の2種類に分かれている。信託の受託者は, 信託財産に関して通常の所有権と同義のコモン・ロー上の権原を取得し, 受益者である従業員のためにこれを管理するが, 一方で, 受益者としての従業員は, 不正な処分に対して権利を行使し得る準物件的なエクイティー上の権原を獲得する。これが, フィデューシャリーに対する一種のモニタリング機能を果たすことから, 信託が継続している間, 信託財産に関する元本の維持が図られるのである[8]。

　給付額が予め算定式によって決定される確定給付制度に関しては, 企業の掛金は, 期待投資収益率に基づいて運用すれば将来時点の給付額を達し得るだけの金額として見積り計算されるので, 実際の運用結果と期待値の間に差が生じることもある。この差がマイナスの場合, フィデューシャリー責任の視点から考えれば, 積立不足に関する填補責任はフィデューシャリーに存するため, 追加的な掛金拠出を負担する責任が企業に生じることになる。ただ, この差がプラスの場合, すなわち運用の余剰（augmented benefits）の場合には, 上記のようなエクイティー上の権原に由来する填補責任とは根本的に異なる問題となるために, しばしば運用余剰額が誰のものであるかが問題となる。運用において生じた果実を, いかなる経済主体に帰属させるのかという「利害の線引き」の問題が生じるのである。この問題は, 信託財産[9]の元本と果実をどのように考えるかという問題[10]に関わる根本問題である。例えば, 運用成果は, 退職給付資金の運用受託機関に分配されるのか, 従業員および加入者の給付増額に向けられるか, それとも「拠出の休日（contribution holidays）」によって掛金を減免することで企業に還元されるか, という問題である。また, 退職給付の運営にかかる諸費用を, 上記の信託財産のどの部分に負担させるかという問題[11]もある。この点において, 信託法に基づく利害関係は複雑にならざるを得ないのである。

以上のように，確定給付制度の運営活動は，所有権というキーワードの下では企業の利潤計算から分離され，リスクというキーワードの下では企業の利潤計算に組み入れるべき問題となる，という2つの異なる視点が明らかとなった。さらに，そのような関係の本質を理解するためには信託法が重要な役割を担っていることを考慮しなければならなかった。しかしながら，これらの視点はどれも重要なものではあるが，経済的な関係をひとつの整合的な形で捉えることができないという意味では，分析のフレームワークを十分提供できるものではないのである。このことから，退職給付システムを整合的に分析しうる別の視点を必要とするのである。

第3節　退職給付会計の利害調整

1　利害調整プロセスへの関心

退職給付の利害関係が，退職給付の財務報告を通じて調整されることはこれまで幾度か指摘してきているが，その調整のメカニズムに関する踏み込んだ分析を行ってきてはいなかった。これまでの分析においては，退職給付システムが本質的にどのような利害対立関係を有しているのかを理解することを優先課題としたからである。

実際の退職給付の財務報告を考えてみれば，2元的に行われている。制度自体の財務報告と拠出企業の財務報告である。制度の財務報告によって開示されるのは，主として制度運営の財務活動であり，それは退職給付の受給者である従業員を第1の利用者としている。ただ，拠出企業の運営活動への財務的関わりについても開示しているという事実関係に着目すれば，制度の財務報告における経営者・株主・債権者といった拠出企業のステークホルダーも情報利用者として想定される。

一方，拠出企業の財務報告によって開示されるのは，企業の利益計算に対する制度運営の財務的インパクトである。それは，主たる情報利用者が上述したように拠出企業のステークホルダーだからである。ただ，これについても，拠

出企業の財務状況が退職給付の給付可能性に深い関わりを有するため，受給者である従業員も情報利用者となることが想定される。

このような2元的な財務ディスクロージャーは，なぜ行われているのであろうか。そして，その利害調整はどのようなメカニズムにおいて行われているのであろうか。本節では，このような疑問に対して次の2つのステップで分析を行う。第1に，近年において会計の役割を論じるときに用いられるようになってきたアプローチの1つであるエージェンシー理論（agency theory）によって，前節において考察した退職給付の利害関係を，企業会計の利害調整機能の視点から分析ができるように一つの整合的な関係として整理・分類する。第2に，利害調整と財務報告プロセスにおける会計選択との関係に着目し，利害調整のメカニズムに関する分析を行う。

2　退職給付会計の利害調整機能
(a)　分析における仮定

エージェンシー理論[12]の下では，まず，企業は投資家，債権者，労働者，経営者，その他各種経済主体間の契約の連鎖（nexus of contracts）から成り立つものと想定される（Fama [1980], p.289）。人物Xが自己の目的のために，特定の行為に対する意思決定を人物Yに依頼した場合，プリンシパル――（principal）Xおよびエージェント（agent）Yの間にはエージェンシー関係（agency relationship）が成立しているという状況仮定がなされる（Jensen and Meckling [1976], p.308）。契約が履行されると，XからYへ報酬が支払われることになるが，少なくとも，この報酬額は，契約当初の段階で代替機会に見合うように設定される。加えて，この理論では次のような幾つかの前提がおかれる。第1に，プリンシパルXおよびエージェントYはともに自己の期待効用を極大化（効用の極大化の仮定）するものと想定している。個々の主体には，効用関数があることを想定するのである。第2に，プリンシパルXおよびエージェントYの関心や利害は，必ずしも一致しない（利害不一致の仮定）と想定している。第3に，すべての人間が同質同量の情報を有す事がないという仮

定(情報の非対称性:informational asymmetry)に立っている。以下では,退職給付システムに関してこのような幾つかの仮定的状況を想定したうえで,権限の委譲と報酬の関係に着目し,その利害関係を分析する。

(b) 利害対立のトライアングル関係

上記の契約関係において,Xを株主,Yを経営者とおきかえると,株主および経営者間に企業経営に関するエージェンシー関係を想定することができる。経営者は,企業経営のエージェントとして株主の効用極大化を目標とした行動をとることになる。経営者は,その契約内容を遂行することによって当事者間で事前に合意された報酬を受け得るようになり,その報酬は経営成果としての利益から支払われ,一方で株主は報酬支払後の剰余を剰余権者(residual claimant)として受領する立場となる。実際は,両者の関係は会社法における忠実義務および注意義務の関係を基礎に成立することになる。

この契約関係からすれば,経営者が企業経営において行う退職給付の運営活動は,企業の利潤を極大化するための手段としての側面が強調されることとなる。具体的には,HRMにおいて効率良く労働者を管理し,また労働コスト低減および生産性の向上,さらには退職給付ベネフィットの増大といった様々な視点から企業の利潤極大化が追求されることとなるのである。この場合例えば,経営者の立場からすれば,労働者との労使関係を円滑にし生産性を増大するために,従業員の効用を満たす退職給付制度を採用しようとするが,ビジネス・リスクを負担する株主の立場からすれば,退職給付コストはできるだけ削減させるべき課題であるという対立関係も見出せよう。例えば,株主の利益を強大化するためには追加コスト負担の回避が望まれるので,制度資産の投資活動において追加コスト負担をもたらす可能性が高いアクティブ投資(active investment)戦略よりも,運営リスクをとらないようなパッシブ投資(passive invest)戦略をとると考えられる。

一方,退職給付は従業員に対する制度であるという点に着目すると,別の契約関係が導かれる。従業員をプリンシパル,経営者をエージェントとしてとらえれば,労働契約に基づいたエージェンシー関係を想定することができるので

ある。従業員より労働役務報酬の一部を委託された経営者は，自己の利益を追求しつつ，一方で，従業員効用を極大化するために，企業内部に留保されるかあるいは外部機関に拠出される資金を運用しなければならない。例えば，従業員の立場からは給付水準の増大を図るためにアクティブな投資政策が望まれるが，一方で経営者にはパッシブな投資政策によって給付財源を確保することで，従業員に対する責務を果たすことへのインセンティブも存在する。このような捉え方は，元本維持が達成されず従業員の受給権が危機にさらされた場合，従業員が経営者に，信託法におけるエクイティー上の権原を根拠に元本維持・損失塡補を求め得ることを説明するためにも有効であろう。

つまり，経営者が行う退職給付の運営活動には，本質的に従業員の給付を確保し従業員の効用を極大化することを目的とするものと，株主の利潤を極大化することを目標とするものの2つの方向性が存在するのである。利害対立（conflict of interest）という視点から，経営者，従業員そして株主の3主体の利害関係をとらえると図表2-1のように表されるだろう。

それでは，2つの契約におけるプリンシパル同士の関係はどのように考えら

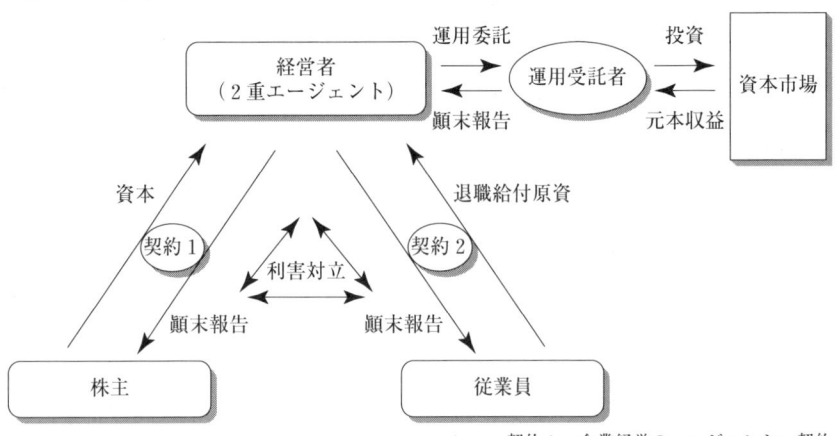

図表2-1 退職給付システムの利害関係

契約1…企業経営のエージェンシー契約
契約2…退職給付のエージェンシー契約

れるだろうか。企業経営者は，図表2-1の契約1に基づいて株主効用極大化を目指し，他方で契約2に基づいて従業員効用の極大化も目指している。両契約の本質的な方向性は相違することから，従業員と株主の利害が一致する可能性は極めて低く，したがって2重エージェント（dual agent）たる企業経営者には，企業の株主効用と従業員効用とを相対的に満たすように行動することが期待されることになる。しかしながら，どちらかの利益を優先することは他方の利害を侵害することにもつながるために，このような関係が対立関係になることはしばしば避けられないだろう。つまり，経営者としては，企業の所有者である株主の利益を優先するのか，あるいは，従業員の労働意欲向上を促し生産性を向上させるために従業員の利益を優先するのかを，自己の利害を確保しつつ決定する必要があるといえよう。

このような対立は具体的には，制度のデザインを巡る対立などを考えてみればよいだろう。例えば，確定給付制度より確定拠出制度のほうが企業のコスト負担が少ないと考えられる場合には，制度を変更するような行動を経営者がとることもある。また，給付の削減や，退職一時金制度から企業年金制度への移行などの行動も，退職給付システムのデザイン変更という形で考えることができよう。これらの変更は，従業員にとっては給付額そのものの増減を左右する問題であり，また株主の視点からは，企業のコスト負担という点で自己の利害に関わる問題なのである。

ところで，経営者と従業員の関係は，視点を変えれば，従業員が経営者へ余剰資金を貸し付けているに等しいものとも解釈し得るだろう。そうであるならば，従業員は企業の一種の債権者として，銀行あるいは社債保有者等と同様の立場に置かれるものとも想定しうる。通常，債権者は貸付当初の条件に基づいて企業に資金提供を行うが，その際貸倒れのリスクを負っている。債権者は，貸倒れのリスクを避けるために，経営者に当初の貸付条件に沿った経営行動をとるように期待することになるが，債権者および経営者の相互関係にも利害の不一致・情報の非対称性等の関係を仮定すれば，経営者は必ずしも債権者の期待効用を満たすようには行動しない。この想定のもとで，経営者が株主の利益

を追求する経営行動をとるのであれば，債権者は自己の富を犠牲にされることになるので，これを回避するために債権者には「最終的に資金が回収されるまで，経営者の意思決定に対して直接または間接に影響力を発揮したいという動機（岡部［1985］，p.104）」が本質的に生じる。配当の不当な増加・株主の利益優先等に基づいて企業資金が流出し，その債権価値を低下させないようにするために，貸付け期間中の経営者行動に対して事前に制限条項（restrictive covenant）[13] を加えるのである。

そのような債権者の性質を，退職給付システムにおける従業員に擬制すれば，従業員は受給までの長期にわたって運営活動に影響力を持とうとするものと想定し得るだろう。運営原資を企業に対する一種の貸付けと考えれば，長期貸付が無事回収されるか否かは，HRMにおける退職給付コストの管理と運営活動の成否にかかっているからである。その意味で，制限条項同様の制約が本質的に経営者に要請されるのである。このような経営者行動の制限は，労使の基本的な関係を双方の合意の上で設定する労働協約に表現されているものと解することができるだろう。

ただし，労働者に2つの意味で日常的に経営者行動を抑制する機会が与えられていることは注意を要する。まず，企業の生産活動において重要な役割を担っている従業員は，使用者たる経営者に対し日々の労働提供を通じて牽制をすることができる。自己の利害を犠牲にされることで，従業員の労働インセンティブが低下すれば，最終的にそれが生産性の下降等によって企業業績に反映され，経営者の報酬の減少をもたらしかねないからである。次に，従業員は，運営活動における自己の利害を維持・増大するために，労使交渉において協議を行うことができる。そして，それらの協議事項を労働協約として成文化することができるのである。もし，労働協約が経営者によって遵守されない場合，従業員の利害が侵害されることになるので，ストライキ等の権力行使を行うことができるのである。

結局のところ，エージェンシー分析のフレームワークを用いることによって退職給付システムの利害関係は，ひとつの整合的な形としてとらえることがで

きるようになった。それは，先ほどの図表2-1に示されているように，従業員，経営者および株主という3つのステークホルダーのトライアングル関係によってとらえることができたのである。

3 退職給付会計における利害調整のメカニズム
(a) 利害調整と会計選択との関係への着目

これまでの議論から，退職給付システムにおけるステークホルダー間の利害調整の方向は，企業経営者の裁量にもっぱら委ねられていることが判明した。ただ，エージェンシー理論における情報の非対称性のもとでは，本質的には経営者の行動を観察し得るだけなので，逆選択（adverse selection）やモラル・ハザード（moral hazard）等の問題を考察する必要がある。

外部会計情報，すなわち財務報告が一定の規制のもとで，少なくともエージェントの行動に関する情報の非対称性解消に役立つ手段となることは，会計学の研究領域において Watts and Zimmerman [1986]，岡部 [1985] などによってこれまで示されてきた。この考えのもとでは，退職給付の財務報告を通じて，従業員，株主，経営者間の利害が調整され，それぞれの効用が確定するのである。この外部財務情報の開示に対する動機は，情報の利用者の立場からも，また情報の作成者の立場からも存在する。特に経営者は，エージェントとしての自己の報酬を確定し効用を極大化するためにも，自ら進んで情報を開示しようとする。このように，退職給付会計は財務報告という社会的な制度を通じて退職給付システムの利害調整をする機能を有している。その財務報告は，退職給付会計基準に従って行われるものであるから，どのような退職給付会計基準がデザインされ，どのように情報作成者に利用されているかを考えることが利害調整を分析する上で非常に重要となってくる。

退職給付の会計情報を作成する企業の視点からみれば，制度の運営目的は少なくとも2つ存在する。従業員に対しては，制度の設置者として給付の確保および増大を目指さなければならず，一方，企業経営の視点からは，株主をはじめとするステークホルダーに対して，企業利益を確保するための退職給付運営

を行わなければならない。この2つの目的は，いわばコインの表と裏の関係のようにとらえることができる。本質的に異なるこの2つの目的を考えれば，運営活動の成果は，それぞれの利害関係者に対し別々に報告されることが望ましいはずである。なぜなら，従業員の給付を確保するための運営活動においては，余剰金管理（Surplus Management）を背景にした計算体系がとられ，それに基づいた財政計算が行われているのに対し，拠出企業の利潤計算は伝統的に資本維持計算を背景にした計算体系のもとで行われてきたからである。余剰金管理の成果が企業の利潤計算に整合的でない形で関わることになれば，業績指標としての報告利益に2つの異なった計算体系からのアウトプットが混入するという問題を生じることになってしまうのである。その場合，会計受託責任に対する経営者の遂行状況を評価する指標としての報告利益の役割[14]が損なわれてしまう。そればかりか，退職給付の運営活動の顛末が利害関係者に正確に報告されないこととなり，退職給付制度の経済主体間の利害調整は全体として最適な形にはならないことになる。そこで，このような2つのエージェンシー関係に対する顛末報告は，退職給付の運営活動に関する財務報告として2面的な形で行われるようになってくるのである。

実際に，退職給付の運営活動がこれら2つの財務報告書に表現されるまでに2段階の会計選択[15]が行われる。第1段階の会計選択は，会計基準設定主体による退職給付会計基準の設定活動であり，第2段階の会計選択は，設定された退職給付会計基準を用いるという前提条件の下で，退職給付の運営活動を財務報告書に表現する際に，経営者が選択する会計方針である。どちらの会計選択も，分配指標および業績指標としての報告利益の算定に関わっており，その選択次第では，退職給付の利害裁定そのものを変えてしまう可能性を有している。

（b） 第1段階の会計選択と利害調整

会計基準に付与される目的および計算構造は，基準設定主体が有している会計目的観[16]および計算構造観にしたがって規定されている。これは，基準設定主体が経済社会という環境において設定され，政治機構に立脚した統治シス

テムのもとで法律・政治などの影響を受けることに由来している。かかる視点からすれば，会計基準の計算構造は基準設定主体ごとに性質の違うものとなる。つまり，設定主体が企業経営の業績測定値としての分配可能利益の算定という会計目的を重視するのか，それとも投資意思決定の情報提供という会計目的を重視するのかによって，退職給付の財務報告の内容，種類，範囲，およびそれらの外部財務情報を，財務諸表本体における報告利益計算構造，注記項目，補足情報のどの区分に記載するのかが異なるのである。

かかる基準設定活動は，一般には社会的レベルの会計選択として知られているが，これを利害調整という視点からとらえた場合，基準設定のプロセスがオープン・システムであるかクローズド・システムであるかによってその利害調整の会計基準への反映度合いは異なることが考えられる。例えば大塚[1990]によれば，合衆国の退職給付会計基準が2つの異なった退職給付債務の概念を採用する背景には，投資家，銀行などの債権者および経営者の間に財務情報をめぐる利害対立が存在している（pp. 298-304）。それは，合衆国の場合，基準設定主体たるFASBが正規の手続き（Due Process）を通じて利害関係者に基準設定プロセスをオープンにしており，そのため退職給付のステークホルダーが基準設定活動において積極的に関わり得る体制になっているからこそ可能なのである。

具体的な例[17]として，積立不足としての年金負債の計上について考えてみよう。従業員は信託財産の元本維持を年金負債によって会計基準に反映させようとする。しかし，経営者の視点からは，そのような情報は運営の失敗に対する追加的退職給付コスト，すなわち将来のキャッシュ・アウトフローを意味することから，オン・バランスさせることには強い抵抗を有する。こういったことを基準設定のプロセスでそれぞれが主張すれば，そのような利害対立を調整する基準が設定される可能性があるのである。

異なるステークホルダーの利害を調整し，そういった利害を中和するという意味での中立性が社会的会計選択のレベルで観察されるのである。その点からすれば，この段階の会計選択は退職給付の経済主体の利害調整が政治的なレベ

ルで行われる可能性をも有していると解し得る[18]。要するに，退職給付の運営活動を，いかなる会計エンティティーにおいて，どのように認識・測定，記録・計上し，利害関係者にどういった形で財務報告を行うのかといった代替的会計処理に関する諸問題は，社会的レベルの利害調整が基準設定で行われることで退職給付会計基準の計算構造に反映されるのである。

ただし，この利害調整については，主たる経済主体の団体などが基準設定のプロセスに参加するというような形で関与することが多いので，各利害関係者の性質をある程度均一でステレオタイプであると想定することになる。たとえば，A社の従業員は負債計上に積極的であっても，B社の従業員は負債計上には消極的であることもあるが，個々の相違は全体の利益優先という流れに完全に劣位におかれることになる。それゆえ，個々の企業における利害関係者の利害がすべてこの社会的選択において調整されているのではない。

（c） 第2段階の会計選択と利害調整

いったん公表された退職給付会計基準では，幾つかの会計代替案を認めていることが多い。退職給付会計基準に関しても，割引率の選択をはじめ，各種の保険数理法等の変動的パラメータに関する選択肢を会計基準において認めている。経営者は，自己の退職給付運営に直接関わる利害関係者間の利害裁定のために，退職給付の運営活動を財務報告書に表現しなければならないが，その際，それらの認められた会計代替案のなかから任意の方法を会計方針として選択しなければならない。これが第2の会計選択である。つまり，退職給付の経済主体間の利害調整は，会計方針の選択を経て財務報告書に表現された退職給付の運営活動をもとに行われるのである。この点を考えれば，退職給付の利害関係者を想定した会計方針の選択が経営者によって行われる余地が存在しているといえるだろう[19]。このような政策的な会計方針の選択は，一般に，会計政策と言われており，技術的会計政策および実質的会計政策の2種類が存在するといわれている（伊藤［1985］，15-17頁および善積［1994］，109頁）。これに従えば，退職給付会計に関しても，技術的な退職給付会計政策と実質的な退職給付会計政策の2つが存在するといえよう。会計手続きを選択・変更すること

によって会計数値を操作する「技術的会計政策」の場合，会計基準に規定される会計代替案から，企業に最も有利になるものを経営者が任意に選択した場合においても，退職給付に関する経営者行動のベクトルが変更されることはない。

しかし，経済取引を管理することによって会計数値を操作する「実質的会計政策」の場合，例えば，益出し・クロスボーダー取引といった手法によって，経営者行動のベクトルが変えられることになる。つまり，実質的会計政策の視点においては，第1段階の会計選択によって公表された退職給付会計基準が会計政策を経営者が行う際の制約条件[20]となることが暗黙のうちに想定されている。

以上の2つの会計政策を前提とすれば，退職給付システムの財務活動を財務報告に表現する経営者の行動について，少なくとも2つの可能性を考えることができる。1つは既に行われた退職給付の運営活動に関して，技術的会計政策によってもっとも有利に描写しようとする可能性である。これによれば，そのような会計方針の選択が利害調整の動向を握る鍵となる。もう1つは，実質的会計政策を用いて，自己の活動がもっとも有利に表現されるように，退職給付の運営活動のベクトルを変える可能性である。これによれば，退職給付会計の利害調整機能は，単に描写のレベルではなく，運営自体にまで影響を及ぼすことになる[21]。

経営者にとっては，財務報告において年金負債を僅少にすることが自己の経営パフォーマンスを高めることにつながる。ここで，年金負債の金額を僅少にする方法は，その算定構造から考えてみれば，（ⅰ）割引率を高く見積る，（ⅱ）同じ資産投資であっても有利な数値が算定される保険数理法を採用する，（ⅲ）リスク＝リターンの見積りを変更し投資資産のポートフォリオをより年金負債が僅少となり得るものに組みかえる，（ⅳ）期待収益率を高めることでマイナスの退職給付コストを増やす，等の方法が存在している。経営者は，これらを通じて，本質的に将来のキャッシュ・アウトフロー情報を少なく報告するインセンティブを有している。

株主，従業員等が利害確保のための権力行使をしない場合には，利害調整上の問題は生じない。つまり株主，投資家などが経営者の選択した会計政策に従って利害調整を行うものと経営者が判断した場合には，経営者は割引率を高く見積るなどの方法によって技術的会計政策をとることになる。しかしながら，投資家の視点からすれば，将来のキャッシュ・アウトフローとしての年金負債が少なめに見積られていることは不利な情報となるはずであり，当該企業を投資対象からはずす要因の1つとなり得る。これは株主においても同様であり，株主が，未計上の将来キャッシュ・アウトフロー情報の多さから，所有している株式を市場で放出する可能性も存在している。このような権力行使を経営者が事前に予想した場合には，経営者はこれを防ぐ目的で実質的会計政策を行う可能性を有していると考えられる。

　たとえば，合衆国の場合には，年金投資資産における長期債が好まれる傾向にある。長期債は株式のようなリスク資産とは異なり，運用の失敗を生じ難いという特徴を有しているためである。一般に退職給付の運用の失敗が起こった場合，通常は多額の退職給付負債が計上されることになる。しかし長期債を大量に保有する場合，運用リスクは少ないために，退職給付負債もそれだけ少額になりこのような事態を回避できるのである。この場合には，少なくとも労使交渉などによって経営者の責任が追及される状況にはなりにくいだろう。

第4節　退職給付会計情報の信頼性

1　退職給付会計情報の信頼性

　退職給付の財務報告に記載されているのは，経営者自身の経営責任に関する主張（assertion）にほかならない。ただ，情報の非対称性を仮定するエージェンシー分析のフレームワークに示されるように，経営者が機会主義的行動（opportunistic actions）によって自己の利益を追求し，モラル・ハザードの問題を引き起こす可能性も存在している。この場合には，プリンシパルが事後的な観察をし得ないことを要因として，経営者が契約の履行よりも自己の利益を

第2章　退職給付会計の分析視座　39

優先するという非効率な現象を生じさせることになる。

　企業活動にビジネス・リスクを負う株主，退職給付の原資を提供する従業員，実際に退職給付活動を行う経営者等，といった財務報告の利用者の立場からすれば，退職給付会計の情報に利害調整を確定し得るだけの信頼性（reliability）を付与することが与件として求められることになる。情報の信頼性は，会計情報の質的特徴（qualitative characteristics of accounting information）を構成する基本的特性のうちの1つである。たとえば，SFAC 2 では，信頼性および目的適合性（relevance）の2つの基本的特性が満たされてはじめて，投資意思決定情報としての有用性（decision usefulness）が備わることが示されている（SFAC 2, par. 32）。

　この信頼性を財務情報に付与させるためには，経営者行動に対する監視が，プリンシパル自身による監視費用（monitoring cost）負担のもとで行われなければならない。現代社会では，これが財務ディスクロージャー制度として規制[22]され，監査制度によって企業の作成した財務報告書を職業監査人にチェックさせることを通じて，経営者行動がモニタリングされている。HRM における制度運営および従業員のための制度運営という2つの顛末は，このモニタリングがなされた後の財務報告書によって，それぞれのプリンシパルに報告され，各プリンシパルはこれに基づいて経営者の業務遂行を評価するのである。

　従業員，株主および経営者間の利害調整構造における利害裁定の規準として，退職給付の財務報告を位置付けるためには，ステークホルダーの意思決定に有用な情報となるための信頼性が付与されるメカニズムを理解しなければならない。この鍵を握るのが，アクチュアリーおよび公認会計士という2つの専門プロフェッションの関わりである[23]。

　アクチュアリーは，保険数理計算のエキスパートであり，退職給付の年金債務見積りその他財務報告書の作成プロセスそのものに関わる高度な専門職である。財務報告における会計数値の情報としての信頼性はアクチュアリーの保険数理計算に依存する。Fogaty and Grant [1995] が，「保険数理計算の算定数値（actuarial outputs）は退職給付の財務ディスクロージャーに同化され，結

果的に当該ディスクロージャーの信頼性は，アクチュアリーによって行われる業務の質に依存することになる（p.23）」と指摘するように，アクチュアリーには高度な専門的能力が要求されている。この考え方を前提とすれば，退職給付の会計情報に対する信頼性は，まず，財務報告の作成プロセスにおける経営者およびアクチュアリーの相互関係がどのように構築されているかという視点から導かれるのである。

次に，先ほど指摘したように，経営責任の遂行に関する事後的報告である退職給付会計情報にも，公認会計士の行う外部監査によって事後的にチェックされ信頼性の付与がなされなければならない。財務報告プロセスの流れから，この監査内容にアクチュアリーの算定数値が含まれていることはいうまでもない。すなわち，経営責任遂行に関する事後的チェックだけでなく，アクチュアリーが行った専門的業務に関する監査を行わなければならず，また，独立した職業専門家同士である公認会計士とアクチュアリーとの業務連携関係を十分にチェックする必要も存在するのである。

これまでの議論から，退職給付の財務ディスクロージャーについての信頼性付与が，どのような責任配分構造で行われているかを分析するに際しては，（ⅰ）企業経営者が経営責任を遂行すること，（ⅱ）アクチュアリーがコンサルタント等として保険数理計算に関する業務その他を遂行すること，（ⅲ）公認会計士が，退職給付会計の監査を行うことで，（ⅰ）および（ⅱ）が誠実に表現されていることを保証すること，という3つを考察する必要があると考えられよう。そこで，以下ではこの3つの視点についてそれぞれ考えてみよう。

2 信頼性付与の責任配分構造
（a） 経営責任と退職給付会計情報の信頼性

まず，経営者の経営責任の信頼性を検討しよう。経営者は，株主の利益を確保し，従業員の給付を確保するという2つのタスクを抱えて，退職給付の運営活動を行っている。そして，経営者は株主に対しては業務に対する忠実義務（duty of loyalty）と注意義務（duty of care）を負い，従業員に対してはフィデ

ューシャリー責任を負っている。つまり，退職給付に関する経営者責任は，本質的にこの2つのフレームワークのもとにおかれている。

　通常，年金信託において，経営者は信託の設定者となり，運用受託者を選任・解任し得る権利を有している。運用受託者は，慎重性の原則の下で，退職給付資金を資本市場その他に投資・運用する。運用の慎重性に対する考え方には，元本の保全を重視するものと，果実を重視するものがある。前者の立場においては，信託財産の元本を維持することが運用の本質になるために，リスクをとらずかつリターンも追求しないという，消極的な運用方法が選好されることになる。一方，後者の立場においては，そのような運用に加えて，リスク・テイクで，かつリターンを追求する積極的な運用も行われることになる。現在の信託法においては後者の立場が支持されており，そういった意味からすれば，企業経営者による受託者の選択肢は極めて多様なものとなっている。

　この一方で，信託財産の受託者に所有権を移転してしまうと，設定者である経営者は，信託財産に対し何らの権利も主張し得なくなり，運用の成否に直接関わることができなくなる。それゆえ，経営者には受託者を慎重に選択することが求められる。経営者には，自己の想定するリスク＝リターンを実現すると見込まれる受託者を，事前に見極める必要が存在するのである。運用に関するリスクとリターンは，従業員の退職給付に対する効用を極大化する視点と株主の報告利益を確保する視点の2つから，経営者によって選択されることになる。経営者によって従業員のために行われる年金基金の受託者の選択は，他方で運用の事後的な成果として企業の利益計算に関わることで株主の利害を左右することになる。

　この株主の利害は，特に確定給付年金のもとでは，運用の事後的なインパクト，つまり追加的な年金コストおよび年金ベネフィットとして，企業の利潤計算において認識・測定されることになる。経営者は，運用自体には関与し得ないために，ブラック・ボックスからのアウトプットを受取るように，事後的運用成果を企業の利益計算に介入させることになる。したがって，企業経営者としては，このような事後的なインパクトを想定しながら，退職給付の運用受託

者を選択する必要があることになる。その意味では，これが経営者の退職給付に関する運営責任の根幹であるともいえるのである。

（b） 保険数理業務責任と退職給付会計情報の信頼性

次に，アクチュアリーの保険数理に関する業務責任の考察である。一般に経営者による受託者の選択は，アクチュアリーによるコンサルティングの下に行われることが多い。財務報告において，利益計算に算入する事後的な運用成果のインパクトも，アクチュアリーの計算に基づいている。このことから，企業経営者の退職給付運営活動は，アクチュアリーの専門的能力に依存していることになる。ところが，保険数理のエキスパートとしてのアクチュアリーの専門性は，各国において異なっているのが現状である。

もともと，アクチュアリーはアングロ＝サクソン型の国家において発生した職業である。英国では，1848年にロンドンのアクチュアリー会（Institute of Actuaries）が設立勅許状（Royal Charter of Incorporation）を授与された時に形成され，合衆国では，1889年にS. Homansを初代会長にアメリカ・アクチュアリー会（The Actuarial Society of America）が設立されている[24]。アクチュアリーが，今日のように退職給付システムにおける重要な位置を占めるに至った理由としては，コンサルティング型アクチュアリーの発達が考えられるだろう。これは，独立な立場から公正不偏の勧告を行うアクチュアリーをいい，その団体はイギリスにおいても合衆国においても1950年代に形成されている。

現在では，合衆国においては登録アクチュアリーという概念が導入されている。ここに登録アクチュアリーとは，連邦法であるERISAの適用対象となる職域年金制度において，数理業務を遂行するために必要とされる資格[25]である。これは，労働長官および財務長官により設置されたアクチュアリー登録委員会によって認定され，企業が確定給付年金制度の数理事項を報告する際には，必ずこの登録アクチュアリーに担当させなければならないことになっている。それゆえ，アクチュアリーは職業専門家として独立コンサルティングを行い得るほどの社会的地位を既に獲得し，その専門的能力も高度なレベルを有している。しかしながら，日本では国家資格になっていないこと等を背景に，独

立コンサルティングを行うまでには至っていないのが実状である。この様な国家レベルの差は、退職給付の実務形成において国家間の差異を生じさせる原因となり得るばかりでなく、退職給付の財務報告に関する国際的調和化においても重要な問題となって現れる。退職給付会計における会計数値がアクチュアリーの利用可能性に左右されるのであれば、たとえ同じ会計基準を適用したとしても、国家間で退職給付に関する運営が異なり、その結果退職給付会計の情報にも違いが生じることにもなる。そういった意味において、職業専門家としてのアクチュアリーの発達は、経営者責任に関わる重要な問題であるととらえ得る。

(c) 公認会計士と退職給付会計情報の信頼性

　退職給付に関する経営者責任の遂行状況およびアクチュアリーの業務遂行状況は、財務報告書に表現されることになる。そして、事後的に公認会計士による外部監査が義務づけられることによって牽制あるいはモニタリングされ、利害裁定に対する信頼性が保証される。このことから、退職給付の財務ディスクロージャーに対する会計監査には、次の2つの主要な視点が存在することになる。

　1つは、経営者によって財務報告書が誠実に作成されているか否かをチェックするという視点である。ここでは、退職給付に関する経営者の運営活動が会計取引として誠実に表現されているか、取引に関して偽装・隠蔽・仮装あるいは架空工作などがないかという事象レベルのチェック、意図的な記録の操作など、帳簿記録レベルのチェック、決算処理における会計方針の意図的な変更、会計判断の意図的な操作等の決算処理レベルのチェック、がそれぞれ行われる。

　いま1つは、経営者が利用したアクチュアリーの算定数値についてチェックを行うという側面である。高い専門性を有する職業専門家という点では、公認会計士もアクチュアリーも同じ分類に属するために、監査において、公認会計士がアクチュアリー計算を検証することには、多大な困難が伴うことになる。この問題は、監査における他の専門家の利用に関する問題の一環として考察さ

れるべき重要なテーマである。

　一般に，公認会計士による会計監査には，証券取引法系列の証券取引法監査と，商法系列の商法監査が存在している。公認会計士が証券取引法系列の監査を行う場合には，一般には企業の財務報告書が企業の財政状態および経営成績を適正に表示しているか否かが問われることになる。他方，商法系列の監査の場合には，債権者保護の思考を背景に財産保全を目的とする適法性監査が行われる。この監査制度は，国ごとに異なっている。合衆国における監査制度の場合には，連邦レベルで行われるのは証券取引法系列の会計制度であることから，証券取引法監査が中心となっている。

　これに対し，日本においては，証券取引法監査だけでなく商法監査も重要な位置付けをもっている。ただ，日本版ビッグ・バンにおいて，退職給付会計をはじめとする証券取引法系列の会計制度に変革がもたらされたために，近年においては，証券取引法の会計制度および監査制度に焦点があてられるようになってきている。ここでは，退職給付の財務報告に対して，公認会計士が適正表示に関する意見表明を行うための基準について考察してみよう。

　公認会計士が，外部監査において適正意見を表明しているか否かを判断するための拠り所は一般に認められた会計原則（GAAP）であるといわれている。しかしながら，このGAAPの守備範囲は，各国において異なっているのが現状である。日本の場合には，企業会計原則をはじめ，公表された会計基準がGAAPを構成している。この一方で，合衆国の場合には，監査基準ステートメント第69号（Statement of Auditing Standards 69：SAS 69）で示されるように，GAAPの階層構造が存在している。それによれば，監査人の意見や会計学のテキストにおける見解などもGAAPを形成することになり，かなり広範なGAAP概念になっている。これには，GAAPを監査人レベルの判断を含んだ1つの体系として規定することによって，適正性に関する監査人の判断の拠り所とし得るようになってきたという背景がある（山浦［1997］，4-9頁）。

　かかる相違を前提とすれば，公認会計士が適正意見を表明する際に拠り所とする会計基準の位置付けも異なる。このことは，退職給付会計基準の整備が進

んでいる場合にも，また退職給付会計基準の整備程度が著しく立ち後れている場合にも重要な相違をもたらす。特に後者においては，著しい違いがある。合衆国の場合のように，GAAPが会計基準そのもののみならず，監査人の意見等のレベルにまでおよぶ場合には，退職給付会計に関して経験豊富な公認会計士が，会計基準の不備を補う役割を担うことが可能となる。

　しかしながら，その反対に，GAAPが公表された基準にのみ限定される場合には，たとえ適正意見表示が行われたとしても，それをもって経営者の退職給付の運営が不正なく行われ，またその活動が誠実に描写されることを保証し得るものではない。

　ただ，適正意見を表明する公認会計士が経験豊富であるか否かは，会計基準として公表されたステートメントに従った会計監査に比して，利害関係者にとっては透明性の点で劣位になることは事実である。そうであるからこそ，SAS 69でもこのような意見が，GAAPヒエラルキーの下部に置かれ，一定の条件のもとでの利用に限られているのである。

　そういった意味において，公表ステートメントとしての退職給付会計基準において，外部監査における公認会計士の意見形成の拠り所となるだけの水準，すなわち，退職給付の財務ディスクロージャーの信頼性付与に関する，経営者，アクチュアリーおよび公認会計士間の「責任関係の線引き」が，どのように表現されているのかを明確にする必要があるのである。

第5節　退職給付会計の分析フレームワーク

1　分析フレームワークの提示

　以上において検討されたことからすれば，図表2-2に示すような，経営者を中心として2つのトライアングル関係が交差する退職給付会計の分析フレームワークが導けるだろう。1つめのトライアングルは，企業の経営者と，そのステークホルダーとしての従業員および株主の利害を巡る対立関係である。これは図表においては下部のトライアングルとして示されている。2つめのトライ

アングルは，経営者，アクチュアリーおよび職業監査人（公認会計士）の間において行われる，退職給付会計の財務情報に対する信頼性付与の責任配分構造である。以下では，この図表に基づいて本書における退職給付会計の分析フレームワークを整理してみよう。

2 利害トライアングルの分析フレームワーク

それでは，利害トライアングルにおける論点を整理してみよう。退職給付会計システムの形成の鍵は，既に述べたように，この利害対立関係がどのような形で構築されているかであった（図表2-2①）。それは，退職給付の財務報告がこの利害トライアングルの利害調整を行う役割を有しているからであり，またこの利害関係が，社会的レベルで行われる会計選択を通じて退職給付会計システムの内容を規定することになるからである。このことから，次のような利害関係を検討するための副次的な論点が導かれる。

まず，①#として退職給付運用のフィデューシャリー関係がどのように規定されているのかが検討されなければならない。フィデューシャリーは信託法という法律フレームワークにおける中核の概念であることから，当該法律がどのように形成されているのかという点を検討することが，その国におけるフィデューシャリー規定を理解する最良の方法となるであろう。次に，①″として企業の経営者と株主間のスチュワードシップ関係をどのようにとらえるべきかという点を論じる必要がある。これは，その国の企業システムがどのように構築されているのかという視点と極めて密接に関わっている。企業システムに関しては，内外の論客が様々な見解を示しているが，ひとまず，株主および従業員という2つのステークホルダーに着目して，株主主権型の企業システムであるかそれとも従業員主権型の企業システムであるかに焦点を絞って検討を加えてみよう。このような検討によって①′の経営者は株主と従業員のどちらの利害を優先するかという論点が検討されるであろう。

図表 2-2　退職給付会計の分析フレームワーク

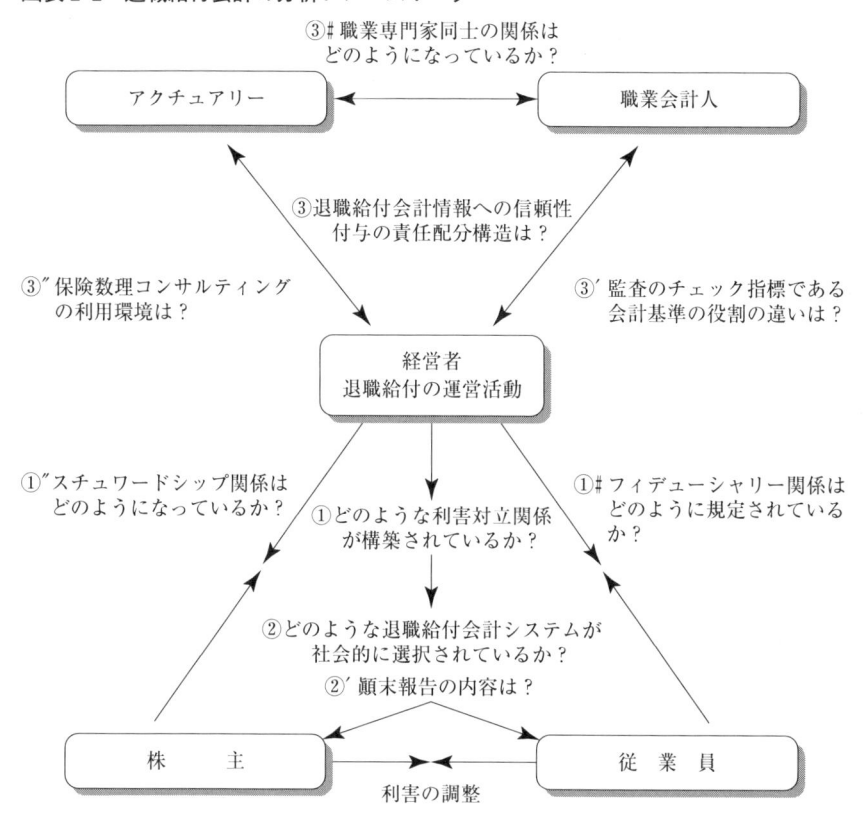

```
                    ③#職業専門家同士の関係は
                       どのようになっているか？
    ┌──────────┐                    ┌──────────┐
    │アクチュアリー│ ←──────────────→ │ 職業会計人 │
    └──────────┘                    └──────────┘
           ↑          ③退職給付会計情報への信頼性       ↑
           │             付与の責任配分構造は？         │
           │                                          │
③″保険数理コンサルティング              ③′監査のチェック指標である
   の利用環境は？                          会計基準の役割の違いは？
           │                                          │
           ↓          ┌──────────┐                   ↓
                      │  経営者   │
                      │退職給付の │
                      │ 運営活動  │
                      └──────────┘
        ╱              ↓                    ╲
 ①″スチュワードシップ関係は   ①どのような利害対立関係   ①#フィデューシャリー関係は
    どのようになっているか？     が構築されているか？      どのように規定されているか？
        ╱                                           ╲
       ╱          ②どのような退職給付会計システムが      ╲
      ╱              社会的に選択されているか？            ╲
     ╱                  ②′顛末報告の内容は？                ╲
┌──────┐                                              ┌──────┐
│ 株 主 │ ←────────────────────────────────────→ │従業員│
└──────┘              利害の調整                      └──────┘
```

①′経営者は株主と従業員のどちらの利害を優先するか？

3　退職給付会計システムの分析フレームワーク

　以上の利害対立関係を整理したところで，②としてどのような退職給付会計システムが社会的に選択されているかという論点を検討する必要があるだろう。それは，個々に行われる実務上の利害調整がこの退職給付会計基準に基づいて行われるためである。すなわち，退職給付会計システムを通じての利害調整は，私的会計選択によってその方向性を左右されることになる。したがって，この視点は②′のような顛末報告の内容に関する検討を伴うことになるだ

ろう。この顛末報告については，先述の通り，退職給付制度の財務報告と拠出企業の退職給付運営活動という2元的な形でシステムが形成されている。

退職給付制度の財務報告に関しては，次のような点が論点となる。退職給付の運営は，基本的には，保険数理計算による年金債務の算定と，現代証券投資理論（Modern Portfolio Theory：MPT）を中心とする資産管理を有機的に関連付ける手法で運営されている。これを財務報告書に表現する場合，その財政状態および運営成果を会計上どのように認識・測定するのかという問題が生じることになる。この場合においてまず問題となるのは，退職給付債務を見積る際に保険数理法に用いる変動的なパラメータの存在であるが，これは財務報告を通じての利害調整をより幅広いものとすることになる。

企業が退職給付コストを算定する場合，保険数理法には大きく分けて発生給付評価方式と予測給付評価方式の2つの種類が存在しており，その選択次第で退職給付債務額に相違が生じることになる。発生給付評価方式は，評価日までに従業員が提供した役務に基づいて退職給付債務を算定する方法[26]である。一方，予測給付評価方式では将来獲得されると予測される役務等も退職給付債務の算定に組み込まれる。それゆえ，年金債務が不確定要素によって変動する可能性は予測給付評価方式のほうが高いこととなる。

また，年金債務の算定に際しては，現在と給付時点の貨幣価値等の相違を考慮して，割引現在価値を求める必要が生じる。退職給付制度の本質から30年程度の長期割引計算が必要となるが，割引率[27]をどのように設定するのかによって退職給付コストの見積り額が相違することとなる。割引率を高く設定すれば退職給付債務は少なめに測定されることになるであろうし，割引率を低く設定すれば退職給付債務は多めに測定される。むろん，このほかにも，死亡率，脱退率等の変動的なパラメータが保険数理法において用いられており，その意味では，退職給付債務の測定に際し保険数理法およびそのパラメータの規定をどのように設定するかが，退職給付の運営活動を左右することになるのである。ここに，退職給付会計基準にこれらの負債パラメータがどのように規定されているのかを検討しなければならないことが判明した。

資産の評価についても次のような論点が存在する。投資運用資産を会計上測定する方法には歴史的原価（HC），評価日現在の市場価格，公正市場価値（fair market value），割引現在価値法等が存在している。取得原価は，取得時の市場価格を帳簿価額とするものである。評価日現在の市場価格は，評価日の時価を帳簿価額にする方法である。公正市場価値は，時価による測定を主とするが，市場がない場合には時価を類推することができるという方法である。割引現在価値は制度資産から将来得ることのできるキャッシュ・フローを割引現在価値として算定し，それを帳簿価額とするものである。基本的に退職給付制度資産は，現代的な投資手法に基づいて投資運用される。この投資活動では，経営者が予め指示した投資政策に基づいて投資運用の受託が行われる。受託者には，アクティブ投資を行うものとパッシブ投資を行うものが存在するが，どちらにせよ，投資運用活動は市場における資産価格形成の動向に密接な関係をもつので，この点の検討も重要である。

次に，拠出企業の退職給付運営に関する財務報告について考えてみよう。既に述べたように，企業の負担する労働コストには，掛金等の拠出金と，積立不足による追加退職給付コストの2種類が存在している。掛金は，通常保険数理法によって算定される。これは保険数理法の選択問題であり，この選択次第で退職給付コストの額が変動する。それゆえ，コストの期間配分を考えた上で保険数理法が選択されることとなる。問題は積立不足である。

積立不足の要因は，大きく分けて3種類存在する。1つめは制度改訂その他によって給付の増大等が行われ，それに伴って過去の勤務に対する企業のコスト負担が生じる過去勤務債務の問題である。2つめとして，保険数理計算の誤差によって生じるものがある。そして3つめとして，運用の失敗に基づいて資産が元本割れをする場合である。この積立不足は，退職給付の運営活動の事後に生じる利得および損失としてとらえることができるが，それは当該債務が時に膨大な額になることから，企業利潤計算を歪ませてしまう可能性をもつことになる。それゆえ，これらを追加的な退職給付コストおよび退職給付ベネフィットとして企業の利潤計算に関わらせるべきか，また関わらせた場合，過去勤

務債務を当期の費用にするのか，それとも負債等の形で貸借対照表に計上し，合理的な期間を設定して将来にわたって償却するのかという問題が生じるのであった。

　制度資産と制度債務を拠出企業の財務報告にどのように表現すべきかという問題は，それらをどのように認識・測定するべきかということとして検討される。仮に歴史的原価によって資産評価を行う場合には，保有する制度資産の価格がたとえどれほど急騰したとしても，保有しつづける間は原初取引時の測定対価のまま計上がなされることになる。財務報告上には退職給付運営のダイナミックな姿が表現されない，もしくは表現することが困難となるのである。一方で，完全な公正市場価格等による資産評価を行うのであれば，そのようなダイナミックさは表現されるものの，現在の会計理論において，果たしてそのような資産評価が可能であるのかという問題が生じることになる。

　伝統的には，原価＝実現主義という結びつきをもつ利潤計算が重視され，それによって算定された稼得利益が企業の報告利益たることが一般に受け入れられていた。そのような制度が採用されてきた背景には，財務報告上の利益計算では，必ずしも資金的な裏付けがあるとは限らない未実現利益を排除するという理論が存在していたのである。しかしながら，近年では，合衆国にみられるように，資産については公正価値を用いて評価し，負債については割引現在価値を用いて評価することとされてきており，伝統的な利潤計算構造にも変容が生じている。このような論点を検討することによって，退職給付会計システムが分析されることになる。

4　信頼性付与の責任配分構造の分析フレームワーク

　最後に，退職給付会計情報を利害裁定基準として利用するために，当該情報に信頼性を付与する責任配分構造を検討することが重要となる（図表2-2の③）。退職給付会計情報に信頼性がなければ，利害調整の基準としても，また投資意思決定情報としても利用することができないからである。そこで，この会計数値を客観的にチェックすることが社会的に要請されることとなる。つま

り，監査制度を通じて退職給付の財務報告における情報の信頼性が付与されることによって，はじめて財務報告システムを媒介とする経営者，株主および従業員の退職給付に関する利害調整は有効に機能するのである。

この責任配分構造を検討する視点は，次のような3つの副次的視点を有している。まず，③″として，経営者が保険数理コンサルティングを行い得る環境がどの程度整備されているのかを検討する必要がある。それは，単に保険数理のような高度な専門的計算を経営者が利用可能であるかという問題ではなく，経営者の投資政策の決定プロセスにアクチュアリーが深く関わっているか否かを検討することなのである。その利用が容易であれば，経営者が退職給付の運営に積極的に関与し，各ステークホルダーの利害を確保するだけでなく，増大させることができ得ることになるだろう。

次に，③′として公認会計士と経営者の監査の関係を検討する必要がある。退職給付の運営活動が，経営者の主張として適切に表現されているか否かをチェックする指標の1つとして退職給付会計基準の存在が指摘できるが，その国がこの会計基準の範囲をどのように規定しているのかによっても，この2つの経済主体の関係は変化する。

さらに③#として，他の職業専門家の財務報告プロセスへの関わりをチェックするという側面を検討する必要もある。このアクチュアリーと職業監査人の財務報告プロセスにおける役割の線引きをどのようにするかが，財務報告プロセスへのアクチュアリーの介入にともなって重要な課題となっていることを考えれば，この点を検討することの重要性が今後高まることが予見されるだろう。ここに，退職給付会計システムにおける第2のトライアングル関係，すなわち財務報告情報への信頼性付与に対する責任配分の構造が導かれるのである。

5　その他の分析視点

以上までの議論によって，退職給付会計の分析フレームワークが明らかにされた。重要なことは，退職給付会計情報が，単なる退職給付制度の運営活動の

結果だけを写したものではないことである。この分析フレームワークに基づけば，経営者，従業員，株主の3者間における利害調整プロセスを通じて，退職給付の運営活動の方向性である投資政策が経営者によって決定されることが明らかになる。退職給付運営活動の方向性を決定する投資政策は，退職給付会計システムにおける退職給付コスト等の算定における利害の調整を反映しているからである。

経営者の選択した投資政策は，退職給付資金の資本市場における動向を左右するという点で経済社会において重要な役割を有している。資産の運用に際しては，経営者は投資の専門家である信託会社，信託銀行等の運用受託機関に投資を依頼する。この際，経営者が投資政策に表明するリスク＝リターンを達成し得る運用受託機関が，経営者によって選択されることになる。たとえば，経営者がアクティブ投資を行う受託者を選択した場合，経営者はリスク・テイクでありながらもハイ・リターンな運用を受託機関に期待する。反対にパッシブ投資を行う受託者を選択した場合には，ハイ・リターンよりもロー・リスクな運用を期待する。

投資運用活動において，実際に資金投下する資産を決定するのは，個々の資産特性を理解している運用受託者であり，その意味では運用受託者の投資活動が退職給付資金の資本市場における動向の鍵を握っているといえるだろう。ただ，その投資活動が経営者の投資政策に基づいて行われることを考えれば，退職給付資金の資本市場における全体的な方向性は，本質的には経営者が選択する投資政策によって規定されている。そして，その投資政策は，利害トライアングルにおける利害調整プロセスから導きだされることから，結局のところ，利害トライアングルにおける利害調整によって，退職給付資金の資本市場における動向が本質的・全体的に規定されることとなるのである。

今日，退職給付システムの運営活動は，資本市場へ資金流入をもたらし，国家の貯蓄率に多大な影響を及ぼすことが知られている。また，退職給付資産運用の対象は，資本市場・金融市場をはじめとしてグローバル化の動きを見せ，デリバティブなどの金融商品の開発によって，その投資運用の手法はますます

複雑化し即時性が求められている。

　しかしながら，このような動態的環境下においてもなお，退職給付の財務報告は主として各国の会計基準設定主体の会計目的観および計算構造観の制約のもとでデザインされている。この会計基準のデザインの相違が，退職給付の運営におけるボーダレスな投資活動を阻害する要因となっていることもまた事実である。このような差異によって，年金資産に関して国際的なリスク分散が行えない，あるいは望ましい投資資産配分が達成できない等の制約がもたらされることも考えられるだろう。

　このような点を考え合わせると，退職給付の財務報告のデザイン次第では，国際的な投資家の投資環境に相違をもたらすことになるばかりか，退職給付資金の資本市場における動向にも影響が及ぶことになりかねない。そういった意味において，退職給付会計は現代社会における資本市場の形成に深く関わっているといえよう。そうであるならば，この利害調整システムと資本市場の相関関係を解明するための１つの糸口もこの分析フレームワークでは提示できるものと思われる。この点については，折に触れ検討したい。

注
（１）　年金 ALM は，一般に次のプロセスによって行われる。まず，企業経営者は現時点における加入者の累積年金給付を年金債務として把握する。次に，当該債務を考慮したうえで投資・運用に関する年金戦略を立て，それに沿った運用受託機関を選別し，年金原資を配分し投下する。そして，各受託機関の運用結果を受けて戦略を再検討するか続行するかを決定するのである。
（２）　実際，COFRI [1997] では，このような関係を，次の３つの見方でとらえたうえ，②の立場を支持している（123-130 頁）。
　　　「①事業主の債務は制度に対するものであり，事業主の債務は制度への拠出によって消滅する。制度資産は事業主の資産ではない。②事業主の債務は従業員に対するものであり，事業主の債務は従業員に対する給付によってはじめて消滅する。制度資産は事業主の資産である。③事業主の債務は従業員に対する債務である。制度への拠出によって，拠出された資産とこれに見合う債務の認識が中止（derecognize）される」。
　　　COFRI はその理由を，「制度への拠出は，退職従業員に対する給付にあてるために

事業主の資産の一部を取り除けておく（set aside）または分離しておく（segregate）ための仕組みにほかならず，制度への拠出が行われても，それが事業主の年金債務を減少させることはない（126頁）」ためであると述べている。リスク・テイクの視点に立って経済的な関係を重視するのである。
(3) 例えば，近年著しく普及がみられる合衆国の「401(k)プラン」を見てみよう。企業は設置した年金制度の管理を直接行うことはなく，従業員のために運用機関を選択し，そこに掛金を拠出すれば企業自身の義務は果たされることになる。従業員は，受託機関によって提示されたリスク分類済みの投資代替案のなかから直接運用資産を選択することになり，必要であれば掛金を自己の裁量で追加することができるのである。

 この制度で最も特徴的なのは，運用結果が比較的良好であれば給付額が増加するものの，運用結果が思わしくない場合には，給付の減額あるいは制度の破綻となる可能性が存在することである。運用から給付に至るまでのリスクおよび責任が，すべて従業員の下に置かれることから，この制度は別名，自己責任の制度と呼ばれるのである。
(4) ERISA §3(21).
(5) この点は，McGill, et. al. [1996] が，「年金基金のマネジメント，基金の運営，または基金の資産に対して慎重な権力行使あるいは統制を行う者や，報酬その他の補償を受けて投資の助言を行う者に，ERISAはフィデューシャリー責任を課している。(p.54)」と述べていることからも明らかである。
(6) 英国におけるフィデューシャリー概念の不備は，Maxwell事件などの社会的な問題を生み出した。Maxwell事件とは，新聞王として知られたR. Maxwell氏がグループ企業の年金基金から約45,000万ポンドもの資産を流用した事件である。この事件をきっかけにして，Oxford大学のGoode教授を委員長とする企業年金法改正委員会（The Pension Law Review Committee）が設置され，英国における企業年金の法環境は著しく変貌することとなったのである。Maxwell事件に関しては，Nobles [1993] (Preface)，厚生年金基金連合会 [1995 b] (85頁)，今福 [1996] (244-248頁) も参照のこと。また，事業主のフィデューシャリーの概念に関しては上記のNobles（第4章）を参照のこと。
(7) フィデューシャリー概念の改善は，次の3つの判例に基づいている（Nobles [1993], p.88）。1つめは，Mettoy Pension Trustees Limited vs Evansのケースであり，2つめの判例は，Mihlenstedt vs Barclays Bank PLCである。そして3つめは，Imperial Group Pension Trust Ltd vs Imperial Tobacco Ltdのケースである。最初に掲げたMettoy Pension Trustees Limited vs Evansのケースにおいては，事業主はフィデューシャリーとみなされ，受託者と同様の責務を負うこととされた。残りの2つのケースにおいては，信義のある契約義務（contractual duty of good faith）が課せられることになった。

(8) 日本の場合には信託法においてこのような規定がなく,たとえ年金原資が元本を下回るような状態にあっても,受益者である従業員がこのような権利行使を期待し得ない。これは,各経済主体にフィデューシャリー概念を浸透させることの阻害要因のひとつとしても考えられるだろう。

(9) 運用受託機関が信託によって獲得するコモン・ロー上の権原は,受益者の利益のために信託財産を管理運用するという信託目的の範囲内においてのみ与えられる。また,受託者のコモン・ロー上の権原は,信託が満了する際に信託財産が受益者に譲渡されると同時に受益者に移転する。これらのことから,運用受託者の信託財産に対する所有権は形式的なものにすぎず,実質的には,将来の年金受給者である従業員に帰属しているものととらえることができる。つまり,元本はもとより運用の果実を含めた信託財産は,運用受託機関,事業主,従業員の3者の利害に対する一種の共同財産(利害の緩衝地帯)としての役割を果たしているとも考えられる。

(10) 信託財産に関する収益と元本の配分問題は,信託法の分野において1つの本質的なテーマとなっている。例えば,海原 [1993 b] は「ほとんどの信託が,財産の積極的な管理処分を行なう能動信託である以上,信託財産自体およびその運用に伴う利益の受益者に対する譲渡に際し,収益(income)と元本(principal)を如何に配分すべきかは,信託法の解釈において常に念頭に置かざるを得ない不可避の課題と思われる(p.401)」と述べている。

(11) 仮に元本部分に負担させるのであれば,企業経営者と従業員との間で果実のすべてを分配することが可能となるが,果実に負担させるのであれば,諸費用を差引いた残額としての果実だけが2主体間での分配の対象となることになる。

(12) R. Corse が公表した"企業の性質(Nature of the Firm: Corse [1937])"を端緒としているといわれるエージェンシー理論は,しばしば財産権(property rights)の経済理論と呼ばれている。その研究には,Holomstom [1979],Grossman and Hart [1983] など,企業経営者と従業員間の関係を主たる分析テーマとしたものと,株主,債権者および企業経営者の関係を主たるテーマにした Jensen and Meckling [1976],Fama and Jensen [1983 a],[1983 b] などの系譜に属するものとがある。

(13) これが特に社債約款上で約定されている場合には,保護条項(protective covenant)という。

(14) 財務報告情報には,経営者の受託責任および業績が含まれており,それは企業の業績との区別が困難である場合が少なくない(SFAC 1, par. 53)。それゆえ,経営者の受託責任を評価する中心は稼得利益情報となっている。

(15) SFAC 2 [1980] では,このような会計選択について次のように述べている。「会計選択は,少なくとも2つのレベルで行われる。1つは,企業にある特定の方法で報告することを要求することや,また逆に望ましくないと考えられる方法を禁止する権限を有する FASB またはその他の機関によって行われる選択である。(中略)また,もう1つは,個々の企業レベルで行われる会計選択である(par. 6-7)」。

(16) 新井 [1978] によれば，会計公準は，企業実体の公準，会計期間の公準，貨幣評価の公準の3つからなる制度的会計公準（構造把握的・機構的会計公準）と，有用性の公準，公正性の公準の2つからなる要請的公準（目的設定的・動機的公準）とに分類される（191-203頁）。この考えに従えば，退職給付の会計基準に関しても，制度的会計公準から導かれる「計算構造観」と，要請的公準から導かれる「会計目的観」が付与される。ただし，このような2元的な会計公準の分類に疑問を投げかける見解も存在する。たとえば，中村（忠）[1984 a]，44頁を参照。

(17) このほかにも基準設定を巡る利害対立にはいくつか考えられる。経営者は節税のために，あるいは退職給付制度を充実させ従業員への労働インセンティブに働きかけるために，退職給付コストを発生主義による期間費用として平準的に計上できるようにするインセンティブを有しているが，このような経営者の行動は，前提としてパッシブな退職給付資産の投資が行われることを意味しているから，リターンを増大して退職給付ベネフィットを報告利益に反映させようという株主の視点とは必ずしも相容れることはない。

(18) 新しい規制を抑制したり促進したりすることを「ロビイング活動」という（小野 [1996] などを参照）。このロビイング活動を分析する文献は少ないが，Francis [1987] が SFAS 87 公表前の予備的見解（Preliminary Views）に対するコメントレターを対象とした研究を行っている。

(19) 退職給付会計においては割引率，期待収益率などの計算パラメータに注目が集まることが多いが，会計基準の適用年度に関する選択も重要な問題である。この点に関しては Langer and Lev [1993] や Ali and Kumar [1994] などが実証研究を行っているので参照のこと。

(20) 例えば，最も効率的でかつ理論的にも正しいと考えられる会計処理であっても，認められた会計代替案の中になければ経営者は選択することができない。

(21) 実際，合衆国の場合においては，SFAS 87 の規定する会計処理という制約の下で，自己のパフォーマンスをより良く表現するために，経営者が実際の年金資産配分において長期債を選好する場合がある（Arnott and Bernstein [1988], pp. 96-98）。このような経営者の行動は，実質的会計政策の1つであると解する事ができるだろう。かかる事実に関しては，退職給付会計基準が退職給付システムに対する経済的影響を有しているという重要な証左となっているだろう。

(22) この規制によって行われる財務報告の場合においても，利害調整に対して重要な情報提供の機能を有することは，次の岡部 [1985] の見解からも明らかである。

　「会計情報によって情報の非対称性が部分的にもせよ縮小されているからこそ，利害を異にする人びととの協調が成り立っているのであり，したがって規制がある場合でも，利害の不一致を調整するのに役立つような会計情報は依然として重要であり，これが十分な機能を果たさなければ，経営者と所有者との基本的関係が損われて，ひいては公開資本市場の運行が阻害されてしまうことにもなりかねない（p.

70)」。

(23) Fogaty and Grant [1995] はこれら2つの専門家同士の財務報告における関係を重視し次のように述べている。

「会計士およびアクチュアリーの両者は，企業経営を支え原価を統制する（control of cost）のに有用な情報を，経営者に提供することに関心を有している。顧客サービスにおいて彼らに共通する利害は，相互に関連を持ちつつも独立した職務を利用することによって追求することができる。これを達成するには，新たな測定課題（measurement agendas）の初期問題を乗り切るための，深い相互理解（mutual understanding）に立った一層良好なコミュニケーションが求められる。個々の専門職は，その役割を広げるために，お互いの立場に歩み寄る必要がある。これは会計士についていえば，信頼性に関するより柔軟な立場をとることを意味する（p. 32)」。

(24) 地域ごとにアクチュアリー会が形成された英国に対し，合衆国では当初2つの勢力に分かれていた。1つは，第1次創業期における東部会員を中心とする上記の（The Actuarial Society of America）であり，いま1つは1909年に西部・南部のアクチュアリー協会を中心に設立されたアメリカ・アクチュアリー協会（The American Institute of Actuaries）である。この分裂は1910年代の後期よりしだいに解消され，1949年には双方が統合されアクチュアリー協会（The Society of Actuaries）が設立された（浅谷 [1992] を参照）。

(25) その資格要件はまず，実務知識（3年以上の責任者経験），数理の基礎知識（試験合格または学位），年金数理の知識（試験合格）と厳密なものとなっており，証明内容は年次報告書（様式5500）に添付する年次年金数理報告書（ERISA付属明細表B）の作成，最低積立基準の検証，基礎率・財政方式等の情報とされている。

(26) 注意すべきは，現在まで確定した事項をベースに算定される発生給付評価方式といえども，確定的な要素のみで算定されるわけではない点である。例えば，その算定に際して将来の昇給見込みを織り込む場合には，不確定要素としての昇給可能性が算定数値に介入することになる。ただ，不確定要素と言っても，現在までの労働役務提供に基づいているという点では，将来の役務提供を織り込む予測給付評価方式とはその意義を異にしているといえるだろう。

(27) 退職給付債務は，退職給付の運営活動において，退職給付額を算定し，拠出企業に対する積立目標を設定し，さらには退職給付資産の運用に対する投資政策のリスク＝リターンを決定するための基礎である。したがって，割引率の選択の問題は，退職給付の運営そのものに深い関わりをもつことになる。

第3章

退職給付会計の生成
――企業年金の危機と退職給付会計の模索――

第1節 分析の焦点

　合衆国における退職給付システムは，1875年にアメリカン・エクスプレス社（American Express Co.）が設置した年金制度[1]を起源とするといわれる。設置当初においては，鉄道業における保障としての特色を有していたが，後年，この鉄道業の年金制度は，連邦政府が運営する公的年金制度へと転換している。1929年の恐慌の直前までには，製造業であるカーネギー・スティール社（Carnegie Steel Co.）の年金制度をはじめとして，多くの年金制度が設置されており，これに歩調を合わせたかのように，1920年代には連邦政府による税規制も開始されている。ただ，初期の退職給付システムにおいて形成された退職給付制度は，その大半が1929年の恐慌によって崩壊してしまい，また，当時の連邦政府による税制に関してもごく単純な構造であったことから，現在のような制度と直接的な連続性を有しているとはいえないだろう。現在の退職給付システムは，1942年の税制改正から1949年の前後において展開された，労働組合を中心とする年金攻勢（pension drive）のなかで形成されてきたと思われる。

　退職給付のシステムが19世紀末を端緒として形成されてきたのに比して，年金会計実務に対する会計基準が最初に公表されたのは1948年になってからのことである。およそ70年もの間，退職給付に対する会計規制は行われていなかったことになる。それゆえ，一般にはこの期間においては会計理論および会計実務がなかったかのように考えられる傾向が存在している。しかしなが

ら，実際には，年金会計実務は存在していたし，それどころか年金会計理論も存在していたのである。Stone [1993] は，年金会計規制が登場するまで，年金会計理論も年金会計実務も形成されなかったというこのような一般論の誤りを指摘している[2]。

Stone によれば，年金会計理論および年金会計実務の手続きは，①年金制度のタイプ，②年金制度を設立する事業主の動機，③管理哲学，④財務の考察，⑤規制および判決から影響を受ける (p. 254)。以下，この視点をベースに史的考察を進めていく。この際，合衆国の退職給付会計基準が，従業員の受給権保護を目的とする ERISA の施行に大きな影響を受けていることに着目し，退職給付会計の生成プロセスを ERISA 前および ERISA 後の2期に分けて分析する。

第2節　会計規制以前の退職給付会計

1　退職給付会計の生成環境

初期の退職給付会計を理解するに際して，最初に注目すべきは，退職給付システムが極めて弾力的に行われていた点である。当時の退職給付の状況を眺める限り，公式な制度（formal plan）と非公式の制度（informal plan）[3]が混在し，その制度の選択は事業主の裁量に任されていた。このような制度上の選択肢の広さを前提とすれば，退職給付制度と企業との間でシェアーされるリスク・テイクの割合も，個々の企業ごとに異なる状況が生み出されるために，多様な退職給付会計実務を容易に想定し得るだろう。

退職給付制度設置については，通常2つの立場を想定し得る。1つめの考え方は，株主の利害を確保することを目的として，企業利益を極大化するために退職給付制度を設置運営するというものである。これは，企業の営利追求の姿勢と同一の方向性を持っている反面，従業員に対する給付が十分に確保されないなどの欠点を有している方法である。2つめの考え方は，従業員の給付を確保することを目的として，退職給付制度を設置・運営するというものである。

これは，必ずしも企業の利益追求という目標に合致するわけではない。たとえば，給付を増大するためには，掛金の増大をはじめとして様々な退職給付コストを企業が負担することになる。そのようなコストの増大は，収益が不変の場合には，企業利益を減少させる要因ともなるのである[4]。

当初合衆国においては，退職給付が従業員に対する恩給（gift）あるいは報酬（reward）としてとらえられていた（Stone [1993], p. 255）。つまり，企業利益を確保するために事業主の立場から退職給付制度が設置され，その結果として従業員の退職給付が犠牲となっていたのである。このように，初期の退職給付システムにおいては，従業員の受給権を確保するという考え方が，相対的に劣位におかれていた[5]。このことは，「1940年代の賃金凍結に至るまで続いた労働者の年金に対する否定的な態度から，初期の年金制度が従業員の経済的ニーズよりも事業主の経済的ニーズに合わせてデザインされたという論点が支持される（p. 256）」とStoneが述べていることからも明らかである。

かかる状況から考える限り，従業員（労働者）による年金制度への信頼性は，当初，相当低かったと考えるべきである。企業の利益を極大化するという目的を重視していたために，退職給付制度の運営上，必ずしも従業員に給付を行うのに十分な積立てを行っているわけではなかったのである。この結果，「年金制度の財務的な健全性に対する関心は，ごく初期に表面化した（p. 257）」のである。そして，このような事業主側の動機が，退職給付会計の特徴として現れていくことになる。

2　規制以前の退職給付会計およびディスクロージャー

このような環境の下で，退職給付をめぐる会計理論はどのような状況にあったのであろうか。以下では，ごく簡単な設例を中心として，当時どのような退職給付の会計処理が行われていたのか，またいかなる退職給付会計理論が存在していたのかを検討する。

当時は，期間退職給付コストを引当金としてバランスシートに計上することで，自動的に退職給付の資金を企業内に積立てるという会計処理が，広く行わ

図表3-1では，退職給付制度として年金制度を採用している企業が，退職給付のコストをどのように引当金処理していたのかが，ごく簡単な設例によって示されている。この設例では，退職給付コストを引当計上する前の企業総資産および総資本を100と設定している。従業員に対する給付見積もり，すなわち年金債務は150と想定され，期間年金コストは30年で均等に各期に配分されている。ここでは，当期の年金コスト5が引当計上されているので，それに相当する資産5が社外に放出されずに留保されている。この留保された資産5について事業主側は，経営資本の一環として利用することが出来る。言い換えれば，継続的・安定的なある種の借入資金を従業員より調達する事と同等のメリ

図表 3-1　引当金計上方式による退職給付コストの計上

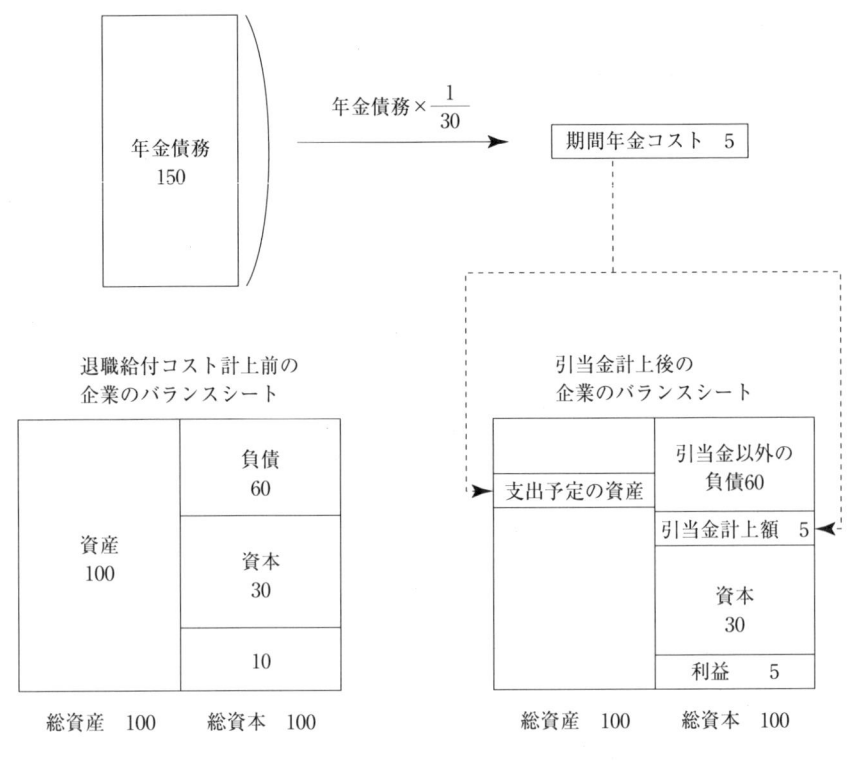

年金債務 150 ──（年金債務 × $\frac{1}{30}$）──→ 期間年金コスト 5

退職給付コスト計上前の企業のバランスシート

資産 100	負債 60
	資本 30
	10

総資産 100　　総資本 100

引当金計上後の企業のバランスシート

支出予定の資産	引当金以外の負債 60
	引当金計上額 5
	資本 30
	利益 5

総資産 100　　総資本 100

第 3 章 退職給付会計の生成 63

ットを，事業主側は享受することが出来たのは，このような会計処理を通じて内部留保された退職給付資金を，企業の経営資本の一環として利用し得ることが表現されたためである。ただし，このことは給付の資金源泉が企業の未投下資金あるいは投下待機資金に混入し明確に区分されないことを意味しているので，従業員の立場からは必ずしも好ましい処理とは言い難い面もある。

さらに既に考察したように，当時の退職給付制度の実態は必ずしも一様でなかった。退職給付資金は，企業内に積立てられる場合もあれば，企業外部の年金基金に信託する場合もあった。このような実態からすれば，企業が引当金計上をしたからといって，必ずしもその資金を経営に利用し得るわけではなかったであろう。

ところで，当時の会計処理に関する論点は，大きく分けて次の2つに集約できると思われる。1つは，退職給付コストを引当金として負債計上し，バランスシートに退職給付債務を表示することに対する是非を論じることである。いま1つは，将来の退職給付の見積もりである退職給付債務を，どのように企業の立場から見積もり算定するのかという方法論である。このうち1つめの論点につき，Hatfield [1916] の退職給付会計に対する考え方[6]を分析することを通じて検討してみよう。

Hatfield は年金コストの会計処理に関して，すべてをバランスシート上の負債として認識するということを疑問視していた（Hatfield [1916], p. 194）。法的な年金債務とは言えない恩典的制度は，年金負債としないで積立金として処理すべきであり，また，信託によって年金制度が行われる場合には，資産も積立金もバランスシートに計上する必要がないと考えていたのである。Hatfield [1916] に特徴的な会計処理は，図表 3-1 において用いた設例をベースにして分類すれば，図表 3-2 のように表すことができる。恩典的制度の退職給付コスト計上については，利益処分のプロセスを経て積立金が資本の項目として計上されることになる。たとえば資本の部に積立金が 5 計上されるような処理が行われる。

この背景には，Hatfield の reserve に関する思考が存在している。彼は，

図表3-2　Hatfield [1916] の示した会計処理

恩典的制度の退職給付コストの積立金計上

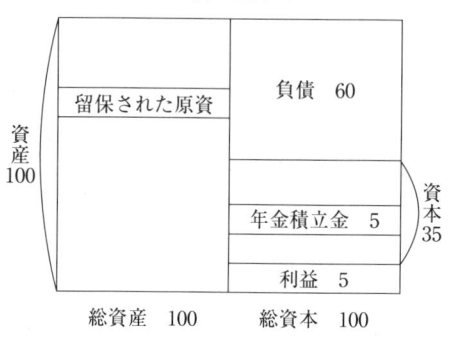

資産 100	留保された原資	負債 60	資本 35
		年金積立金 5	
		利益 5	

総資産 100　　総資本 100

退職給付の掛金を外部拠出する場合のバランスシート

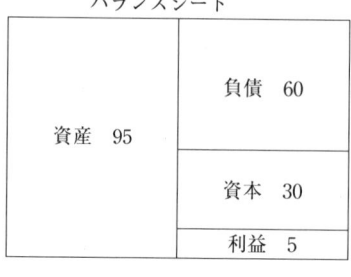

資産 95	負債 60
	資本 30
	利益 5

総資産 95　　総資本 95

積立金と引当金を使い分ける立場をとっているのである(7)。通常，積立金と引当金の相違に関しては，次のように理解される。積立金および引当金のどちらも，不特定資産を留保する効果を持つことでは同じであるが，引当金がかなりの確実性をもって予定されている将来の支出を当期の費用および損失とする効果を持っているのに対し，積立金は利益処分に関する留保の効果を持つ点で異なっている(8)。

おそらくHatfieldは，たとえ将来における給付時点のキャッシュ・アウトフローが明確であろうとも，支出が法的に確定しているわけではないという部分に着目して会計処理を分けることを主張したのである。

もとより，積立金の会計処理に関しては，英国会計において伝統的に行われていた積立金会計（reserve accounting），すなわち，異常項目や過年度修正など，積立金を増減することで損益計算を通さない会計処理の流れを汲んでいるものととらえることもできる。

しかしながら，法的債務でなければ給付準備資金の源泉を過去の業績である利益に求め，法的債務であれば当期の支出を留保する方式によるという論理には，会計理論として一貫性を見出せない。このような会計処理を前提とするのであれば，退職給付資金の源泉には，資本をベースにする部分と利益をベース

にする部分の2つの種類が存在することになるからである(9)。恩典であろうとなかろうと退職給付が，賃金同様，企業の生産性を向上させるインセンティブ・ファクターであることからすれば，むしろ，すべて引当金によって処理するのが理論的には首尾一貫しているといえるだろう。

Hatfieldの会計処理には，もう1つの特徴が存在する。信託の場合において年金資産・負債がオフ・バランスになることである。これはおそらく，資産側に着目することから導き出された考えではないかと思われる。既に述べたように，当時の会計実務において年金コストは引当金として計上されることが一般的であったが，この会計処理では引当金計上額の分だけ会計利益が少なく算定され，将来の支出予定額が資産勘定に留保されていた。そして引当金によって社員に留保された資産を，企業経営者は自由に運用し得ることになったのである。しかしながら，年金制度が信託あるいは年金保険制度によって行われる場合，掛金拠出によって資産の所有権が受託機関あるいは保険会社に移るために，その分だけ利用可能資金は企業から流出するはずである。また経営者が引当資産を事業資金として使用し，信託以外の退職給付の準備を怠った場合，給付が必ずしも保障されるわけではないことは明らかである。退職給付の履行に見合った資産が企業内に必ずしも留保されているわけではないためである。そこで，Hatfieldのいうように信託の場合に関してオフ・バランスにすべしという考え方が登場するのである。

さて，以上の検討を踏まえて，会計規制以前の退職給付会計の特徴をまとめてみよう。当時の退職給付会計の焦点は，主として退職給付コストの会計処理に当てられていた。このため，退職給付制度と企業との関係を十分に考察した会計処理が存在していたわけではなかった。しかしながら，幾つかの興味深い事実が存在した。年金会計のディスクロージャーは，引当金を用いた会計処理によって負債計上することが一般的であった。この際，会計上は企業資産に退職給付資金を留保することになったことから，企業の経営資本と退職給付資金とが客観的には明確な区分がなされていなかった。それゆえ，信託等の方式による場合とそうでない場合とでは，従業員の給付可能性に関するリスクが異な

っていた。信託等によっている場合には，退職給付資金がどのような額であれ，企業の外部に積立てられるために給付はある程度の確実性を持って履行される。しかしながら，企業の内部に積立てられた退職給付資金は事業資金との区別が困難なことから，従業員に対する給付のための資金を事業主が積極的に確保しない限り給付が履行できなくなる可能性が高くなるのである。本来，従業員の効用を満たすことを退職給付の目標とするのであれば，給付額を増大することこそが目指すゴールとなるはずである。給付が履行されなければ，従業員の効用が満たされることはないからである。

　また，このような年金コストの引当金計上によって，株主の利害を決定する中心的指標である報告利益も影響を受けることにも注意が必要である。引当金が多ければ，利益もその分減少し，引当金が少なければ利益は多めに算定されるからである。しかし，給付としてのキャッシュ・アウトフローは，このような会計処理を必ずしも前提とせずに従業員との合意を基準に決定される。そして実際のキャッシュ・アウトフローよりも引当金累計額が過少な場合には，経営資本のなかから当該不足分を支払わなければならないこととなり，企業もそのステークホルダーも追加的支出のリスクを負うのであるから，その算定は正確に行われるべきである。

　ところがこのようなリスクを有しているにも関わらず，退職給付引当金額の算定に際し保険数理法を用いるかどうかは，事実上経営者の裁量に委ねられていた。つまり，退職給付の引当額の算定ルールが，当時まったく統一されていない状況だったのである。それゆえ，当時の退職給付会計を通じて算定された利益は，企業のステークホルダーの利害を調整するための分配指標としても，また企業の業績を理解するための指標としても十分に機能してはいなかったと考えられるのである。これらのことを考え合せれば，規制以前の年金会計における報告利益を中心とした利害調整は，退職給付会計に関する企業経営者の哲学に大きく左右されていたということが出来るだろう。

第3節　退職給付会計に対する規制動向

1　初期の退職給付会計制度
（a）　退職給付コストと退職給付制度運営

　退職給付に対する課税は，拠出掛金・投資収益・給付の3つの時点で行われる。ある国の年金課税状況を考える場合，一般には，この3時点の課税状況が，課税免除あるいは非課税（exempt：E）であるのか，それとも課税（taxed：T）であるのかによって，課税タイプを類型することが多い[10]。この分類を用いて伝統的な合衆国の年金課税を考える場合，①拠出掛金は課税所得から控除されるのでE，②投資収益は非課税であるのでE，③給付は課税されるのでTとそれぞれとらえられ，類型としてはETT型に属するものと理解できる。企業が経営に利用することのできる経営資本の範囲は，退職給付としてどのような制度が選択されるかにより異なることから，この課税ポイントにおける課税状況が，企業のキャッシュ・フローにどのような影響をおよぼすのかという視点，すなわち，課税と退職給付コストとの因果関係を理解することが制度運営の成功の鍵となる。

　退職給付に対する会計規制が開始されたのは，後述のように1948年である。当時，制度選択に対して企業経営者に自由裁量が委ねられていたことを背景[11]に，年金信託方式が次第に広がりつつあった。Simons [1948] は，当時存在していた様々な退職給付制度のなかで，年金信託方式がもっとも企業のキャッシュ・アウトフローを節約し得る方法であることを強調している[12]。税制適格型の信託制度を利用することによって，企業からのキャッシュ・アウトフローである拠出額が，法人税の計算上損金に参入できるので，拠出額と同額が企業内に留保されるというのがその趣旨である。このように，課税優遇政策が事業主にコスト面からの強いインセンティブをもたらすことを前提とすれば，この時期においては，企業経営者は従業員の効用を満たすことを目的とする退職給付の運営より，むしろ企業の利益を増大する等の事業主側の動機から

制度運営の政策を決定するものと考えられる。

　重要なことは，このような課税上の優遇政策が引き金となって，退職給付資金が資本市場に大量に流れはじめ，結果として企業経営者の経営上のタスクが増えたことである。当時増加していた信託方式は，企業が運用上のリスクを負担する確定給付制度を主としていたので，企業経営者は投資運用にまで責任を負うこととなったのである。つまり，積極的にせよ消極的にせよ，自覚の有無を問わないままに，企業経営者が，退職給付資金の投資管理活動[13]に巻き込まれはじめたのである。無論，これ以前においても，年金保険契約を通じて退職給付資金が資本市場に流入してはいた。しかしながら，年金保険契約では，年金保険の掛金を企業が払った時点で，企業の経営者の義務は消滅する。信託方式のように，経営者が退職給付資金の投資運用活動を行う必要は生じない[14]。

　このように，年金資産の投資問題が，当時の経営管理上の重要な課題となっていたことは，Gradison, Jr.［1955］の次の見解によって明らかである。

　　「企業経営者は，比較的新しく，急速に広がっている問題に直面している。それは，数百万ドルもの年金資金投資である。この資金は，数百万という従業員の将来の退職所得を支給するためのものであり，将来の給付が実際に行い得るかどうかは，経営者の投資意思決定に大きく依存している。給付のレベル，適格性，退職年齢その他基本的合意が，企業と従業員との間でなされる一方で，基金の投資政策は経営者によって決定されるのが普通である (p. 84)」。

　この Gradison の見解には，2つのポイントがある。第1に，退職給付政策が，基本的には企業と従業員との間の合意をベースにしつつも，最終的には経営者が導くものであることを明示している。第2に，経営者の選択した退職給付政策が，資本市場に影響を及ぼすものと考えている。このことを前提とすれば，経営者が，もともと課税によるインセンティブに基づいて行った制度選択が，結果的には経営者に，積立水準を高く設定するような退職給付政策をとること，退職給付政策の方向性は経営者自身が決定すべきこと，等のタスクを課

したことになる。

ところで，Gradison, Jr. は退職給付会計に対する経営者の見識が，このような退職給付政策の方向性を左右する可能性を示唆している[15]。それによれば，経営者が退職給付資産の運用においてどのような投資リスクをとるかが，退職給付の政策を決定付け[16]，また同時に退職給付コストを決定付ける。つまり，退職給付コストの決定と退職給付政策は，投資リスクの設定を通じて相互に関係することになるのである。

会計による評価に関しては，「年金基金の資産を評価する際には，最も広く使われている簿価，市場価値およびその様々な組み合わせといった多くの代替値が利用可能である (p. 87)」と述べているように，当時においては多様な選択肢が存在していた。基金資産の評価において歴史的原価を用いる長所は，年金基金の市場での価値変動を最小化し，毎期の拠出額を安定させることであり，時価評価を用いる長所は，拠出額の毎期の変動をもたらすものの，年金債務に見合う額の水準に基金の価値を維持し得ることであると，彼は分析している (p. 87)。この見解からすれば，退職給付コストの算定に際して経営者がこのような会計上の資産評価の特性を理解することで，安定的な退職給付政策が実現できることになる。コスト見積りがこのように適切に行われれば，経営者が退職給付運営の展望を把握しやすくなり，早期の拠出金積立等の政策に基づく給付安定化が望めることになるだろう。

ここで指摘されている様々な主張は，今日の退職給付運営においては，基本的な事項として受け入れられているものである。ただ，これほどまでに重要であるにもかかわらず，これらが長い間，合衆国の実務においてとり入れられなかったのは，このような経営者に対するタスクの増加が明示的に行われず，経営者がこのタスクの存在を認識するに至らなかったからであろう。

(b) 規制初期の過去勤務コストをめぐる議論

退職給付システムの初期段階において，多様な形態ながらも企業による年金会計が行われていたことが，これまでの検討で明らかになった。企業の年金会計に関する最初の会計基準は，アメリカ会計士協会（American Institute of

Accountants: AIA) の会計手続委員会 (Committee on Accounting Procedure: CAP)[17] によって公表された会計研究公報 (Accounting Research Bulletin: ARB) 36 である。この会計基準の規定は，5年後の1953年に，それまでのARBを再構成して公表されたARB 43にそのまま引き継がれているので，ここでは当時の会計理論および実務とARB 43との関係について考察する。

年金会計の問題が，企業経営に対し大きな影響を与えるほどのものであったことは，Brandageを会長に組織された，企業利益に関するスタディー・グループ (Studay Group on Business Income: SGBI) の報告書[18]が，「この問題の深刻さは，U. S. Steel Co.の年金債務の現在価値の見積りが574百万ドルにも上り，それが年金契約の実行された時点における企業の優先株および一般株式の市場価格の50%であるという事実からわかる (SGBI [1975], p. 66)」と指摘していることからも明らかである。

会計規制が行われる以前は，年金会計実務は多様であり，統一された唯一の会計処理が存在していなかった (ARB 43 [1953], Chap. 13, §A, par. 2)。ARB 43では，この多様な年金コストの会計処理のうち，特に過去勤務コスト (past service cost: PSC) の会計処理に焦点を当てている。過去勤務コストは，退職給付を新設・改訂した場合に生じる，過去の労働に係る従業員の退職給付要支給額であるから，これをどのように処理するのかが期間利益計算に影響を及ぼすことになる。この過去勤務コストに関して，次の3つの方法が示されている (Chap. 13, §A, par. 2)。

第1に考えられる会計処理方法は，過去勤務に基づく年金コストを，利潤計算において剰余金に負担させるという方法である。この会計処理の背景には，過去に行われた勤務に基づくコストは，その勤務が行われた期間に負担させるという考えがある。すなわち，費用収益対応の原則の観点を強調する考え方である。この考え方に基づけば，従業員の過去勤務によって得られた収益は，既に過年度の損益計算において計上されてしまっていることになる。したがって，過年度の利益修正という視点から，過去勤務コストの計上が行われるのである。利益剰余金は，過去における利益を源泉としていることから，過去の業

績修正を行い得る勘定であるために，このような会計処理が行われたと考えられるだろう。

　第2に考えられる会計処理は，過去勤務コストを即時に償却し，全額当期の利益計算に関わらせるというものである。この会計処理の背景には，退職給付規定の新設および改訂によって生じた退職給付要支給額は，労働に対する債務であるととらえる法律的思考が存在していると考えられる。退職給付規定は，私法上の労使間の契約に該当し，そこに規定される退職給付額は，将来において企業が従業員に対して支給すべき金額である。その新設・改訂によって，労使間で形成される，退職給付にともなうキャッシュ・アウトフローに対する合意内容が変更されることになる。企業にとっては，この変更された金額が現時点における法律的債務となることから，この法律的債務の変額によって，企業の退職給付債務が評価し直されることとなる。新しく決定された退職給付の債務額が，貸借対照表に認識・計上されていた金額と異なる場合には，当然ながらその金額を変更することになる。この場合において，新債務額が旧債務額を上回る場合には，その差額を過去勤務債務として計上することが当然であるととらえられるようになる。法律上の会計処理としては，このような債務の追加計上は，当期に新たな費用を生じさせることになるので，当期に一括して費用計上すべきという会計処理が導かれることになるのである。

　第3に考えられる会計処理は，過去勤務年金コストを，当期および将来の期間に配分する方法である。この制度は，当時の内国歳入法（IRC）で認められていた方法である。この会計処理の背景には，第2の法律的思考とは異なり，純粋な会計思考が存在している。企業にとって過去勤務コストは，従業員の勤労意欲，定着性を高める効果を持つものととらえられることから，退職給付規定の変更が行われた時期のみではなく，次期以降の会計年度に期間配分することが会計処理にもとめられることになる。

　前述のSGBIではこの3つに加え，利潤計算構造上はオフ・バランスにして脚注にとどめる方法も，当時存在していたことが示されている。この過去勤務コストを注記する方法に関して，SGBIは次のように述べている。

「その反対に継続性の原則（postulate of permanence）にたって，年金債務を単に脚注するという見解がある。この提言には驚かされるが，事業を廃止する場合に，資産価値の著しい縮少を無視してしまえば，年金のために最初に当期発生分，次いで過去勤務分と，収益に対して2重に負担をさせることの理由が問われるであろう。特に，後者の負担のために設定されるリザーブは，事業の廃止においてのみ実際上重要となると考えられる（SGBI [1975], pp. 66-67)」。

以上4つの会計処理の特徴を理解するために，図表3-3に基づいて考察してみよう。図表3-3は，上記で検討した過去勤務コストに関する会計処理を，具体的な設例を用いて示したものである。まず，過去勤務コストを利益剰余金にチャージする第1法によれば，過去勤務コスト10を現金で拠出するに際して，資本の部に計上されている利益準備金を取り崩している。したがって，バランスシートの貸借両方において同額が減少するので，当期の損益計算に関わらせることなく過去勤務コストを計上することができる。当期利益10に変化はない。

これとは逆に，全額を当期に償却する第2法に関しては，当期の損益計算に全額を関わらせることになる。つまり，過去勤務コストは当期の費用として扱われるので，当期の利益がその分減少することになる。設例における当初の当期利益は10であり過去勤務コストは10であるので，当期の利益が0になってしまうのである。過去勤務コストを一定期間に配分する第3法では，当期の期間損益計算に関わるのは過去勤務コストの一部に過ぎず，残りは財務諸表に計上されないこととなる。設例の場合には，5年で10の過去勤務コストを均等に費用化することを想定しているから，残りの8が依然としてオフ・バランスになる。つまり，8の過去勤務コストが，発生した当期ではなく次期以降の一定期間に遅延して認識されることになる。第4法では，脚注によって退職給付コストを開示するだけなので，損益計算には退職給付コストが関わらないことになる。それゆえ，退職給付コスト10の全額がオフ・バランスであり続けることとなるのである。

過去勤務コストの会計処理について，ARB 43では次のように結論づけられ

図表 3-3　過去勤務コストの計上方法

過去勤務コスト計上前の財務諸表

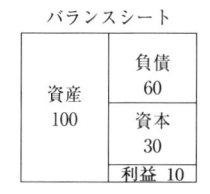

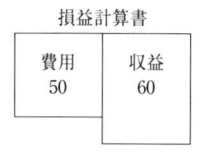

バランスシート

資産 100	負債 60
	資本 30
	利益 10

損益計算書

| 費用 50 | 収益 60 |

①第1法：利益剰余金へのチャージによる方法

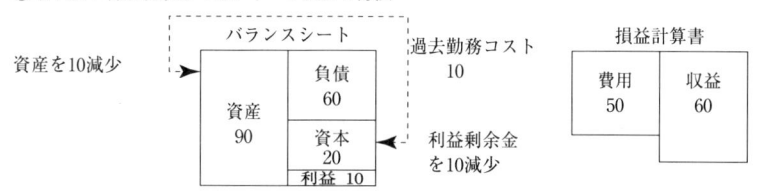

資産を10減少 → バランスシート

資産 90	負債 60
	資本 20
	利益 10

過去勤務コスト 10
利益剰余金を10減少

損益計算書

| 費用 50 | 収益 60 |

②第2法：全額を当期に償却する方法

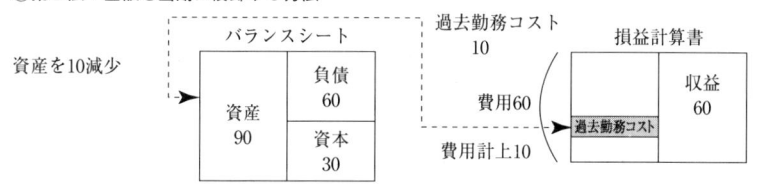

資産を10減少 → バランスシート

| 資産 90 | 負債 60 |
| | 資本 30 |

過去勤務コスト 10
費用60
費用計上10

損益計算書

| 費用／過去勤務コスト | 収益 60 |

③第3法：一定の期間に配分する方法

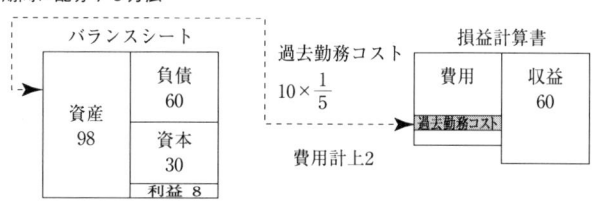

バランスシート

資産 98	負債 60
	資本 30
	利益 8

過去勤務コスト $10 \times \frac{1}{5}$
費用計上2

損益計算書

| 費用／過去勤務コスト | 収益 60 |

④第4法：脚注に表現する方法

バランスシート

資産 100	負債 60
	資本 30
	利益 10

損益計算書

| 費用 50 | 収益 60 |

脚注の場合には，退職給付コストが利潤計算に関わっていないのでバランスシートにも損益計算書にも変化は生じない

ている。まず，当期の財務諸表を歪めない程度の額であった場合には当期にすべて配分することができ，そうでない場合には当期および将来の期間に配分すべきことを定めており，この過去勤務コストを企業の利益剰余金から控除する会計処理を禁じている（ARB 43, Chap. 13, §A, par. 4）。ARB 43 でこのような結論が示される背後には，「過去勤務年金コストは，現在および将来の勤務予測の際に，過去勤務をベースに算定が行われる場合でも，個々の影響ではなく組織全体として関わってくるので，恩恵を受ける現在および将来の期間に負担させるべきであると委員会は考えている（Chap. 13, §A, par. 3）」という思考が存在している。つまり CAP は，過去勤務コストに対する支出の効果が，企業組織全体にかかることに焦点を当て，会計的な思考から導かれる会計処理を原則処理としたのである。このような会計処理は，確かに，各期の損益に大きな変動をもたらす可能性を排除できるという点で，損益の期間比較が確保し得るメリットを持っていると考えられる。しかし一方で，多額の過去勤務コストが生じた場合においても，その一部だけが当期の損益計算に表現されることになるために，財務諸表の利用者は過去勤務コストが全体でいくら存在しているのか等に関する情報を入手しにくくなる。

　上述した CAP の結論は，SGBI の見解とは若干異なっている。SGBI では，「十分なディスクロージャーによって，過去勤務のチャージを将来期間へ配分するという中間的な方法が，実際的で受容可能な解決策であるように思われる。(p. 67)」という結論が導かれている。ARB 43 も SGBI も，過去勤務コストが将来期間において分散して負担するものであるという点では同じである。しかしこの SGBI の考え方においては，ARB 43 で処理が認められている過去勤務コストの当期の負担に関しても，また，明確に否定されている過去勤務コストの利益剰余金へのチャージに関しても，何ら言及されてはいない。SGBI のこのような結論は，この点で純粋な会計的思考というよりも，むしろ課税の原理による，実務上の便宜によるものと思われる。

　これまでの考察において幾度か指摘したように，企業の経営者が年金制度を設置するインセンティブのなかでも，特に重要なのは課税の便益であった。

May [1943] はこの点に関して,「近年における社会情勢の変化,つまり連邦所得税に定められた特別規定の影響は年金給付の会計実務に関して強い影響を及ぼした。(May [1943], p.230)」と述べている。このように,年金会計実務に対し課税の原理が関わっていることは,SGBI が「実際にこの手続は,課税目的によって 10 年以上の期間にわたって配分されるという事実によって,主に決定されているが,おそらく,年金債務の大部分はこの最低期間を超えてチャージされているだろう (SGBI [1975], p.67)」と述べていることから明らかである。

以上の分析から,ARB 43 の幾つかの特徴を示すことができる。第 1 に,ARB 43 の会計処理は,当時の多様な年金実務を受けて,統一的な会計処理およびディスクロージャーを要求していない。第 2 に,過去勤務コストは,過去の利益にチャージすることが禁止されている。第 3 に,理論的な側面よりも,課税を中心とした実務的な側面を重視した会計基準であるということである。言い換えれば,ARB 43 において規定される会計規定では,財務報告において開示される会計情報の作成プロセスに,多様な会計代替処理および会計ディスクロージャーを認めたことから,利潤計算がルースな計算構造において行われ,財務諸表の比較可能性という問題以前に,本来,業績指標および分配指標として機能するはずの算定利益に一定の幅を与えているのである。それゆえ,株主,従業員および経営者の間における利害調整の方向は,経営者の制度に対する考え方と会計代替処理の選択という 2 つの要因に大きく依存していたといえよう。

2 退職給付コストの認識および測定の変化
(a) 年金 ROI の重視と退職給付会計の変化

1940 年代の後半までは,退職給付制度資産の投資および運用に関する管理の焦点は,主として元本の確保にあった。それに基づいて,制度の選択も給付保証を確実に行い得る年金保険制度が重要視されていた。たとえ信託制度を選択したとしても,投資対象となる資産は,債券のような元本保証型の有価証券

が中心であったのである。ところが，1950年代の前半から1960年代になると，課税優遇策を背景として，投資信託制度が多くの企業で選択されるようになった。これによって，企業の経営者は，半ば無意識のうちに投資運用活動へと乗りだす必要が生じてきた。それが転じて，徐々にリターン獲得の目的で投資が行われるようになってきたために，投資対象資産は，固定リターンをもたらすだけの債券から，価格変動性の高い株式等へと移行していった。このような背景から，年金管理における主題は，次第にROI（return on investment）へと関心が移っていった。

Garaham and Bower［1965］は，拠出から投資・運用，給付に至るまでの年金基金運営を，キャッシュ・フローの概念を用いて整理し，企業の経営者が果たすべき責任を明らかにした上で，当該責任を果たすために経営者には評価および統制のフレームワークが必要であることを論じている。彼等は，経営者による年金基金運営のパフォーマンス評価に際して，その測定技術を設定する必要性を強調し，「測定技術は，異なる環境下の様々な企業一般にとって有用であろうとすれば，特定の基本的な規準を満たさなければならない（p. 38）」と述べている。それは，人為的であいまいな行為をできるだけ排除するだけの客観性（objectivity）を有し，即座に，低コストでかつ容易に適用できるような実用性（practicality）を兼ね備え，さらには，以前のパフォーマンス等と比較可能（comparability）であることを指摘している（pp. 38-40）。これらを考慮した上で，ROIの概念が重要であることを彼等は述べている。

年金ROIは，1期間の年金基金への資金投下額とそこから得られたリターンとの2つのパラメータの比で表される。この算定において，それぞれのパラメータは市場価値（market value：MV）で測定されることになる。つまり，資金の投下額は投下時点における当該資産の市場価格で表され，年金投資のリターンは期首資産の市場価値（beginning market value：BMV）と期末資産の市場価格（ending market value：EMV）の差額として表される。この年金ROIの思考が登場することによって，年金運営を，経営者をはじめとする管理者の1つの責任単位として位置付けることができるようになるのである。すなわ

ち，年金基金に投下した資金を元本として，その運用によってどれだけのリターンを得ることができるかを，経営者および管理者の会計責任を評価する尺度とするのである。

このように，企業経営者の経営責任を評価する指標がROIに移っていったことを背景として，退職給付コストの測定問題の重要性がこれまで以上に表面化してきた。それは，退職給付コストが投資収益率の算定に影響を与え，また投資収益率の算定が退職給付コストの算定に影響を与えるという相互の関係が，当時において次第に社会レベルで理解されてきたからにほかならない。このような背景から，企業会計における退職給付コストの算定は新たな局面を迎えることになる。つまり，保険数理法による退職給付コストの算定が，利潤計算にどのように関わるべきかという問題がここに浮上してくるのである。

（b） 保険数理法に基づく退職給付コスト算定

1956年に公表されたARB 47では，年金コストの会計処理が「現在および将来の勤務に基づく年金コストは，この従業員の勤務期間にわたって保険数理計算に基づいて系統的に計上すべき（ARB 47, par. 5）」と規定されている。この規定は，従来の会計基準に比べ，次の2つの点において理論的に1歩踏み込んだものになっている。第1に，年金コストの配分に対して，過去勤務コストだけではなく現在勤務コストに関しても規定しており，年金コストに関する会計処理を包括的に定めている。第2に，企業が認識・測定すべき年金コスト額の算出に関して，保険数理法に基づく方法を代替的処理に含めている。

年金コストを，どのように測定するのかという問題は，既に述べたように当時の未決課題であった。規制初期においては，いわゆるブック・リザーブ方式によって，退職給付資金を企業の経営資本と未分化の状態におくこともあれば，基金への拠出以外はオフ・バランスにするような会計処理を行うこともあった。そのうえ，そのコストの費用計上基準も現金基準をとるのか発生基準を取るのかが，必ずしも明らかな状況ではなかった。

退職給付コストの認識・測定および費用計上時点の問題は，年金給付額の見積りである年金債務をどのように算定し期間配分するのかに関わることから，

一刻も早い解決が期待されていた。ARB 47 の規定に代替処理として認められた保険数理法による退職給付コスト計上は，発生基準による費用計上を必要とする。ただ，発生主義による系統的な費用配分以外の方法については否定せず，また特定の保険数理法を規定していないために，退職給付費用の計上時点に関する議論が生じたのである。

ARB 47 がこのようにあいまいな基準であった背景には，会計実務における多様性だけではなく，理論的な側面からもこの問題に対する明確な答えが存在していなかった（ARB 47, par. 7）ことが大きく関わっていると思われる。実際，この会計処理に対しては，「この立場の論理は，一見受け入れられやすいものの，バランスシートには，受給権の確定あるいは未確定の区別なしに，保険数理的に決定される企業の運営する年金制度の現在価値が反映されなければならない。この達成に最善の方法はおそらく，バランスシートにおいて，年金債務の見積り総額を，控除科目とともに両建てで表示し，未だに費用にチャージされていない部分を示すことである（Gordon and Shillinglaw [1964], p. 394)」といった見解も存在する。

ところで，保険数理法を用いて算定された退職給付コストを財務報告において利用するということは，財務報告書における利益計算に保険数理のエキスパートであるアクチュアリーが関わることを意味する。退職給付債務の算定に用いる保険数理法は高度な専門的知識を必要とするので，職業専門家としてのアクチュアリーの利用が欠かせないのである。実際，ARB 47 では保険数理法を代替処理としていることから，アクチュアリーによって算定された数値を利用することを認めていることが明らかである。この点で財務報告プロセスへアクチュアリーが関与することを明らかにした最初の会計基準であるということができる。

ここに，1 つの重要な問題が浮上する。アクチュアリーの算定した退職給付債務を，経営者がどのように検証し利用するのかという問題である。経営者は，アクチュアリーの算定した数値をもとに，退職給付費用をはじめとする会計数値を財務報告書に計上する。財務報告の利用者は，その退職給付会計上の

数値が信頼性を有することを前提に，その財務数値を，利害調整をはじめとした様々な目的に利用する。しかし，その算定数値が真に信頼性を有するか否かは，財務報告の作成者である経営者がそれを検証し得るか否かにかかっており，同様にその企業の財務報告書に対する会計監査を行う職業会計人がそれを検証し得るか否かにもかかっている。そういった意味において，ARB 47の規定は，財務報告における退職給付コスト情報に対する信頼性を確保するために，経営者，アクチュアリー，職業会計人の3者の関係をどのように位置付けるべきかという問題を生じさせたといえよう。ただ残念なのは，この時点においては，年金に関する監査技術が未成熟であった[19]ために，職業会計人が監査実務上においてアクチュアリーの行った数値を検証することが，実際上不十分であった点である。

（ c ） 発生基準の適用に関する議論

1957年にアメリカ公認会計士協会（American Institute of Certified Public Accountants: AICPA）と改称されたAIAは，それに伴って，基準の設定主体をCAPから会計原則審議会（Accounting Principles Board: APB）に移し，それと同時に会計研究調査部（Accounting Research Division: ARD）を併設した。この体制の下では，APBオピニオン（Opinion of Accounting Principles Board: APBO）8という年金会計基準が公表されている。このAPBO 8の形成に先立ち，会計研究調査部（Accounting Research Division: ARD）からは会計基準のたたき台としての会計研究叢書（Accounting Research Study: ARS）8が刊行されている[20]。ARS 8は，当時Arthuur Young & Companyのパートナーであった E. L. Hicksが執筆を担当している。以下においては，討議資料的役割を持つARS 8に関する検討を先に行い，その後にAPBO 8に関する検討を行う。

ARS 8の冒頭において，当時ARDの理事（director）であったR. K. Storeyは，「年金制度のコストに関する多くの会計問題は，論者の視点や，事業主，従業員，会計士，アクチュアリー，保険機関，教育者，政府機関，アナリスト，その他の利害関係者の関心が異なっていることに起因している。たとえ

ば，発生費用および資金積立の異同を見分けることや，幾つかの利害関係グループによる何らかの利害対立を分けることは容易ではない。にもかかわらず本研究では，財務諸表における年金制度のコスト会計に主たる関心をおき，見解の相違による影響の考察および分析を一通り行っている。(Hick [1965], Director's Preface)」と述べている。

そしてARS 8は，従来の会計基準に規定される会計処理の問題点を2つに集約して呈示している。企業が年金費用を認識し計上する時点 (timing) に関する問題と，年金制度および年金コスト等の年金会計情報を，財務報告においてどのような形で表示するのかという問題である (p. 2)。

一般に，年金コストを費用として計上するタイミングに関しては，現金基準，発生基準および実現基準等が存在することが知られている。このうち，当時の会計基準設定において焦点となっていたのは，現金基準をとるべきかそれとも発生基準をとるべきかという問題であった。この点に関してARS 8では，費用計上額は支払った額にするべきか否かという視点から，賛成意見（現金主義）と反対意見（発生主義）の考察を行っている。その論点を要約すると次のようになる (pp. 33-37)。

現金主義基準に対する支持理由には，大きく分けて2種類の論拠がある。1つは年金費用や年金制度自体は，柔軟性や不確実性に着目すれば，統一すべき性格のものでないというものである (pp. 33-34)。この視点からすれば，比較可能性 (comparability) をもとめることには意義を見出せない (p. 34) という。もう1つの論拠は，発生主義による費用計上の問題点あるいは非有効性を指摘するものである。発生主義を適用すると，株主および従業員の誤解を招くこと，追加積立が事業主の負担となること等といった問題が生じるというのである (pp. 34-35)。

これに対し，発生基準を年金コストの会計に採用すべきことを支持する論拠においては，事業主が業績の良否に関わらず，適切に年金信託に拠出しなければならないという点が強調されている (pp. 35-36)。

この議論の結果，ARS 8では発生基準の採用を提言している。その主たる

理由は，①現金基準が用いられることによって財政状態および経営成績が歪んでしまうこと，②ゴーイング・コンサーン，費用収益対応の原則，継続性の原則といった基本的概念から発生主義は妥当であること，の2つである（pp. 38-39）。

計上時点の問題について発生基準を用いることが決定されれば，次に考察されるのは，どのようにその発生基準を適用するのかという問題である。ARS 8では，最終的に保険数理計算に基づく発生主義会計をとるべきであるという結論が出されている（p. 43）。年金費用計上は，保険数理計算による発生主義によって行われた場合にのみ公正に表示されるとしており，その推奨する数理法としては毎期の費用水準を安定させるという点から加入年齢正常法が挙げられている（p. 4）。また費用配分に関しては，30年から40年という，やや広範であいまいな合理的期間を設定し，この期間内に配分をするように示している（p. 6）。さらに保険数理上の利得・損失はその期に計上する即時計上基準と将来にわたって配分する分散基準の2つを認めている（p. 7）。年金会計情報の表示の問題に関しては，貸借対照表に表示される年金原価は未払年金費用（年金負債），前払年金費用（年金資産）のみであって，未積立過去勤務の負債性は否定されている（p. 12）。つまり，ARS 8の特徴は，加入年齢正常法という保険数理計算に基づく発生基準によって認識・測定された年金費用を，利益計算構造にとり入れることを全面的に支持している点である。これによって，財務報告プロセスにアクチュアリーが介入することが決定的となったのである。

以上のように年金会計理論が明確な形で構築されはじめていた一方で，ARS 8において規定されていたのは，予測給付評価方式（projected benefits method）の1つである，加入年齢正常法という唯一の保険数理法である。また，費用配分の期間に関して，最短の10年と最長の40年とでは30年の差があり，どのような費用配分期間を拠出企業の経営者が選択するかによって企業利益への影響は著しく異なることが想定された。この点で，ARS 8によって提示された利益計算構造のもとでも，年金コストの測定に関する根本的な解決は図られないばかりか，年金会計が拠出企業の経営者によって恣意的に利益操

作される可能性が依然存在していたとさえいえるのである。

　計算構造上の問題が，年金費用の期間配分の点で存在していたにもかかわらず，APBO 8 で ARS 8 の計算構造観および目的観が基本的に踏襲された点は議論の余地があろう。異なる点といえば，保険数理法として認められている方法が，ARS 8 より多様であることである。ARS 8 では加入年齢正常法のみであったのに対し，APBO 8 では発生給付買増方式の単位積増方式をはじめとして，将来給付予測方式の加入年齢正常法，個別平準保険料方式，正常到達年齢方式，総合保険料方式，という5つの方法が選択肢として組み込まれていたのである（APBO 8, Appendix A）。これは，先ほどの恣意性介入の可能性をより一層拡大する点で理論的ではないだろう。実際この背景に実務上の多様性があることは後年の FASB における議論でも明らかである。いずれにせよ，APBO 8 は保険数理法の多様性および費用配分期間の選択範囲の広さなどにより計算構造的に問題を抱えていたために，公表直後から様々な議論をよぶことになる。

　ここで，年金コスト計算において多様な会計代替案を認めた ARB 47 から発生主義のもとで保険数理法による会計処理を義務化する APBO 8 へと変化した背景に2つの大きな事象の存在を指摘する必要があるだろう。1つは，法的フレームワークにおける変化である。1958年に公表された連邦福祉および年金公開法（Federal Welfare and Pension Plan Disclosure Act）によって，年金受給者に年金制度の財務情報を提供することが企業に義務づけられたのである。この法規制によって，当時，頻繁に生じていた不正等に対処するために，財務状況に関する報告書を，毎年度 DOL の長官に提出することが示された。もう1つは，会計目的観の変化である。いわゆる意思決定＝有用性アプローチを打ち出した ASOBAT が，1966年の時点でアメリカ会計学会（American Accounting Association；AAA）より公表されたのである[21]。

　つまり，年金会計が計算構造面で発生主義へと転換したのは，法的フレームワークから年金情報の開示が要請されたことと，合衆国における会計理論および実務における会計目的が意思決定有用性会計へと移行してきたことが大きく

関わっているのである。

注
(1) アメリカン・エクスプレス社の年金制度は,非拠出の年金制度であったが,制度としては公式（formal）なものであった。退職給付制度について,非拠出の制度および公式の制度に関する説明は,後述する。
(2) Stone [1993] によれば,このような神話が増長された要因は,退職給付制度の初期から1966年のAPBO 8の公表までの期間についての年金会計理論および実務に関する検討が,財務会計基準審議会（FASB）による年金会計プロジェクトにおいて行われなかったためである (p. 253)。
(3) 公式の制度とは,適格者要件,給付算定その他の手続きを規定するルールが存在する年金制度である。これに対し非公式の制度は,体系化されず,どのようにこれらの制度が運営されていたのかについての記録がほとんど存在していない制度である。さらに,公式の制度は拠出制度と非拠出制度とに細分されるが,非拠出制度の大半は従業員の最終給与に直接関係した給付を行っており,現在においてもこの点については変わっていない（Stone [1993], p. 254）。
(4) 無論,そのコストを上回るように労働生産性が上昇し,超過利潤が企業にもたらされれば,従業員の給付を増大するための制度設置も,企業の営利追及目的と合致する場合もある。
(5) この証左として,後年,事業主が報告利益に対する課税を減少させ,それに相応するキャッシュ・アウトフローを節約する目的で,退職給付制度を設置するようになることを指摘できる。
(6) Hatfield [1916] についてはStone [1993] も参照。
(7) 1940年代以前の合衆国の文献において頻繁に登場するreserveという会計用語は,今日ではあまり引当金には用いられない。中村 [1984a] によれば,このreserveの概念に関して,内容の区分を行わなかった合衆国に比して,日本では早くから引当金と積立金の区別がなされてきたという (165-166頁)。また,Hatfieldのreserve概念については中村 [1969], 38-46頁を参照。
(8) この点は,引当金の要件に合致することによってのみ引当金を設定し得ることからも明白である。
(9) 積立金は,企業が経済活動を通じて稼得した資本の増分である。ただし,その源泉は本来過去の利益であるので,その点からすればHatfieldの主張にも一貫性が見出せよう。
(10) このような分類は,OECD [1992], Davis [1995] を参照。
(11) この点については,真野 [1959] が「1940年代の半ばにおいて,老齢者保護の私的年金制度は,ほとんどが,事実上,主として雇主の責任による金融の上に運営され

(11) Simons の論稿では，課税所得からの掛金が控除できるという課税政策に着目している。

(12) Simons は，まず企業による従業員の退職給付の保障問題を，企業における犠牲 (burden) としたうえで，次のように述べている。「現在の年金コストは，支払給与のわずか3%から5%ほどの範囲である。この数値は，過去勤務コストによって増大する。支払免除あるいは賃金保証をはじめとする他の保障給付を追加すると，様々な給付を行う総コストが組合の強く要求している平均給与の15%になる。しかしながら，企業の純収益は企業の平均14%にも満たない。従業員保障のコストは，企業総収益を一掃するのに十分なのである。(Simons [1948], p. 442)」。

(13) 証券市場における年金基金の投資活動を考察した論稿として，Andrews [1959] がある。彼の論稿の関心は，1950年代において年金基金が，預貯金，政府債，社債，普通株などの資産に行った投資活動を，実際のデータを下に考察することによって，年金基金の活動が証券市場にどのような影響を持つのかを明らかにすることであった。この点で，彼の論稿では，経営者の立場ではなく，マーケットの立場からの考察が行われているといえるだろう。

(14) 年金保険契約および信託方式の年金費用に関しては Otis [1957] が比較考察を行っている。Otis は次のように述べ，信託制度を支持している。

「年金保険制度の場合には，確実性および保障に関して確立されており，いかなる年金保険制度においても，給付の背後にある保障より重要な要素のないことは疑う余地がない。このような特徴こそが，据置団体年金 (deferred group annuity) を発展させてきた人々にとって最も重要であり，そういった意味では，この契約こそが最良とする考えには議論の余地がない。(Otis [1957], p. 64)」。

また彼は，「経営者が年金資産の投資においてとろうとするリスク度合いによって，しばしば政策が決定される (p. 85)」とも考えている。

(15) Gradison, Jr. はそのうえで，「年金基金において用いられる，会計処理および保険数理法の意味を，経営者が知ることが大切である (p. 87)」と述べている。

(16) また，Gradison, Jr. は，「経営者が年金資産の投資においてとろうとするリスク度合いによって，しばしば政策が決定される (p. 85)」と考えている。

(17) ARB の公表は，CAP の主たる任務である。ARB は CAP 委員 21 名のうち 3 分の 2，すなわち 14 名以上の委員の賛成によって設定された。ARB は全部で 51 公表されているが，証券取引委員会 (Securities and Exchange Commission : SEC) が公表する会計連続通牒 (Accounting Series Releases : ASR) の 4 号 (ASR 4) によって，合衆国における一般に認められた会計原則 (U. S. GAAP) として証券取引法会計を規制していた。

(18) このスタディー・グループは，AIA に対するロックフェラー財団の調査資金援助に基づいて行われたものである。G. O. May をはじめとして A. H. Dean, S. Gilman,

A. R. Jennings, T. H. Sandars などの委員によって報告書が提示されている。この研究においては，価格および賃金等の関連など経済的な視点からの考察も行われているために，S. Kuznets などの著名な経済学者も部分的に関与している。(Studay Group on Business Income [1975], pp. 140-144)。

(19) ERISA 以前の段階においては職業会計人の年金実務に対する関心が薄く，また多様な制度を財務報告に表現する方法も定まってはいなかった。AIA の会長であった Brundage による，比較可能性を高める健全な会計処理が会計人にとって困難であったという指摘（Brundage [1950], p. 14）はその要因を探る上で重要である。

(20) APB 体制といわれるこの体制の下で，会計基準の設定は次のように行われていた。まず，下部機関である ARD より，会計基準の討議資料的な役割を有している ARS が公表される。それに検討が加えられたのちに，APB より APBO が公表される。しかし ARD と APB の連携関係を中心とする APB 体制は，設立当初の意図に反して，十分に機能するには至らなかったといわれている。その理由としては，公表された ARS があまりに理論指向で実務に馴染まなかったためである（新井 [1982], 28-29頁）。

(21) ASOBAT は，目的適合性，検証可能性，不偏性，量的表現可能性，という4つの概念を提唱し，意思決定に有用な会計情報を呈示するという立場にたっていた。このことから，費用および収益をどのように対応させ，企業の財政状態・経営成績をいかなる形で反映させるべきかという初期の会計目的に転換をもたらしたといわれている。

第4章

退職給付会計の展開
—— 退職給付会計に対する ERISA の影響 ——

第1節 退職給付会計の統合的視点からの分離

1 ERISA による利害バランスの変化

1960年代の半ば以降になると,退職給付システムにおける様々な問題が顕在化してきた[1]。それは,資本市場における株価の低迷に端を発している。特に,資本市場の低迷によって年金制度資産の市場価値が急速に下落し,それが年金 ROI に関する期待値と実際値の乖離という形で,拠出企業に年金コストの増大をもたらしたこと[2]は,退職給付システムの利害関係に重要な変化を及ぼしていくのである。

いうまでもなく,企業は確定給付制度のもとでは給付に至るまでのすべてのリスク,すなわち退職給付の運営リスクを負担する。このリスクは,退職給付コストの負担という形で企業のキャッシュ・フローに影響を与える。退職給付コストは保険数理の手法によって算定されるが,その際,年金 ROI に関する期待値を計算上利用することになる。つまり,年金 ROI の期待値が実際値に近いか否かによって,年金コストは変動するのである。1969年から1970年頃の資産価格下落は,この年金 ROI の期待値と実際値の乖離を生じさせ,結果として,企業に退職給付に対するキャッシュ・フローの修正を迫ったのである。

このような状況において,企業の外部利害関係者には次のような利害関係の変化が生じていた。まず,ROI の低下によって人的資源管理における退職給付コストが追加され,それが報告利益(reported earnings)の圧迫という形で

企業に負担をもたらした。報告利益は経営者の業績評価の中心であるので，1970年から1971年頃においては，経営者は自己の経営パフォーマンスをよりよく見せるために，増大する退職給付に関わるコストを抑制しなければならなくなったのである。

これに対して株主は，報告利益の変動が残余請求分を変えてしまうという意味でより直接的な影響を受けた。人的資源管理上のコストを経営者が効率よく管理しなければ，報告利益の減少に基づいて，株主の請求し得る残余が少なくなるのである。株主はそのような不利益を回避するため，一層，経営者の人的資源管理に対する政策を注視するようになる。

報告利益の減少を投資家の視点から見れば，投資指標の1つである1株あたりの利益（earnings par share：EPS）の変動も意味することから，投資インセンティブにマイナスな要因ともいえる。

しかしながら，実際には，上述の変化は各ステークホルダーに危機として広く認識されていなかった。このことは，Ellis [1972] が，「上級経営者は，それが重要であるにもかかわらず，保険数理上の仮定の性質，現在および将来において仮定が変動することによって受ける財務的影響，あるいは経営者が仮定を変更することによって会計士，株主，保険数理士，および年金管理者が直面する問題についてほとんど理解していない（Ellis [1972], p.6）」と述べていることからも明らかである[3]。さらに，年金基金を企業の利益センターとして利用したり，業務の一環としてとらえたりすることは現実的でなく，年金ROIの仮定が将来において実現する保証がない状態であったという意見も存在している[4]。

このような状況は，利害関係に対する1つの歪み，すなわち従業員の受給権侵害を生み出していた。退職給付制度のゴールは，従業員が退職給付を受給することであるが，当時の退職給付システムは，事業主側の動機によって設立され運営されるのが一般的であった。それゆえ，従業員の受給権に対する保護の思想は，企業利益の確保すること等の企業経営目的に比べて，相対的に劣位におかれていたのである。これが広く社会に顕在化する端緒となったのが，1964

年のスチュードベーカー社（Studebaker Co.）事件である。これは，スチュードベーカー社が倒産した際に，年金基金の積立不足が原因でその従業員に対し退職給付が行われなかったというものである。これは明らかに従業員の受給権を侵害するものであったので，この事件をきっかけとして，企業年金改革が政治レベルで議論されることになるのである。

　このような改革に対しては，様々な見解が存在した。たとえば，ジェネラル・エレクトリック社（General Electric Co.）の相談役であった Hubbard, Jr. は，「残念ながら，より厳密な規制をもとめる現在の改革は，濫用，不正，虚偽，といった本質的な必要性からでなく，公共の利益（public interest）というあいまいな概念から生じていることを記さねばならない（Hubbard, Jr. [1967] p. 33)」と述べたうえで，フィデューシャリー，ポータビリティー，積立て，公的年金および退職給付システムの統合(5)，といった4つのキーワードから改革を進める必要があることを示している（pp. 33-39)。その一方で，Griffin, Jr, [1969] のように，改革による年金規制に反対する意見を述べるものもいた（pp. 92-99)。彼は，一般に指摘されている，適格企業年金の節税効果，公共政策による受給権の早期確定，年金運営への政府の関与という3つの考えは，いずれも神話（Myth）であると考えた。

　年金改革については，このように議論が分かれていたものの，最終的には退職給付制度に関する包括的な法律である ERISA が1974年に制定された。連邦法である ERISA は，関わる規制当局が，労働省（Department of Labor : DOL)，内国歳入省（Internal Revenue Service : IRS)，年金給付保証公社（Pension Benefit Guaranty Corporation : PBGC）と3者にわたっている(6)。この結果，利害関係者のなかでは，経営者および株主よりも相対的に劣位におかれていた従業員の受給権が，立法的な見地から強力に保護されるようになったのである。

　以上のように，ERISA の制定によって利害関係者としての従業員がクローズ・アップされたのである。しかし，このように特定のステークホルダーに着目しその利害を強調することは，逆に見れば，他のステークホルダーの利害が

侵害されることにもつながってくるはずである。そういった意味においては，ERISAが公表されたことで利害バランスが変化し，他のステークホルダーの利害を十分に確保することができなくなる可能性を有していたのである。ERISAは，従業員の利害を保護する信託法ではあっても，他の利害関係者の利害を必ずしも保証するものではないからである。したがって，従業員と他のステークホルダーとの利害調整をどのように行うべきかという未決の論点が，ここに浮上してきたのである。

実は，これこそが退職給付会計システムが着目された要因なのである。当時は，合衆国会計も転換を迎えていた時期であり，会計基準設定において正規の手続き（Due Process）というオープンなシステムをとり入れた財務会計基準審議会（Financial Accounting Standards Board: FASB）が，1973年に設立されていた。FASBの正規の手続きは，利害関係者の意見を広範な形でとり入れることができるシステムであったことから，上記のような退職給付システムの利害調整の問題を，財務報告という視点から解決することが望まれたのである。したがって，ERISAによってクローズ・アップされた従業員の受給権をどのように退職給付の財務ディスクロージャーで表現するべきか，そして他の利害関係者との利害調整をどのように図るべきかという問題の解決は，退職給付会計基準の設定活動という新たなステージに委ねられていったのである。

2 FASBによる2つの退職給付会計プロジェクト

ERISAの中核的概念である受給権保護は，フィデューシャリー責任を有する経済主体を定め，それらに責任を課すことによって達成することが想定されている。そこでは，企業年金制度に関わる経済主体をすべて広義のフィデューシャリーとしてとらえるので，拠出企業，経営者，運用受託機関，保険数理人，会計監査人等の広範な経済主体に，受給権の確保に向けた財政計算の責任を負わせている。この際重要なのは，年金基金の年次報告書に公認会計士の監査を義務付けることによって，かかる責任の遂行状況をチェックするものと規定したことである。

いうまでもなく，企業の監査を行う公認会計士の業務は，財務報告情報に信頼性を与えることであり，この点はERISAの要求する情報開示が満たされるためにも必要となる。しかしながら，退職給付の財務報告に対する監査においては，少なくとも，次の2つの点で，この信頼性が十分に得られない状況にあった。第1に，経営者が退職給付制度を運営していくプロセスにおいて，コンサルティング・アクチュアリーを十分に活用していなかった。第2に，退職給付制度自体に関する会計基準が存在せず，その監査におけるガイドラインが不足していた。

まず，第1の点についてみてみよう。アクチュアリーが保険数理計算を通じて算出する計算数値は，経営者の年金運営の指標となることが望ましいことは今日では広く知られているところであるが，当時のコンサルティング・アクチュアリーは経営者とそのような連携関係を有し得るほどに一般的な専門性が認識されていなかった。たとえば，コンサルティング・アクチュアリーについては，「多くの合衆国企業が，保険数理人を独立専門化としてよりもむしろ，長期の制度および計画に関して適切に裁定するため，健全に判断できるだけの専門技術を利用し得る，単なる技術屋として見ている (Ellis [1972], p. 15)」という状況にあったのである。

次に，第2の点に関してみてみよう。当時公表されていた退職給付会計基準は，APBO 8であった。このAPBO 8に関しては，Schwartz and Lorents [1984] は，保険数理法等に関する代替的会計処理が多く，年金制度に関する情報開示も不十分なために曖昧で分かりにくいという問題点を指摘している (p. 34)。しかし，より重要なのは，APBO 8は拠出企業における退職給付コストの会計を規定するものであり，年金基金の会計基準ではなかった点である。つまり，この会計基準は退職給付制度自体の会計処理に関してはサイレントであったため，そのようなERISAの情報開示要求に答えることができなかったのである。

このような退職給付会計の不備は，監査を行う公認会計士を混乱させていた。ERISAによって，DOLに職業会計人の監査済み年次報告書を提出するこ

とが義務付けられた一方で，退職給付制度の会計基準が不在であったために，当時の会計士はその財務報告に対する監査のガイドラインを何ら持ち合わせることができなかった。この点については，「1975年以前においては，年金基金の財務諸表に対しては何ら注意が払われてはいなかったし，独立の会計人によって検証される事もまれであった。(中略) ERISA施行時には，年金基金に対する会計人の実務経験の乏しさと同調して，年金基金の会計と財務報告要件の権威ある会計基準が存在せず，さらにはERISAが当初最小限の解説しか行わなかったことから，監査人には重大な問題が起こっていた（Sullivan, et. al. [1985], pp. 1237-1238)。」という指摘[7]がなされている。

このように，職業会計人が年金会計の監査を行い，フィデューシャリー責任を遂行するためには，職業会計人の年金監査レベルを向上させ，監査のガイドラインとしての退職給付会計基準を設定する必要が存在していたのである。このガイドラインとしての退職給付会計基準をどのように設定するべきかという点に関しては，図表4-1に示すような方向性が考えられた。

まず，代替案1は，退職給付制度に関わる拠出企業の会計を，掛金拠出という一般的な期間費用の会計処理にとどめることで，拠出企業の財務報告における退職給付会計の負担を最小限に押さえるという考え方である。この場合，退職給付に関する財務的な情報のほとんどは，退職給付制度の財務報告において開示されることになる。退職給付会計に関わるステークホルダーの利害調整は，当然ながら，退職給付制度の財務報告を中心に転換されることとなり，拠出企業の財務報告は補足的にしか利用されないことになる。これは，拠出企業が拠出するべき追加的掛金等の人的資源管理において極めて重要な情報が，企業財務報告において部分的にしか開示されないからである。

代替案2は，このような代替案1の欠点を改善するものである。すなわち，追加的掛金拠出をはじめとする退職給付制度の運営活動を，すべて企業の財務報告に関わらせるという視点に立っているのである。ただ，この視点においては，制度の会計と拠出企業の会計を分離することを原則としているので，拠出企業の退職給付会計は制度運営上の財務的インパクトを表現するものにとど

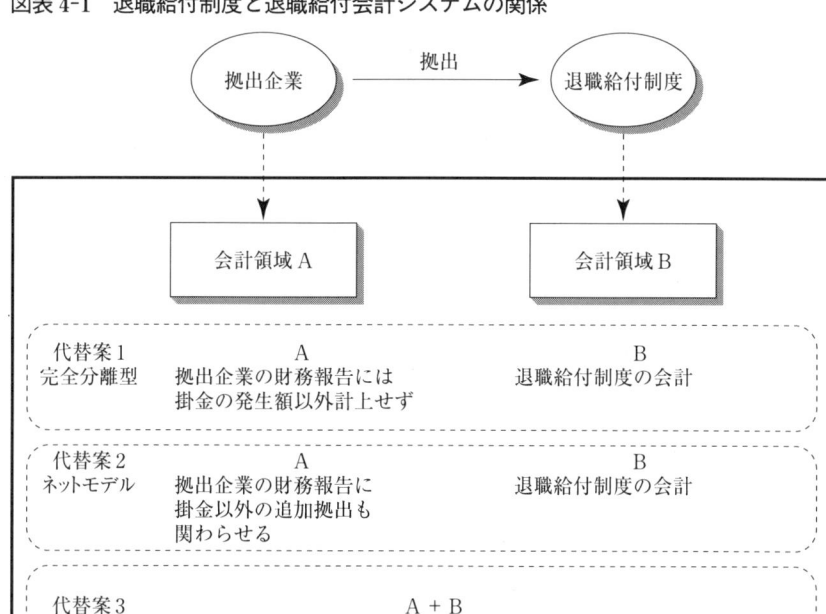

図表4-1　退職給付制度と退職給付会計システムの関係

```
拠出企業 ──拠出──▶ 退職給付制度
    │                    │
    ▼                    ▼
┌─────────────────────────────────────────────┐
│  会計領域A           会計領域B                │
│                                             │
│ 代替案1      A              B                │
│ 完全分離型   拠出企業の財務報告には  退職給付制度の会計 │
│             掛金の発生額以外計上せず          │
│                                             │
│ 代替案2      A              B                │
│ ネットモデル 拠出企業の財務報告に   退職給付制度の会計 │
│             掛金以外の追加拠出も              │
│             関わらせる                        │
│                                             │
│ 代替案3           A + B                      │
│ グロスモデル  拠出企業の財務報告に退職給付会計を全面的に関わらせる │
└─────────────────────────────────────────────┘
```

め，退職給付制度自体の会計そのものは独立して行うことになる。したがって，ステークホルダーは退職給付の運営について2つの側面から観察することができるのである。そして，その2面的な情報をもとに利害調整を行うことになるのである。

代替案3は，代替案2と同様に，追加的掛金拠出をはじめとする退職給付制度の運営活動をすべて企業の財務報告に関わらせるという視点に立ち，なおかつ両者の会計を拠出企業の財務報告において行うという立場をとるものである。この案は，退職給付会計は拠出企業の完全な責任のもとに運営され情報開示されることになるというメリットがある反面，拠出企業の財務報告自体が複雑になり，退職給付会計に関わりのないステークホルダーに対する混乱を招く可能性を持つというデメリットを有している。

これら3つの代替案のうちどの立場をとるべきかという問題に対して、当初FASB[8]は、ERISAが公表されると即座に、FASBの解釈指針3号（Interpretation No. 3）を公表し、APBO 8がERISAに適合しているかに関して基準設定機関たる自己の見解を公表した。設立当時のFASBは、従来から行われてきた退職給付会計基準を何ら否定しない立場をとっていたため、当初の段階においては代替案2の方向性を見出してはいなかった。

これには、退職給付会計上の様々な未決事項の存在が深く関わっている。たとえば、APBO 8においては「前払または未払年金費用以外の法律上の債務は負債および繰延費用として計上すべし（par. 18）」と規定されていたが、これが、ERISAによって企業の負担に帰すことが明らかにされていた追加的退職給付コストを意味するものであるかについては議論が存在し、解決が困難な問題となっていた。特に、これを企業の利潤計算にどのように位置付けるのかが問題であった。FASBはこの点に関して、若干の例外を除いて法的な債務は生じていないという立場を表明した（par. 5）が、これは上記のような未決事項に関する議論を繰延べるための一時的措置であったといえよう。

実際のところFASBは、その後の本格的な退職給付会計基準の設定活動において、基金の会計に関する専門委員会、および事業主の会計に関する専門委員会という2つの委員会を、1975年に別々に編成することになる。つまり、FASBは上記の代替案の2の立場を選択し、退職給付会計を1つの体系的なシステムとして整備することに着手したのである。

この2つのプロジェクトが別々に組織されたことによって、退職給付会計は、新たな局面を迎えることになった。退職給付コストの負担を行う拠出企業と、退職給付の運営を行う年金基金財政が、FASBによる退職給付会計規制という1つの統一的な視点から分離されるためには、先ほど述べたような問題のほかにも様々な事項が解決される必要が存在しており、FASBはそれらの解決のために全面的な退職給付会計の見直しを行わなければならなかったのである。

このようなFASBの試みは、基金会計に関する専門委員会活動については

財務会計基準ステイトメント（Statement of Financial Accounting Standards：SFAS）35として，事業主の会計に関する専門委員会活動についてはSFAS 87として，最終的にそれぞれ実を結ぶことになるのである。

第2節　退職給付会計システムの形成

1　退職給付制度と企業財務の関係

　退職給付会計を統合的な視点から分離するために最も問題となっていたのは，拠出企業の財務に退職給付運営がどれだけのインパクトを有しているのかということが依然として明確になっていなかった点であった。これについては，財務理論における様々な研究によって，次第にその因果関係が明らかにされていった。たとえば，Tepper and Affleck［1974］は，拠出企業の最適な財務戦略（optimal financial strategies）という視点から，年金税制のメリットを享受するために基金を設置するという企業の利己的なインセンティブに着目した。そして資金調達と基金設置との関係をごく単純なモデルで示した上で，年金債務と企業財務との関係を分析した。続いてSharpe［1976］[9]は，ステークホルダーとしての株主の立場を重視し，ERISAに起因する権利関係をベースにした経済モデルを用いて，マーケットにおける企業の株価形成は企業経営者が方向付ける年金基金運営と強い因果関係が有ることを示した。

　これに対しTreynor［1977］では，企業，受益者（従業員），およびPBGC（Pension Benefit Guaranty Corporation）という3者が，ERISAのもとでどのような関係を有しているのかに関して，代替案3の立場から，FASBとは異なる視点でERISAバランスシート（ERISA Balance Sheet）を表している（図表4-2）。

　PBGCはERISAによって設置された給付保証機関であり，退職給付の30％に関する給付保証を行うことがERISAによって義務付けられている。受益者である従業員に対する給付は，拠出企業の経営者が退職給付制度をどのように運営していようとも，保証されているのである。この点からすれば，退職

図表 4-2　ERISA バランスシート

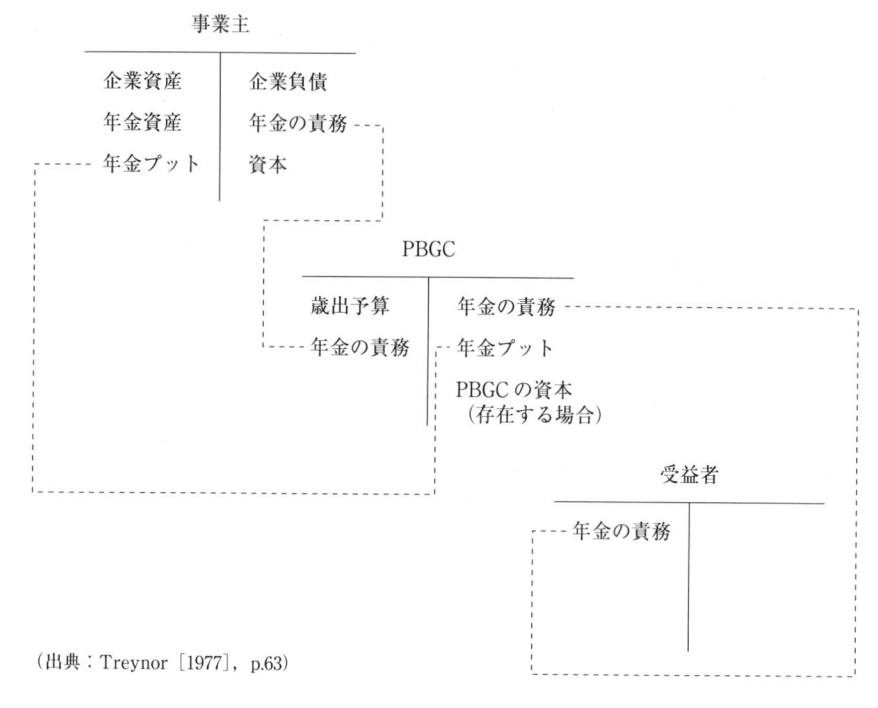

```
                    事業主
         ┌─────────────┬─────────────┐
         │ 企業資産     │ 企業負債     │
         │ 年金資産     │ 年金の責務 ──┼──┐
         │ 年金プット ──┤ 資本         │   │
         └──────┬──────┴─────────────┘   │
                │                         │
                │         PBGC            │
                │   ┌───────────┬─────────┴───┐
                │   │ 歳出予算   │ 年金の責務 ──┼──┐
                │   │           │ 年金プット   │   │
                └───┤ 年金の責務 │ PBGCの資本   │   │
                    │           │ （存在する場合）│   │
                    └───────────┴─────────────┘   │
                                                   │
                                         受益者    │
                                    ┌──────────────┴──┐
                                    │ 年金の責務       │
                                    └─────────────────┘
```

(出典：Treynor [1977]，p.63)

給付に関して拠出企業が負うリスクは，退職給付の100%ではなく，その70%であるといえるのである。つまり，Treynorによる図表4-2において示されているように，企業の実質的な年金負債はグロスではPBGCによる給付保証の枠組みを介して算定されるべきことになる。

いずれにしろ，退職給付会計が拠出企業の財政に影響を有していることはERISAの公表後に明らかとなっていったのである。年金運営上生じた積立過不足が株価形成ファクターの1つであることが実証されてきたことで，積立不足に対する追加的拠出が，受給権保護の思想から行われるのみならず，投資家のために期間利益を確保しようとする思想によっても行われるべきことが示されたのである。年金債務は，一方で労働契約として従業員の労働生産性を左右し，他方で実質的な企業債務として企業評価に関わっているためである。

そして，このことによって，退職給付会計基準の設定において，個々のステークホルダーが自己の利害をどのように確保すべきかという点が明らかにされたのである。たとえば，経営者の立場からみれば，一方で従業員との暗黙の契約に基づいて退職給付確保を目的とする退職給付制度運営を行い，他方で株主および投資家にとっての企業価値を高めるために人的資源管理を行わなければならないが，その顛末報告が退職給付会計基準にどのように規定されているかによって，株主と従業員の利害のボーダーは変動するであろう。そのような視点からすれば，経営者が基準設定活動に積極的に関わるインセンティブは相当高くなるはずである。また，公認会計士やアクチュアリーも，ERISAに基づいて自己の果たしたフィデューシャリー責任を表現する手段として，退職給付会計を重視しなければならないことから，その基準設定プロセスへと積極的に関与することになるのである。

2　SFAS 35の設定における利害調整

（a）　SFAS 35における利害調整の主体

退職給付会計に関するFASBのプロジェクトの1つは，既に述べたようにSFAS 35という形で実を結んでいるが，この設定活動はFASBによる基準設定に特有の正規の手続きに基づいて作業が進められた。SFAS 35の設定におけるデュー・プロセスでは，討議資料が1度，公開草案が2度公表されている。FASBは討議資料および公開草案を，主要とFASBが考える関係機関を中心に送付するので，それに対するコメント・レターは当該機関等によるものが多いことは事実である。

SFAS 35の場合，アメリカ公認会計士協会（American Institute of Certified Public Accountants: AICPA）をはじめとする公認会計士団体，大手会計事務所[10]，アメリカ・アクチュアリー学会（American Academy of Actuaries）などのアクチュアリー団体，大手アクチュアリー事務所，年金積立が巨額に上る大企業等がコメント・レター等を通じて利害調整に関わっている。SFAS 35の設定におけるデュー・プロセスでは，それぞれに膨大な量のコメント・レタ

ーがFASBに送られてきているが，このことだけでも退職給付会計基準の設定に対するステークホルダーの関心が高いものであったことが理解できよう。

SFAS 35の計算構造その他開示情報に関する検討は後に詳しく行うので，ここでは基準設定という社会的レベルの会計選択において，各ステークホルダーがどのように自己の利害を確保しようとしたのかという点を，基準の対象となる制度の範囲を巡って繰り広げられた議論を検討し考えてみよう。

(b) 制度の範囲に関する議論

年金基金の会計基準の設定に際しては，まず基準の適用範囲をどのようにするかが問題となった。FASBは，当初，公表された討議資料の段階において，様々なタイプの年金制度を検討の対象に含めていた。ところが，1度目の公開草案（Exposure Draft: ED）においては，その範囲を確定給付制度のみに限定し，確定拠出制度を除外してしまっていたのである。このようなFASBの決定に対し，その範囲を確定給付制度のみにするか，それとも確定拠出制度にまで広げるべきかという議論が生じることとなったのである。

このようなFASBの決定の背景に，利害関係者からのコメント・レターの存在があることは，「パラグラフ2では，本ステートメントが確定給付制度の会計および財務報告を行うものであることについて規定している。これに対し，討議資料においては，多様なタイプの従業員給付制度を扱っていた。しかしながら，ほとんどのコメント・レター回答者がその意見書において，恐らく最も関心を有しているであろうと思われる領域，すなわち確定給付制度の会計および財務報告に注意を向けていたのである（PR 35［1983］, p. 19）」というくだりからも明らかである。

これを前提とすれば，利害関係者は，社会レベルの会計選択である基準設定活動に直接参加し，強い影響を与えていたと考えられる。無論，FASBの会計基準の最終的な採決は7人のボードメンバーによる多数決ではあるが，コメント・レターおよび公聴会などを通じてステークホルダーが意見を述べることで，審議の内容が上記のように変化することも少なくなかったのである。

このような，最初の公開草案に対するコメント・レターによって方向付けら

れた確定給付制度を重視するFASBの姿勢は，改訂公開草案においても変わることはなかった。ところが，幾つかの大手会計事務所は，改訂公開草案のコメント・レターにおいて，確定拠出制度に関しても会計基準の範囲内にすべきであることを提唱している。これは，会計基準の範囲を確定拠出制度にまで拡張する提案がアクチュアリーからよせられたコメント・レターにはほとんど見られないのとは対照的である。その要因を考えて見れば，少なくとも次の点が指摘できるのではないかと思われる。ERISAによって，退職給付制度の年次報告書の監査を義務付けられた公認会計士にとって，監査対象となる制度には確定拠出制度も確定給付制度も含まれており，会計士の利害という視点から，監査上の判断基準となりうる包括的な会計基準が必要とされたことが考えられるのである。前述のように，退職給付の監査におけるガイドラインの不在こそが退職給付会計の見直しを加速させたのであるから，会計士が自己の利害確保のためにこの点を強調することは，むしろ当然のことであるとさえいえるのである。

一方，アクチュアリー・サイドから確定拠出制度の拡張が提案されなかった要因については，FASBがSFAS 35の設定に際して，アメリカ・アクチュアリー学会と連絡を密にしていたことが要因の1つと考えられるだろう。基準設定活動に直接的な参加をしていれば，敢えてコメント・レターの形で提言を行わなくとも自己の主張は退職給付会計基準にとり入れられるからである。また，アクチュアリーの立場からすれば，事後的なインパクトを拠出企業の財政に及ぼさない確定拠出制度は，企業のリスク負担ではなく，加入者個人のリスク負担に基づくものであるために，企業の債務会計基準において議論する必要のないものと判断されたことも考えられる。

FASBは最終的に，年金基金に関する年金会計基準ではなく，確定給付制度に焦点を絞った会計基準を1980年に設定し，確定拠出制度をSFAS 35の範囲外としたのである。このFASBの決定には，先ほど述べたように，討議資料に対して寄せられたコメント・レターの関心が確定給付制度に集中していたことが関係していることは確かであろうが，より踏み込んで考えれば，別の

要因があると考えられる。

　その要因とは，SFAS 35 の主たる情報利用者に関する FASB の想定が，当初の制度加入者から拠出企業およびその債権者・投資者等にまで拡大されたことである。FASB は当初，SFAS 35 の情報利用者に関しては，単に従業員を想定し，その会計目的を給付の安定においていた（PR 35［1983］, p. 22 and p. 29）。この点につき FASB は，「最初の公開草案では制度加入者を制度に関する財務諸表の主な利用者と認識していた。公開草案への回答者の多くが，典型的な制度加入者は興味を持っていないか，制度の財務諸表に表された事項を適切に理解できないので，混乱し誤導される可能性があるという見解を示した。(SFAS 35, par. 48)」と述べている。

　制度加入者の視点を重視すれば，当然ながら会計および報告のエンティティーは年金基金そのものということになるであろうから，確定拠出制度も範囲に入ってくることになる。しかし，上記の見解からも明らかなように，FASB は設定活動において，次第に，加入者重視に加えて，経営者，投資者，債権者などの企業の外部利害関係者も財務報告の利用者と考えるようになってきたのである。この視点からすれば，企業が制度の運用に対しリスクを負うか否か，すなわち年金基金の運営パフォーマンスの良否が企業業績に関わってくるか否かが，報告エンティティーの範囲を確定する重要な要因となったと考えられるのである。

　従業員が運営リスクを負う確定拠出制度とは異なり，確定給付制度の場合には企業がリスクを負うために，年金基金の運営パフォーマンスと企業業績は密接な関係を有している。このことから，財務報告のエンティティーとして確定給付制度がクローズ・アップされることになるのである。

　ただ，最終的に確定された SFAS 35 で，基金財務諸表の主たる会計目的が「……現時点および将来において，支払時点の年金給付可能性を見積るのに有用な財務情報を提供すること（SFAS 35, par. 5）」に限定されていることには注意する必要があるだろう。この点について，FASB は次のように述べている。

「多くの利用者のために存する財務諸表のなかに，一握りのものだけが必要とし，またほかの手段でも入手し得るような専門的情報を盛り込むことは，不経済であると思われる。例えば，年金運用者は日々の事柄や政策を決定するのに専門的かつ詳細な情報を必要とするだろう。しかし，年金運用者は年金制度の会計システムを管理しており，その多くは年金制度運用者の運用の管理・統制のための管理会計である。同様に，単一事業主の年金制度の拠出者が，潜在的な制度改訂を評価するのに必要な，あるいは法のもとで当期の最低積立要求を決めるのに必要な情報は専門化された情報である。しかし拠出者は，通常，必要とする特定の情報を入手する事ができる。(SFAS 35, par. 52)」。

このように，SFAS 35 に基づく年金基金の財務報告では，従業員の受給権確保のために基金運営情報を開示することを1つのタスクとする一方で，企業の業績指標としての報告利益に対しもう1つのタスク，すなわち制度運営が与える財政的インパクトを投資家その他のステークホルダーの予測に役立つ情報として開示するということにも着目していたのである。つまり，SFAS 35 によってステークホルダーに開示される情報は，単に従業員のための情報だけではなく，むしろ拠出企業のステークホルダーの利害を調整する情報であることになる。そうであるからこそ，SFAS 35 の基準設定プロセスにこれらの利害関係者の強い主張が盛り込まれていたといえるのである。

3 拠出企業の退職給付会計基準設定における議論
(a) SFAS 36 における未決の問題

基金会計と拠出企業の年金会計とを別々に規定する動きの中で，年金基金運営に関する財務報告は SFAS 35 として成立した。その一方で，企業が行うべき退職給付会計に関しては，依然として解決の兆しが見られなかった。それは，年金運営のパフォーマンスの良否に基づく利得および損失を，企業利益算定構造のなかにどのように組み込むべきかが，企業会計の理論的な枠組みではとらえにくかったためである。

SFAS 35 と同時に公表された SFAS 36 では，当時論議の渦中にあった年金

会計の諸問題のうち，主として年金情報の開示という部分にのみスポットが当てられていた。Schwartz and Lorentz [1984] も指摘するように，SFAS 36 は上記の計算構造上の未決の問題を解決するための基準ではなかった (p. 35)。したがって，年金運営において生じる年金コストおよび年金ベネフィットを，企業の利潤計算のなかにどのように組み込むべきかという問題は，SFAS 36 公表時点では先送りにされたのである。このため，「財務会計基準審議会は，未積立確定年金給付の一部あるいは全部を，企業のバランスシートに表現するかどうかを，依然として決定していない（Regan [1976], p. 26)」という批判が存在していた。つまり，追加的な退職給付コストが，企業の財務状態にどのような影響を及ぼすのかを明らかにすることが当時の議論の焦点となっていたのである。

図表 4-3 は，1974 年から 1975 年の間における未積立確定年金債務の計上前後の負債資本比率と，資本構成，すなわち財務レバレッジを示したものである。未積立の確定年金債務に関しては，PBGC の保証する総額の 30% を除いて，企業財務に算入した場合の影響が考察されている。つまり，年金負債の 30% は PBGC が保証する額であるので，それ以外の 70% が真に未計上の負債であると考えられていることになる。

この分析に基づけば，資本構成において UVB が 20% を超える企業は，それを企業負債に算入した場合に負債資本比率に対する影響が大きい。例えば，UVB が 22% の Chrysler, 24% の Bethlehem Steel, 25% の Republic Steel 等は，負債資本比率がおよそ 3 倍以上になっている。この傾向が著しく明らかなのは，UVB が 25% の General Motors であり，UVB を算入する前の比率が 0.07 から 0.47 へと大きく変化している。UVB が 20% に満たないものの 10% を超える企業に関しても，比率に対する影響がある。UVB が 19% の Ford は，上記の企業と同様の影響を受けている。

追加的な退職給付コストは，このように企業財政に影響を及ぼすことが明らかであった。にもかかわらず，SFAS 36 で年金運営のインパクトを利潤計算に結び付けなかったことによって，SFAS 87 の設定活動に至るまで経営者が

図表 4-3　未積立確定年金債務調整後の資本構成および負債資本比率

企業	負債資本比率		調整資本構成		
	UVB前	UVB後	UVB %	LTD %	SE %
Lockheed	31.38	45.39	1%	97%	2%
Western Union	1.16	2.09	14%	54%	32%
Uniroyal	0.77	1.53	17%	44%	39%
Baboock & Wilcox	0.73	1.44	17%	42%	41%
B. F. Goodrich	0.66	1.13	13%	40%	47%
Chrysler	0.37	0.96	22%	27%	51%
Caterpillar Tractor	0.45	0.90	17%	31%	52%
Goodyear	0.53	0.89	12%	35%	53%
Westinghouse	0.44	0.87	16%	30%	54%
Dow Chemical	0.66	0.81	5%	40%	55%
Bethlehem Steel	0.26	0.80	24%	21%	55%
Republic Steel	0.22	0.74	25%	18%	58%
Ford	0.24	0.62	19%	19%	62%
Xerox	0.59	0.59	0%	37%	63%
Firestone	0.44	0.56	6%	30%	64%
American Moters	0.21	0.52	17%	17%	66%
F. W.Woolworth	0.44	0.52	4%	30%	66%
Honeywell	0.46	0.52	2%	32%	66%
Borden	0.42	0.48	3%	29%	68%
General Motors	0.07	0.47	25%	7%	68%
General Electric	0.32	0.46	7%	24%	69%
Armco Steel	0.24	0.45	11%	20%	69%
U. S. Steel	0.30	0.43	7%	23%	70%
Sperry Rand	0.43	0.43	0%	30%	70%
Monsanto	0.33	0.39	3%	25%	72%
Union Carbide	0.36	0.39	2%	26%	72%
Beatrice Foods	0.32	0.33	1%	24%	75%
Kraftco	0.28	0.31	2%	22%	76%
Combustion Engineer	0.30	NA	NA	23%	77%
Pfizer	0.30	0.30	0%	23%	77%
General Foods	0.29	0.29	0%	22%	78%
J. C. Penney	0.26	0.26	0%	21%	79%
Sears	0.21	0.24	2%	17%	81%
Kresge	0.21	0.21	0%	17%	83%
DuPont	0.21	0.21	0%	17%	83%
Warner Lambart	0.11	0.11	0%	10%	90%
Eastman Kodak	0.03	0.07	4%	3%	93%
IBM	0.03	0.05	2%	3%	95%
Johnson & Johnson	0.04	0.04	0%	3%	97%
Am Home Products	LTD, UVBなし		0%	0%	100%
平均	0.3	0.47	9%	23%	68%

UVB：未積立確定年金債務（unfunded vested pension liability）
LTD：長期負債（long-term debt）
SE：調整株主持分または株主持分からUVBを差引いたもの
NA：データなし
＊：UVBは純価値の30％だけ狭くなっている。
(出典：Regan [1976], p. 31)

年金制度の重要性を認識しない状態が続くことになった。この問題が，当時の合衆国企業の財務面に対し深刻な影響を及ぼし得る状況にあったことは，Figgie [1981] が未積立年金債務を「年金債務の爆弾」(pension liability bomb) と表現していることからも明らかであろう。

年金マネジメントによってもたらされる年金コストおよび年金ベネフィットのインパクトは，後に SFAS 87 の設定によって，拠出企業の財務報告書における財務諸表，特にバランスシートおよび損益計算書にとり入れられることとなる。そして，この追加退職給付コストの計上によって，変動性の高い数値が企業の利潤計算に関わることになり，最終的には，分配可能利益の算定および投資意思決定情報の提供といった，財務会計の機能に著しい影響を与えることになる。そういった意味においては，このような転換は単に合衆国の退職給付会計のターニング・ポイントというよりも，合衆国企業会計の重要な転換点としてとらえるべきであろう。

(b) 年金負債に関する FASB の論点整理

FASB は，SFAS 36 を公表する 2 ヶ月前に SFAS 87 の設定に関するバックグランド・ペーパー (Background Paper [1980]) を公表している[11]。当時プロジェクト・マネージャーであった T. J. Mortimer によって執筆されたものであり，事業主の年金会計に関する問題点が 4 つ示されている (BP 87 [1980], p. 8)。

① 何が年金に関する事業主の債務であるか？ もし存在するのであれば，その債務のどの部分が負債として認識されるべき額であるのか。
② 期間年金費用を決めるに際し，その債務をどのように会計期間に配分するか。
③ これらの債務および期間年金費用の見積りに最も適切な測定方法および仮定は何であろうか。
④ 多事業主制度に特有の会計問題はどのように扱われるべきか。

FASB は，この 4 つの論点をより詳細に提示した，事業主の年金会計に関する討議資料 (Discussion Memorandom: DM 87-1 [1981]) を 1981 年に，1983

年にはもう1つの討議資料（DM 87-2［1983］）⁽¹²⁾をそれぞれ公表している。また，SFAS 87公表までの間に，幾つかの予備的見解およびフィールド・テストの公表が行われている⁽¹³⁾。このプロセスにおいてもっとも議論となったのは，追加的年金コストのバランスシートへの負債計上である。

DM 87-1［1981］では，この年金負債会計の問題に関する論点整理が行われている（pp. 25-37）。そこでは，まず，負債の定義⁽¹⁴⁾と合致する可能性のある年金債務を次の6つのパターンに分けている（p. 27）。

① 貸借対照表日までの従業員の役務に帰属する額
② 貸借対照表日までの期間にわたって基金に拠出される，保険数理法の算出額
③ 基金が，貸借対照表日に終了された場合に，従業員に対して負う額
④ 貸借対照表日における確定給付額
⑤ 貸借対照表日現在，退職者に対して責務がありかつ支払わなければならない額
⑥ その他

まず，1つめの年金債務，すなわち「貸借対照表日までの従業員の役務に帰属する額」については，「この代替案は，従業員の労働として生じた事業主の年金債務と，その責務に起因する事象および取引が，従業員の役務であるとする概念に基づいている（par. 126）」と説明されている。つまり，年金負債は従業員の役務を基準にして計上されるのである。この考え方に基づいて年金負債の問題を考察する場合には，上記の代替案における年金負債をどのように測定するのかという問題をはじめ，財務諸表に計上し得るだけの信頼性を十分に確保した測定を行い得るのか等の問題が議論の中心となる（par. 128）。

2つめの年金債務概念，「貸借対照表日までの期間にわたって基金に拠出される，保険数理法の算出額」に関しては，「この代替案は，事業主は従業員に対する直接的な責務を負うというよりも，基金に対する拠出を行う責務を負っているという考えに基づいている（par. 129）」と説明されている。この視点においては，基金への拠出義務額が重視され，貸借対照表に計上されることにな

る。問題は，拠出額に（ⅰ）ERISAの最小積立規制，（ⅱ）基金の積立ての計画に用いられる保険数理費用，（ⅲ）任意の受容可能な保険数理費用法，（ⅳ）特定の保険数理費用法，の4つの見方が存在することである（par. 129）。（ⅰ）のように法規制を基準にするのであれば，保険数理法の相違に拠出額が影響を受けないのに対し，（ⅱ）（ⅲ）（ⅳ）を拠出額として考える場合には，年金コストが保険数理方法の選択によって異なってくる(15)ためである。保険数理コストが毎期均等に費用化される保険数理方法と，逓増的あるいは逓減的に費用化される方法とでは，未積立の金額は異なってくる。したがって，年金コストの算定にどの保険数理方法を用いるべきかという問題も同時に解決しなければならないのである。

3つめの年金債務概念，「基金が，貸借対照表日に終了された場合に，従業員に対して負う額」に関しては，「この代替案は，事業主の責務のいかなる部分も，基金の終了が行われない限り認識可能な負債とならないという立場に基づいている（par. 135）」と説明されている。この見解においては，ゴーイング・コンサーンとしての企業および年金基金がクローズ・アップされるので，事業主が負うのは清算された場合の債務額のみとなる。したがって，経営者が退職給付の運営を続けている限り債務は生じないこととなる。

このスタンスは2つの点で重要である。第1に，この見解は前述のFASBの解釈指針3号に表明されていた立場を踏襲している。解釈指針3号では，既に示したように，制度終了に関わるごく限定的な場合にのみAPBO 8の18パラグラフに規定される負債が生じるとする見解を示しており，その意味では，制度終了されるという条件がなければ年金負債計上はできないという考えを，FASBは依然捨てていないと考えられるのである。第2に，最終的に採用した年金債務の算定方法に強い影響を及ぼしているためである。後述のようにSFAS 87では，今すぐに制度が終了することを仮定した清算レートを割引率に用いる年金債務算定方法を最終的に決定するからである。このような清算レートの仮定を計算構造に関わらせることによって，年金基金運営の事後的インパクトが企業の利潤計算構造に反映されるようになった経緯を考え合わせると

き，この考え方は重要であると解釈し得るだろう。

　4つめの年金債務概念は，「貸借対照表日における給付確定額」に関しては，「給付の確定は個人の年金給付に関わっていることから，年金制度は事業主と従業員個人の契約であるとする見解に基づいている（par. 137）」と説明されている。この見方によれば，事業主が負う年金債務は，各従業員の給付が個々に確定し，それを合計することによって，はじめて決まることになる。その意味で，これは個人契約観に立っていると解釈することができるだろう。

　5つ目の年金債務概念は，「貸借対照表日現在，退職者に対して責務がありかつ支払可能な額」である。この見解を支持するものは，「この金額のみが真に測定可能であり，事業主および基金の統合したキャッシュ・フローに密接に関連する情報を供給し得る（par. 139）」と考えているのである。

　6つ目の年金債務概念は，その他の可能性を想定してのものであるので説明は不要であろう。

　ところで，DM 87-1 における負債の論点整理では，「年金基金が保有する資産は事業主の資産であるか？」という問題が検討されている。これは，拠出および積立の関係がバランスシートにおける年金資産および負債の計上に関わっているか否かを検討する重要な視点である。一般に，事業主の資産であるという考えかたのもとでは，事業主の資産および負債と年金資産および負債とを総記法によってすべて表示する場合と，評価性引当金の相殺（valuation reserve offset）のように，年金負債と対照して表示する純額法によって表示する場合の2つがある。DM 87-1 では，図表4-4のように例示されている（p. 34）。

　図表4-4において，例1が総記法によって年金資産とその他の資産を分離して表示する方法であり，例2が年金資産と年金負債を対照的に表示し，利潤計算に純額だけを関わらせる方法である。この考え方のうち，例1の方法は，Treynor［1977］において見られた，拡大財務諸表の考え方（p. 630）に類似する概念と考えられる。ただ Treynor［1977］では，ERISA という法律に基づく権利関係をベースにバランスシートを想定しているので，法律に必ずしもとらわれない FASB 流の考えによって導かれる上記の例1のほうが，より実質

図表 4-4　事業主のバランスシートと年金資産の関係

例1 事業主のバランスシート		例2 事業主のバランスシート	
現金	$ 1,000	現金	$ 1,000
不動産	10,000	不動産	10,000
他の資産	2,000	他の資産	2,000
年金信託保有の その他の資産	5,000		
計	$18,000	計	$13,000
買掛金	$ 1,000	買掛金	$ 1,000
長期借入金	5,000	長期借入金	5,000
年金負債	8,000	年金負債	8,000
資本	4,000	年金資産	(5,000)
計	$18,000	資本	4,000
		計	$13,000

(出典：DM 87-1, p. 34)

的な意味をもつ拡大バランスシートと解すことができるだろう。

　このように，年金資産および年金負債を事業主の資産負債とするという考え方は，当然ながら，連結会計の是非についての議論をもたらすこととなる。DM 87-1においても，この点が議論されている。そこにおいては，企業および年金基金の結合財務諸表（combined statements of the employer and the plan）の有用性（usefulness）に焦点が絞られている（pars. 146-147）。企業と基金とを，1つの会計エンティティーとしてとらえ，結合財務諸表を作成することによって，財政状態および経営成績に関する一層完全な姿を，有用な情報として利用者に伝達できると考えているのである（par. 147）。ここでの論点整理においては，年金会計に関する財務報告の情報利用者を具体的に想定してはいないために，実際には，財務報告情報と企業外部利害関係者との関係に対する考察を行うことが必要となってくる。前述したように，SFAS 35の会計目的の議論においては，年金基金運営について直接関わるもの以外に必要以上の情報を提供することはかえって情報利用者の理解を混乱させる恐れも存在することが指摘されていた。そうであれば，例えば一般投資家の視点からは，年金運営自体の詳細な情報よりも，むしろ年金運営によって利潤計算およびキャッシュ・

フローがどのように影響を受けるのかといった情報が事業主の財務報告に求められることになるであろう。そういった意味では、最終的にこのような結合財務諸表が SFAS 87 で実現しなかった背景には、その後のデュープロセスにおいて外部利害関係者に対する情報がどのように考えられていったのかが大きく関わってくるといえるのである。

（c） SFAS 87 設定プロセスにおける議論

SFAS 87 の設定活動において、FASB は負債会計の難解な問題に直面していた。この状況に関して、当時 FASB の年金会計のプロジェクト・マネージャー（project manager）であった T. S. Lucas と、同じく FASB のテクニカル・アソシエイト（technical associate）であった B. A. Hollowell は、共同執筆による Lucas and Hollowell［1981］において、次のように述べている。

> 「我々が、年金会計のこの側面について議論を行いたいのは、次の3つの理由からである。第1に、年金会計の領域の多くが、一度に議論しきれないほどに複雑な問題であることに加え、負債問題に対する解は、その他の問題に依存していないと思われるためである。第2に、より大切なこととして、FASB の年金会計プロジェクトによって現行の年金会計に変化がもたらされるという点で、最も重要なものの1つであるためである。（中略）第3に、FASB の討議資料（Employer's Accounting for Pensions and Other Postemployment Benefit）に対して7月13日から15日にニューヨークで開催された公聴会（public hearings）では、意見者の大多数が年金債務を事業主のバランスシートに計上することに反対の立場をとっており、そのうえ、議論を支持する意見が多かったためである（Lucas and Hollowell［1981］, p. 57）」。

FASB の DM 87-1［1981］は、公表直後より、学会、実務会を問わず多くの反響をよんでいた。とりわけ、年金負債に関する論点整理は、当時行われていた会計規制および実務とはあまりにかけ離れていたことから、議論が集中していたのである。このような議論を理解するために、ここではまず、上記公聴会をはじめとする SFAS 87 の設定活動において生じた、年金債務を事業主のバランスシートに計上する意見に疑問を投げかけた、シカゴ大学の R. L. Weil

の年金会計論を検討してみよう。

　Weil は，1981 年の 7 月 14 日に行われた DM 87-1［1981］に関する公聴会において，午後のセッションのコメンテーター（commentator）として出席し，意見を述べている。そのとき Weil が行った公聴会での発言は，DM 87-1 に関するパブリック・レコード（Public Record：PR 87 a［1982］）に，公聴会の記録（transcript of public hearing）として収録されている（pp. 2736-2766）。Weil は次のように述べ，年金会計の本質的な問題が FASB の討議資料においては論点として示されていないことを指摘している。

　　「私は，未積立年金債務と一般に呼ばれるものを，バランスシートに計上するか否かという問題について話に来たのではありません。この問題には強く関心がありますが，SFAC 3 の負債概念が，実行された契約を除外していることを考えると，我々は既にこの解を得ているものと思われます。もしこの問題に答えにくいのであれば，私は概念フレームワークにたちかえり変更を加えれば良いことです。今日はこのことを話すのではありません。論じたいのは，主要な問題と付随的な問題という 2 つの問題であり，それぞれを別々の書類に分けてあります。主要な問題は，原価配分の原理（cost allocation principles）という書き出しではじまる書類に，付随的問題は保護の法律（law of conservation）に，それぞれ収録されています（pp. 2737-2738）」。

　前者の原価配分の問題については，次のような議論が行われている。まず，Weil は，FASB が年金会計を発生主義の問題として，減価償却の問題は繰延費用の問題としてとらえていること[16]を指摘した上で，どちらにも基本的な違いがないという視点から年金会計を原価配分の問題としてとらえるべきであることを主張している。退職給付の最善の見積りを資産化し（p. 2756），そのコストを従業員の労働歴に比して配分するのではなく，年金契約に基づいて行うものと Weil は考えるのである（p. 2763）。

　そして，Weil は，「耐用期間を通じて配分される年金コストの現在価値原価が，年金負債なのである。（p. 2765）」と述べ，年金コストを原価配分することの合理性を主張している。それゆえ年金負債計上を主たる問題と考えていない

のである。SFAC 3 の負債の定義は、「過去の取引あるいは事象の結果として、特定の実体が、他の実体に対して、将来、資産を譲渡しまたは用役を提供しなければならない現在の債務から生じる、発生の可能性の高い将来の経済的便益の犠牲である。(SFAC 3, par. 28)」となっており、実行された契約支払は除外されている。つまり、Weil が指摘するように、SFAC 3 の負債の定義を前提とする限り、バランスシートに負債は計上し得ないのである。

要するに、Weil が DM 87-1 の論点整理に対して反対意見を述べているのは、年金負債計上に完全に反対しているためではなく、年金負債と概念フレームワークとの間に関係を想定できなければ、会計理論の整合性が崩れる可能性があることを懸念してのことと解し得よう[17]。

Weil は、この公聴会の後、*Accounting Review* 誌に掲載した K. S. Schipper との共同論文（Schipper and Weil [1982]）の草稿を、DM 87-1 [1981] に対するコメント・レターとして送付している。この Schipper and Weil [1982] は、積立政策を決定のために用いる保険数理法を、企業の財務報告において利用する場合、保険数理法ごとにその算定数値が異なるために、企業の過去勤務コストが、いずれの保険数理方法を用いるのかによって大きく相違することに注意を促している。

その上で「年金会計のゴールが、少なくとも部分的には、将来のキャッシュ・フローの情報を提供することであるならば、従業員集団ではなく個人をベースにした、何らかの予測給付の方法が、この目的を最善に達することができるように思われる。なぜなら、これこそが、将来の勤務期間に関する期待を考慮して、累積保険数理価値のデータを提供する方法だからである（p. 817）」と述べている。

さらに、インフレーションを考慮する場合には、2つの影響が確定給付制度にもたらされることを指摘している。1つは給付支払額に対する影響であり、もう1つは利子率に対する影響である（p. 817）。特に利子率の場合には、年金債務を現在価値に計算する際の割引率の決定に対して重要な影響を及ぼすことから、インフレーションは著しい会計数値の変動可能性を持つことになる。

以上要するに保険数理計算によって算定された数値の変動性を，そのまま企業会計に適用することは，利潤計算に影響を与え，同時に情報としての信頼性を揺さぶることが，Weil 達の研究によって明確になったと考えられるだろう。さらに，より重要なこととして，先述のような SFAC 3 の負債の定義に対する疑念は，この SFAS 87 の設定プロセスと平行に進められていた SFAS 3 の改訂作業に少なからず影響を与えていくのである。

（d） 無形資産の問題

 前述の Lucas and Hollowell [1981] は，年金負債の計上の論拠について，SFAC 3 における負債の定義等に依拠して，未積立過去勤務という与信（credit）が企業に生じていることを指摘している。このことからすれば，Lucas and Hollowell の想定する年金負債は，過去勤務コストに対応する概念である。しかしながら，後述するように最終的に SFAS 87 に規定されている年金負債には，この過去勤務コストを超過する金額に関しても含まれることになっている。つまり，基準設定の当初の段階においては，FASB は最終的な選択案である SFAS 87 よりも，一層狭い負債概念を想定していたこととなる。

 ところで，SFAS 87 の設定に際して，未積立過去勤務コストを無形資産として計上することに対しては，Schwanz and Lorentz [1984] が，過去勤務債務の与信からもたらされる将来の便益は，資産として認識するには不安定であり，即時に計上することは，財務会計のフレームワーク，特に費用収益対応の原則から乖離することになってしまう旨の異義を唱えている (p. 40)。このような意見があるにもかかわらず無形資産が計上された背景を検討してみよう。

 仮に，追加負債計上の際に無形資産を両建てしなければ，従来よりも多額の費用が企業利潤の計算に関わることになり，算出される会計利益が大きく減少することにつながってくる。基本的には，会計利益に期待される役割は業績指標および分配指標としての機能であるから，無形資産の両建て計上を行わないで追加負債計上をすることは，ステークホルダーの利害関係を変化させ，また投資家の投資意思決定をも変化させることにつながってくる。もとより，追加

負債は制度資産と制度債務を公正価値測定し,その差をもとめたものであるから,このような負債の会計処理において無形資産を計上しなければ,従来の原価＝実現のフレームワークにおける報告利益に時価評価のインパクトがかかることになる。したがって,無形資産の計上は,このような報告利益への時価評価によるインパクトを回避するために行われた可能性を見出すことができるのである。

この点に対する検証は,大塚［1990］において利害関係者分割アプローチの視点から分析が行われている。それによれば,SFAS 87 の設定当時において追加計上に対する利害関係者は,それぞれ,経営者＝消極的,アナリスト＝積極的,銀行家＝昇給を含まないという限定条件のもとで積極的,という立場であったために,追加負債を会計基準に盛り込むためには,追加負債計上に対する抵抗が最も強い経営者の利害を確保するような会計処理を定める必要が存在していたのである（大塚［1990］, pp.298-304）。

たしかに,財務理論的見地からも,また会計の学問領域における実証研究によっても,次第に未積立年金コストの会計情報としての価値は示されてきていた。これらの研究が示すところによれば,未積立年金コストの年金負債の計上あるいは脚注による情報開示は,将来のキャッシュ・フローを投資家が予測するという点で有用な情報であるのは明らかであった。それゆえ,利害関係者としての投資家に対するキャッシュ・フロー情報を確保しつつ,かつ経営者の利害を確保する必要が存在していたのである。このように利害関係者分割アプローチのもとでは,経営者,投資家,銀行家といったステークホルダーの利害を中和するために,追加負債の計上に際して無形資産が両建てされたものと考えられることになるのである。

ただ注意すべきは,利害の中和化を図るためとはいっても,全く理論的な側面が無視されて基準形成がなされたわけではない点である。それは例えば,SFAS 87 の設定プロセスにおいてアメリカ・アクチュアリー学会が示した見解[18]のように,無形資産に将来のキャッシュ・フロー獲得能力を想定する見解も見られているからである。つまり,年金給付額の改定に伴ってもたらされ

る追加年金コスト,すなわち,基準設定の際に,未積立過去勤務コストのキャッシュ・アウトフローが従業員の士気を高め生産性を向上させる等,キャッシュ・インフローを増大させる効果があることがアクチュアリーの立場から示されているのである。

このように考える立場からすれば,SFAS 87の無形資産は経済的便益をもたらすものであることになり,SFACの資産概念に合致することになる。SFAS 87における追加負債の会計処理が,追加負債というキャッシュ・アウトフローを将来行うことを明示することと,それを行った場合における従業員の生産性向上等の効果を1つの会計処理によって示すことであると解釈すれば,この両建ての会計処理は理論的なフレームワークから何らも逸脱することがないと考えられよう。

このような検討から,結局,追加負債計上時に無形資産の両建て計上をFASBが最終的に採用したのは,ステークホルダーの利害調整をなしうるだけの理論的根拠を,当該会計処理に見出したからにほかならないと考えられるのである。

（e） 追加負債の算定における年金債務の議論

繰延賃金理論によれば,基本的には,未積立の年金債務は,給付が確定した部分に限られるはずである。しかしながら,SFAS 87の設定プロセスにおいては確定部分を超える年金債務概念が議論の対象となっていた。SFAS 87において最終的に採用された年金債務概念は,昇給を考慮しない債務概念（ABO：後述）と,昇給を考慮した債務概念（PBO：後述）であるが,どちらの債務概念も,未確定の給付部分についても年金コストの測定対象としていることからすれば,繰延賃金理論に完全に立脚しているとはいいきれないことになる。

では,このような年金債務概念がなぜSFAS 87では採用されたのであろうか。この問いの答えを考える場合には,より本質を見極める必要があると思われる。SFAS 87の設定の端緒として位置付けられるERISAでは,受給権の保護が究極の命題となっていた。受給権を保護することは,特に確定給付制度

の場合に重要な視点となる。制度運営の失敗等による追加的な掛金負担のリスクが企業にかかってくるからである。したがって企業経営者は，受給権保護という大前提のために，年金コストである年金債務を算定しなければならないのである。

しかしそうであるとしても，確定給付制度の場合，年金基金の運営状況が企業業績に与えるリスクおよびリターンは，最終的には給付に至るまで確定されることはない。退職給付は，給付時点においてはじめて給付額が確定するという性格を有している。したがって，このリスクおよびリターンを企業の財務報告における利潤計算にとりこむためには，現時点において可能な限り予測し得る数値を用いて最終的に見積り計上するしかないのである。

そこで，この見積りをどのように行うのかが問題となるが，一般には，個々人の受給権保護と従業員全体の受給権という2つの視点が考えられる。この点に関しては伊藤［1996］が，個々の従業員ではなく従業員集団を1つとみて，この団体に対する統計データを利用すれば，予測の精度が保てるという考え方を示している（533-534頁）。つまり，従業員という利害関係者集団を年金債務の測定対象と考えれば，財務報告に利用可能な予測数値が年金債務の算定において利用可能となるのである。SFAS 87においては，このように年金債務を予測可能なものとしてとらえることによって，財務報告に利用できることを示したのである。

ところで，DM 87-1の後にFASBが公表した予備的見解においては，年金負債の算定に際して制度資産と比較する年金債務は，ABOではなくPBOとされていた[19]。また，SFAS 87に関する最終的な決定に際しても，なお負債評価における年金債務には昇給を考慮したPBOが望ましいと考えていた。

それにもかかわらず，追加最小負債の算定にABOが用いられたのには，次のような理由が存在する。1つには，FASBが当時の実務と著しくかけ離れてしまうと考えたことを指摘しうる（SFAS 87［1985］, par. 107）。例えば，大塚［1990］が示すように，銀行家団体が資産・負債の評価額に経営者の恣意性が入り込むことを危惧していた（p. 300）のであれば，FASBはそのような恣意

性による銀行家の不利益を回避するために，PBO を追加負債の算定に採用しないからである。

　もう 1 つ重要なのは，ERISA の受給権保護が ABO のレベルにおいて行われるべきであることが，後述の OBRA 87 の設定という事実によって具体化したことである。つまり，ABO は OBRA 87（後述）によって法的な裏づけを得たために，財務報告上の年金債務としての要件を満たしたのである。したがって，立法措置の点からも，ABO を年金負債計上時に使用する根拠が得られたのである。ここにおいて，APBO の 18 パラグラフにおいて未決であった法的負債の計上問題にも一応の解決がもたらされることになる。

　結局，異なる年金債務概念が 1 つの計算構造に採用された背景には，利害調整と法律面の整備という両面の配慮が，SFAS 87 の設定プロセスにおいて行われたからであることが判明した。しばしば，このような計算構造は年金債務概念の混乱をもたらす等の指摘がなされるが，年金費用計算という各期において行うべき定期的なコスト算定の側面では PBO を用い，その補足として積立不足の認識に ABO を用いることは，計算構造の一貫性を損なうものではないと思われる。むしろ，PBO という予測数値の変動性を考慮して，退職給付制度運営に対するダウンサイド・リスクに備えて ABO というハードルを設定しチェックを行うことで，確実性を高めているといえるのである。

第 3 節　小　　　括

　前章および本章を通じて，合衆国の退職給付会計に関して歴史的なアプローチによって検討を行ってきた。これまでの議論を総合すると，合衆国の退職給付の生成と展開は図表 4-5 のような流れとして整理することができる。

　1875 年にアメリカン・エクスプレス社の年金が整備されてから最初の年金規制が行われる 1948 年までの間は，制度設置の主たるインセンティブは事業主の節税であった。それゆえ，従業員の受給権を保護するという視点は，事業主の利益確保の視点に比べ劣位におかれていた。年金規制が行われた後におい

図表 4-5 合衆国における退職給付会計の生成と展開プロセス

年	退職給付会計規制		特徴
	事業主の会計	年金基金の会計	
1875年	規制以前の自主的財務ディスクロージャー	従業員の受給権は未保護	アメリカン・エクスプレス社による年金制度設置 主として事業主側の動機による制度設置（節税目的）
1948年	ARB 36		最初の年金会計基準
1953年	ARB 43		ARB36と同一の内容
1956年	ARB 47		保険数理法を推奨，ただし他の方法も容認 【転換点1:保険数理法による年金費用計算規制】 発生基準ベースの保険数理法を年金費用計算に対して義務づけた
1964年			スチュード・ベーカー社事件 ──立法のきっかけ
1966年	ARBO 8		保険数理法による費用計上を規定 利益計算へのアクチュアリーの関与
1974年			ERISAの成立 年金制度の監査の義務化 財務論において企業年金戦略の研究が活性化 【転換点2:年金基金会計の統合的視点からの分離】 利害関係者としての従業員と株主の対立
1980年	SFAS 36	SFAS 35	
1985年	SFAS 87		【転換点3:追加年金コストの発生基準による計上】 基金運営の事後的インパクトの反映 株主および投資家の利益確保 退職給付会計システムの形成

（生成期：1948年～1966年、展開期：1974年～1985年）

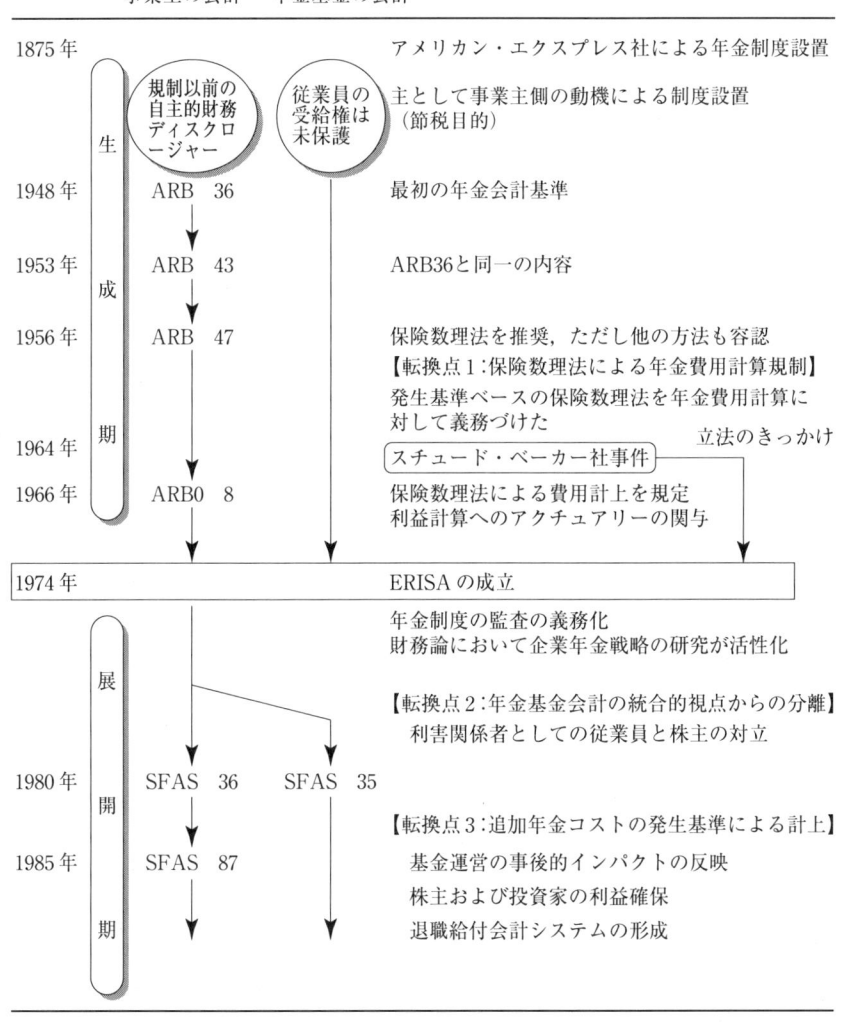

ても，事業主の視点を受給権保護に向けるほどの強制力を持った会計基準はERISA の登場までないに等しかったのである。

　重要なことは，制度設置が事業主の動機に基づくものの，経営者は必ずしも企業の利潤を確保するために年金基金を運営していたわけではないことである。この段階においては，企業と年金基金の財務的な相関関係についての議論が十分になされていなかったので，年金基金運営に関する事後の退職給付コストが企業財務にどのように関わってくるのかは明示的ではなかった。経営者は，退職給付制度運営に関する首尾一貫した展望および理論的な後ろ盾を有することなく，ある意味で直感的な手法を中心とした制度運営を行っていたのである。その結果，従業員の利害だけでなく，株主の利害も十分に確保されていなかったのである。

　ただ，会計における視点においては，退職給付コストの測定に保険数理法を用いることが合理的であるという認識が得られるようになってきていた。そのため，退職給付コスト測定方法の保険数理法への統一化は ARB 47 から APBO 8 までの間に生じている。これによって，少なくとも，期間配分されるべき退職給付コストに関しては，発生基準によって計上されることとなったので，利潤計算構造が部分的に改善されることとなったのである。

　1974 年に公表された ERISA は，スチュードベーカー社の積立不足の事件に端を発していることから，当初より従業員の受給権確保を目的とした規制が企業経営者に課された。この ERISA においては，従来の企業の財務報告における年金会計情報の開示に加えて，年金基金自体の財務ディスクロージャーが経営者に義務付けられたために，年金運営と企業財政の相関関係についての理解が経営者に強く求められるようになった。言い換えれば，経営者は退職給付の運営を 1 つの大きな体系としてとらえなければならなくなってきたのである。その背景から，財務理論の分野において年金基金と拠出企業の財務的な相関関係についての議論が活発化するようになってきたのである。

　FASB はこれに呼応するように，退職給付会計をシステマティックに規定するようになる。まず，SFAS 35 を公表し年金基金会計をそのような大きな

退職給付会計システムの一環として統合的な視点から分離した。これによって，利害関係者としての従業員がクローズ・アップされ，株主と従業員との利害対立関係が浮上することとなった。

しかし，上記のような転換をもってしてもなお，企業の利潤計算が完全に適正化されることはなかった。それは，追加的な退職給付コスト，すなわち年金負債をどのように利潤計算に組み込むかという問題が未決であったからである。SFAS 35と同時に公表されたSFAS 36では，この問題を未決にしたままディスクロージャー問題だけを取り上げていた。このため，SFAS 87の設定は既にこのSFAS 36の時点から行われていたのである。結局，SFAS 87によって年金運営上生じた追加的な年金コストおよびベネフィットが利潤計算に反映された。

ここに，退職給付会計システムは1つの体系として成立することになる。すなわち，経営者は退職給付の運営をシステマティックに行い，従業員および株主の利害を確保するために，退職給付会計システムを利用し得ることとなったのである。ある意味では，経営者の直感的な年金運営の時代から首尾一貫した理論的運営の時代への転換がもたらされたともいえるのである。

注
（1） Paine［1968］は，当時退職給付システムに変化が迫られていた要因について，「私的年金の動向には，問題が生じているという想定が広くなされている。（中略）そして，その動きに関心が持たれている証拠は増えつづけている。(p. 47)」と述べている。
（2） この点については，Croot［1970］(p. 20) も参照のこと。
（3） 財務理論などの理論発展に照らし合わせてみればわかるように，この時期においては，リスク分散を十分に行い得るほどの高度な投資運用手法は開発されていなかった。それゆえ，専門家ではない企業の経営者が資産運用の領域に加わることによって，会計上の期間利益が不安定になるなど企業は大変なリスクを負うことになるのである。
（4） この点については，Higgins［1971］(p. 28) を参照。
（5） このうち公的年金との統合の問題は，退職給付システムと公的政策に関する論稿であるTyson［1967］において検討されている。それによれば，公的年金に対する危

険は，2つの流れから生じているという。1つは，社会保障のコスト，給付が増大しているという点から，いま1つは，退職給付システムに関する誤解等からである。後者のなかにERISAの改革において行われた一連の活動も含まれるとしている点は，その後，ERISAが退職給付システムにおいて十分な役割を果たしてきたことを考えれば注目に値するだろう。

(6) ERISAの内容は，TitleⅠからⅣより構成されている。従業員の受給権を保護するTitleⅠに関してはDOLが，課税関係に関するTitleⅡおよびアクチュアリーに関する規定等を行うTitleⅢに関してはIRSが，そして年金制度の清算等に関するTitleⅣに関してはPBGCが規制を行っている。この詳細は，McGill, et. al. [1996] (pp. 34-37), Bureau of National Affairs [1974] (pp. 5-63)，等を参照。

(7) この点に関しては，前出のSchwartz and Lorentzも次のように述べている。

「ERISAは，会計上の欠陥をただすことを目的とはしておらず，むしろ企業年金システムの急速な成長に応じ，多くの制度における積立状況を重要視している。しかし，それにもかかわらず，ERISAは年金会計の環境を変えていった。特に，年金制度DOLに対する年次財務報告を要求されていたのである。しかし，会計プロフェッションには，年金基金の財務報告に関する権威ある実務指針が事実上存在していなかった (p. 34)」。

(8) FASBは，会計基準の設定にあたりASOBATと同様に情報利用者の意思決定=有用性を考慮しているが，ASOBATが情報作成者のインセンティブを考慮していないのに対し，情報作成者の行動が情報から影響を受けるとFASBは想定している点で異なっている。

(9) この研究でSharpは，経営者が適切な政策を理解することが株価形成の成功要因として必須であることを示している。彼の立場からすれば，経営者が適切な政策を考慮せずに独善的な判断で年金運営を行うことは，株主の富を極大化するという視点からは好ましくないのである。

(10) この会計事務所とは，Touche Ross, Deloitte Haskins and Sells, Price Waterhouse等である。大手会計事務所のコメント・レターは，PR 35 [1983] (pp. 3394-3395, pp. 3492-3493 and pp. 3715-3716) を参照。

(11) United Misigan社からFASBによせられたコメント・レターは，大変興味深いものである。その論点は，基本的には，年金制度の多様性という点から，年金債務の見積りに1つの規準のみを用いるのはほぼ不可能に近いという部分にあり，また確定給付の会計を難しくかつ費用のかかるものにすればする程，既に限界にあるかあるいは維持するだけの事業主はその複雑な手続きを嫌って確定拠出制度に切り替えてしまうとも述べている (PR 87 a, pp. 2220-2221)。

(12) この討議資料は，1981年の時点で考察されなかった事項について呈示がなされている。例えば，小規模企業による年金制度，確定拠出制度等である。これら2つの討議資料に対して寄せられたコメント・レターあるいは公聴会におけるプレゼンテーシ

ョンは膨大な数に上り，そのような反応だけを見ても FASB のいう年金会計の経済的影響は大きいといえよう。
(13) この過程の詳細については，Schwartz and Lorentz [1984], pp. 33-34, を参照。
(14) 重要な点は，これらの6つの代替案が法的債務（legal liability）の視点から考慮されたものではないことである。債務が負債としての要件を満たすか否かにおいて法的契約に基づいていることは重要ではなく，またこの場合の法的債務が必ずしも明確化された概念ではないというのが FASB の提示する理由である（par. 112)。
(15) 財務報告に表現される年金データについて企業間での比較可能性を重視する場合には，特にこの点が問題となるであろう。なぜなら，企業間比較において，たとえ未積立の部分が多かったとしても，年金政策における積立政策が明確に策定され，逓増的に掛金拠出が計画されている企業の負債と，明確な年金政策を策定せず，均等に掛金が拠出されるだけの企業の負債とでは，保険数理方法の相違からの単純比較は困難と考えられるためである。
(16) この FASB の考え方を理解するには，さしあたって次の2つの見解を参照すると良い。中村 [1984 a] は，かつて，日本の引当金の計上根拠には，発生主義によるものと費用収益対応原則によるものの2つがあることを示し，退職給与引当金は発生主義によるものと分類している (168-171頁)。一方，減価償却を導く原価配分の原則に関しては，Paton and Littleton [1940] において，「未来原価に負担せしめうる工場設備原価は基本的には一種の『繰延費用』である (p. 81, 訳書, 141頁)」と述べられている。
(17) Weil は，事業主の財務諸表と年金基金の財務諸表を結合して連結財務諸表を作成することに意義を見出している（PR 87 a, pp. 2759-2760)。この背景には，結合財務諸表を提示した J. Traynor の影響がある (p. 2746)。
(18) アメリカ・アクチュアリー学会は，制度資産および年金債務が拠出企業の貸借対照表に属するとは考えていないものの，無形資産については一種ののれんが存在することを指摘している（PR 87 a, pp. 988-989)。
(19) この提案は，PBO, PA (給付に利用可能な制度資産), MVA (調整引当金) という3つの要素によって組み立てられている。年金負債として事業主がオン・バランスすべき金額は PBO と PA の差額であり，保険数理上その他の利得および損失等を MVA によって平準化するという提案をしているのである（PR 87 b)。

第5章

合衆国型の退職給付会計システム
—— 株主主権の企業システムと退職給付会計 ——

第1節　合衆国の退職給付システム

　合衆国では，適切な給付，確実な支給，公平な保障をもたらすことを政策課題として，公的年金，企業年金，個人年金を「3本柱」[1]とした被用者の退職後所得保障が行われている。1945年において私的年金制度によって保障される労働者は，労働人口のうち19%の6,400,000人に過ぎなかった。1950年においても，労働人口における割合は25%と若干の増加はしているものの大きな変化はない。しかし，1960年には労働人口の40%を超える規模に発展している。1987年には全労働者91,559,000人のうち46%の41,925,000人が私的年金に加入している（OECD [1993], p.10）。

　この財務的側面を支える退職給付会計システム（退職後医療給付は除く）は，このような合衆国の政策と密接な関係を有している。そのコアとなる退職給付の財務報告は，現在の合衆国では，FASBのSFAS 35およびSFAS 87を中心とした規制によって成立している[2]。確定給付制度[3]の財務報告に関しては，SFAS 35およびSFAS 87によって行われる。具体的には，制度自体のディスクロージャーはSFAS 35によって，拠出企業の制度運営についての財務報告はSFAS 87によって別々に規制がなされるのである。これは，確定給付制度においては企業が従業員の退職給付にまでリスクを負い，将来のキャッシュ・アウトフローの危険に常にさらされるという要因に基づいている。これに対し，企業が拠出にだけ責任を負う確定拠出制度[4]の財務報告に関しては，SFAS 87によってのみ規制が行われている。確定拠出制度では，企業が関わ

る退職給付の運営活動は拠出に限られ，給付までの運営リスクは加入者自身が負担することになるので，企業の原初拠出に関する情報をディスクローズすれば足りるのである。

OECDの調査によれば，1985年の時点ではSFAS 35およびSFAS 87の適用を受ける確定給付制度は224,086，SFAS 35のみの適用を受ける確定拠出制度は437,468存在している（OECD [1993], p.11.）。無論，これら制度資産は，資本市場に投下・運用され株価形成に大きな影響力を有することになる。

本章では，これまで第3章および第4章において史的に分析してきた結果を受けて，合衆国における退職給付会計が現状において構造面でどのような特徴を有しているのかを分析する。特に，ERISAという年金法に着目し，その思考がどのような形で退職給付会計基準に反映しているのかを明らかにする。分析は次の流れによって行われる。まず，退職給付の財務報告を分析するに先立って，合衆国の退職給付システムにおける各経済主体の利害関係を検討する。これは，退職給付の財務報告における利害調整構造をより明確にするためには欠かせない視点である。次に，退職給付の運営活動が会計上どのように測定されるのかを，SFAS 35およびSFAS 87を中心とした退職給付会計基準に基づいて考察する。

第2節　合衆国における退職給付会計

1　退職給付制度における利害のバランス
（a）　合衆国型退職給付システムの特徴

現在の合衆国型退職給付会計システムは，1974年に制定されたERISAを中心に規制されている。ERISA制定以前の合衆国においては，退職給付システムを規制する包括的な法律は存在していなかった。その規制は，主として内国歳入法（Internal Revenue Code：IRC），連邦福祉および年金開示法（Federal Welfare and Pension Plans Disclosure Act）によって個別に行われていた[5]。

1958年に制定された年金開示法が当初有していた基本目的は，制度資産を

制度運用者その他による不正等から保護し,加入者や受給者に対して十分な情報を提供することにあった。1962年に法律改正が行われた際には,この目的を達成するために,労働省などの労働保障に関する権威当局の権限の強化が図られている。ERISAが公表されて以降は,幾度か実施された税制改革法（Tax Reform Act：TRA）や,総括予算統一法（Omnibus Budget Reconciliation Act：OBRA）等によって規制の拡充がなされている[6]。

このように,合衆国の退職給付システムは多くの規制の上に成り立つシステムとなっている。退職給付システムの構造は,政府機関その他が行う規制の方向性と大きさ,たとえば,経済政策において大きな政府をとるか小さな政府をとるか,あるいは景気がどのような動向にあるか等によって左右され得ることになる。たとえば,Papke［1992］では,確定拠出年金制度のひとつである401（k）を通じて行われる貯蓄活動は,税制と強い相関関係を持つことが指摘されている。Papkeは,401（k）に対する加入者が増加する一方で,その確定拠出年金制度を通じて従業員が拠出することのメリットが,86年税制改革法（TRA 86）によって押さえられたままになっていることを理由に,401（k）による貯蓄活動は今後増大する可能性を有していると結論付けている（p. 7およびp. 24）。

合衆国における退職給付システムが上述のような多重の規制を受けていることは,翻ってみれば,このような規制がなければ退職給付システムが自律的に機能しないことを示している。この意味では,この自律性を損なう要因こそが,合衆国の退職給付システムの特徴を表しているともいえよう。かかる視点からすれば,退職給付に対する合衆国の規制がどのような性質を有するのかを考察することによって,合衆国の退職給付システムの本質的な構造が明らかになるはずである。以下では,退職給付システムが企業に設置される制度であることに着目し,企業システムおよび退職給付システム相互の関係からこの本質的な構造を明らかにする。

（b）　合衆国型企業システムと退職給付制度

しばしば,合衆国企業は「株主主権」の企業システムをとっているといわれ

る。たとえば，Ross [1973]，Jensen and Meckling [1976]，および Fama [1980] 等のエージェンシー理論においては，合衆国企業における株主は，「剰余権者（residual claimant）」としてとらえられている。また，いわゆるピープルズ・キャピタリズムが定着している合衆国においては，投資家が企業の利害関係において権利を強く主張することが多い。

このような特徴は，商事法の会社法規定において示される会社機構によって確認し得るだろう。山浦 [1994] によれば，「世界の主要国の会社機構は，基本的に一元機構制（one-tier, or single-tier board system），すなわち取締役会に業務執行と監督の両機能を果たさせる経営管理機構と二元機構制（two-tier board system），すなわち業務執行機関としての取締役会と監督機関としての監査（監督）役会からなる経営管理機構と，両者の中間的な機構，一般的には取締役会を中心に構成され，監査（監督）役会的な機構を並立させる機構（折衷機構制）に大別（265頁）」され，「アメリカの会社機構は純粋な一元機構制と称することができる（266頁）」という。つまり，一元機構制のもとでは，株主と取締役ならびに取締役会が垂直関係としてとらえられるために，契約理論が提示するような企業経営者および株主の直接の契約関係を想定することが可能である。

退職給付システムは企業のもとに設置され，そして運営されるものであるから，何らの規制が社会から課されない状態においては，このような企業システムの特徴に基づいた利害関係が構成されることになる。つまり，経営者は人的資源マネジメントの観点から，株主効用極大化を追求する退職給付制度運営を重視する。その場合労働コスト，すなわち退職給付コストを最小限にしつつ労働者が生産性を向上させ，結果として株主の利益を確保することが目的とされる。

それでは，労働者に対して支給される退職給付水準はどうであろうか。確定給付制度の運営は，運営の成否によって，将来，退職給付コストがキャッシュ・アウトフローとして生じるリスクが存在している。退職給付コストを極小化することに重点をおくのであれば，投資・運用によってリターンを極大化し

キャピタル・ゲインを獲得することより，むしろロー・リターンであってもリスクを低減し得る資産への投資が指向されることになる。投資の失敗によって退職給付コストの負担が大きくなれば，企業の期間利益を減少させる要因となるためである。したがって，年金制度資産運用の著しい成功によって退職給付水準の向上がなされる期待を持つことは難しいと考え得るだろう。

要するに，合衆国の企業システムの下では，従業員の給付を確保し増大させるための制度運営は本質的には重視されないのである。このことは，スチュードベーカー社（Studebaker Co.）の倒産に際して積立金不足の問題が顕在化した[7]背景を考えてみれば明らかである。つまり，何らの規制がなければ，退職給付会計システムの利害バランスは大きく株主に傾き，従業員の利害が侵害される構造的な問題を抱えているのである（図表5-1の①）。従業員の受給権を保護することが出来なければ，退職給付システムに期待される老後退職所得保

図表 5-1　合衆国における利害バランス

① ERISA の規制以前

　　　この構造では，経営者は株主の利害に重点を置く

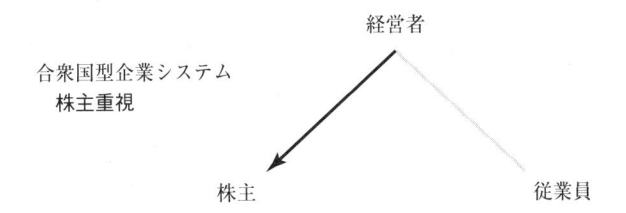

合衆国型企業システム
株主重視

経営者 → 株主　　　従業員

② ERISA 規制以降

　　　この構造では，従業員の利害も経営者の考慮対象となる

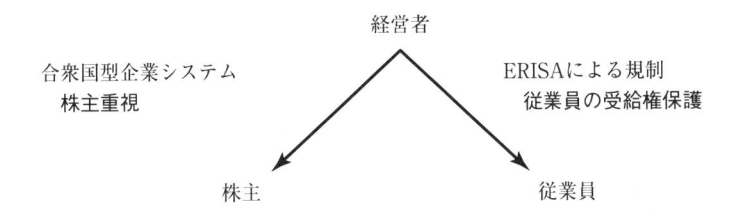

合衆国型企業システム
株主重視

経営者 → 株主　　　→ 従業員

ERISAによる規制
従業員の受給権保護

障としての役割は十分に果たせないことになる。そこで，この問題を解決することが合衆国における退職給付システムの課題となり，結果，既述のような多重の規制が行われることとなった。ERISAは，この規制の1つである。

ERISAは，最初の法案から数えて7年，本格的調査・研究・ヒヤリングに入ってから3年の歳月を費やした後に，合衆国議会において成立した年金改革法である。図表5-1の②に示したようにERISAの規制によってはじめて，退職給付に関する経営者の運営活動が，株主の効用だけでなく従業員の効用をも考慮したものとなったのである。そういった意味からすれば，合衆国の退職給付システムでは，株主主権と受給権保護が相互に関係し合ってバランスを保っているのである。

(c) 経営者行動に対するERISAの機能

これまで幾度か指摘してきたように，企業経営者は退職給付の運営活動に関して，常に2つの方向性を考慮した上で1つの投資政策を導き出す。第1に，企業経営者は，対従業員の視点から，従業員の退職給付の維持・増大を目標として退職給付を運営しようとする。経営者は，従業員効用極大化を目標に退職給付運営を行うことで，企業の業務活動に貢献する従業員の功績に報いようとするのである。第2に，対株主の視点からは，企業経営者は，人的資源管理(HRM)を効率的に実施して期間利益を確保することを目標とする。つまり，退職給付コストを低減しかつ退職給付ベネフィットを増大するような制度運営を指向するのである。この際，まず，給付政策および積立政策の双方によってあらかじめ算出されている数値を考慮して，従業員効用極大化および株主効用極大化の両者を同時に満たし得る投資目標が定められることになる。続いて，この投資目標を達成するものと想定されるリスクおよびリターンが，経営者によって選定され，それに基づいて，年金制度資産の資産配分が実際に行われることになる。

ここで問題となるのが，先ほど指摘した合衆国の企業システムである。合衆国の企業システムは株主主権という特徴を有しているから，投資政策に株主の意向が反映されやすくなってしまうのである。このシステムの特性から，株主

を重視するような制度運営が本質的に強く指向され，従業員の利害は相対的に劣位になりがちな状況が導かれてしまう。

そこでERISAでは，フィデューシャリー規定[8]によって経営者の退職給付運営活動を制限することで，アンバランスな利害調整構造を改善し，退職給付システムにおける従業員の受給権を保護している。このフィデューシャリー規定の下における経営者の義務[9]は，注意力・専門能力・慎重性・勤勉さをもってその投資活動を行うことである。それゆえ，株主に対するスチュワードシップ責任と従業員に対するフィデューシャリー責任の双方を両立する運営行動をとることが経営者には求められるのである。これこそが，経営者の退職給付運営活動におけるERISAの重要な機能である。

ここで注意が必要なのは，ERISAのもとでは経営者に投資その他の幅広い裁量を与えているという点である。例えば，慎重性の原則が資産の元本部分にのみ関わる問題かそれとも投資成果の果実部分にまで関わる問題かという論点を考えよう。判例法上は，慎重性の解釈[10]には基本的に，英国からの影響を受けて形成されたニューヨーク法則と，合衆国において独自に形成されたマサチューセッツ法則の2つが存在している。ニューヨーク法則（この立場からの投資に対する慎重性は，ニューヨークのKing vs Talbot事件におけるWoodruff判事の判決に代表されている）の下では，投資資産対象は安全第1の投資物件に銘柄を限定することが要件とされるため，投資対象として株式を選択することは，信託条項において定める場合を除いて禁止されている。この法則のもとでは，投資収益よりも元本の確保に重点を置いた慎重性が経営者にもとめられる。

これに対し，マサチューセッツ法則（マサチューセッツのHarvard Collage vs Amory事件における州最高裁判所のPutnam判事の判決に代表されるのでこのように呼ばれる）の場合には，元本の保証を重視しながらも収益確保に対しても経営者は慎重である必要がある。従業員の受給権確保のみをERISAが目的としているのであれば，元本確保に加えて収益確保を義務付けるマサチューセッツ法則の立場をERISAがとっているものと考え得る。けれども，ERISAの慎

重性は投資に関するリスク・テイクの裁量を経営者に置くことを前提として成立する現代投資理論により導かれている。それゆえ，元本確保を重視したうえで収益獲得を可能と考える伝統的なマサチューセッツ法則よりも，一層進んでいるものと解釈するほうが実態に則しているだろう[11]。

このように考えれば，ERISAのもとで経営者は投資に対して元本を維持するだけでなく，果実としての投資収益を獲得するチャンスを従業員のために得るという部分にまで関わることができるはずである。

2　退職給付会計システムにおける利害調整
(a)　退職給付会計基準の設定における利害調整

現代会計は，ステークホルダー間の利害調整と投資意思決定情報提供という2つの大きな機能を果すことをその使命としており，退職給付の財務報告についてもこの枠組みの中におかれている。それゆえ，退職給付の運営に関する財務情報を，基本財務諸表，補足情報，開示情報，分配指標としての分配可能利益，業績指標としての報告利益，利益計算構造といった諸要素によってどのように表現し，さらに報告のエンティティーをどのようにするかといった問題を解決する必要がある。

合衆国では，基準設定主体であるFASBがSFAS 35およびSFAS 87を中心とする退職給付会計システムを構築している。これを会計選択という視点からとらえれば，合衆国ではFASBの会計目的観と計算構造観に基づいて，現在のような退職給付会計システムが社会的に選択されていることになる。さらに，利害調整という視点からすれば，この退職給付会計システムにはFASBのオープン型の基準設定プロセスにおいて展開されるダイナミックな利害調整が反映されているという特徴を見出せるのである。FASBによるSFAS 35の設定が，アメリカ・アクチュアリー学会（American Academy of Actuaries），および労働省（DOL）との連携関係のなかで行われたことは，このような社会的選択レベルの利害調整が実体経済にいかに重要な影響を及ぼしているかということの表れと解釈しうるだろう。実際，合衆国型の退職給付システムにおけ

る利害対立を調整するためには，ERISA の規制に基づいて行われる経営者のダイナミックな行動を，退職給付の財務報告で十分に表現できるようにする必要があったのである。

　SFAS 35 が設定された発端は，既述したように，定期報告[12]および特別報告の2つの監査済年次報告書を労働省（DOL）へ提出することが，ERISA によって企業に義務付けられたことにあった。ここに，定期報告とは，Form 5500 をはじめとして，Form 5500-C，Form 5500-R，Form 5500-EZ といった年次報告書によって IRS に対して行われるものである[13]。これらの報告書が通常の財務報告と異なっているのは，基金の利益を算出することが財務諸表のゴールではないことである。基金の最終目的は，あくまでも退職給付システムとして従業員に給付を行うことであり，給付が可能であるか否かを知らしむることである。したがって，この目的に合致するような計算構造がFASB によって選択されたのである。SFAS 35 の財務報告によってディスクローズされるのは，基金の現時点および将来の給付時点の支払能力の見積りに有用な財務情報である（Cassel and Kahn [1980], p. 44）。この情報は，基本的には，(ⅰ)給付に利用可能な期末純資産に関する情報，(ⅱ)当期における(ⅰ)の変動の情報，(ⅲ)累積年金制度給付額の期首あるいは期末の保険数理現在価値に関する情報，(ⅳ)重要な場合のみ(ⅲ)の年毎の変動要因という4つの事項（SFAS 35, par. 6）である。

　いうまでもなく，退職給付の運営活動では，資産および負債を有機的に結びつける ALM の視点が重要となる。ALM によって退職給付の運営活動における余剰額をいかに管理するかが，退職給付運営を成功に導くためのキー・ファクターとなるのである。このことから，年金剰余金の算出に際して利用する計算要素，すなわち，年金基金の資産サイドに関する(ⅰ)および(ⅱ)の情報と負債サイドの(ⅲ)および(ⅳ)の情報が SFAS 35 のディスクロージャーにおける主な内容となることが理解される。このように，制度資産に関しては公正価値によって，また年金債務に関しては保険数理法に基づいて算出された数値を割引現在価値に変換することによって，それぞれ認識・測定する SFAS 35 の計

算構造に，ERISA は影響を与えているのである。

しかしながら，SFAS 35 の設定に対して影響を及ぼしているのは ERISA だけではないことも事実である。ERISA の基本的な目的は，従業員の受給権を保護することであるが，確定給付制度のもとで給付責任を負う拠出企業にとって，制度の運営状況に関する情報は，拠出企業自体の財政に関わる重要な情報となるはずである。さらに，拠出企業のステークホルダーにとっても，そのような情報は重要であることはいうまでもない。実際，SFAS 35 の設定プロセスの当初においては，FASB は従業員の受給権に関する情報開示を主たる目的と考えていたにも関わらず，最終的に企業の投資家および債権者，そして経営者自身等に対しても有用な情報を提供することも重要な目的として位置付けられた[14]ことは，この証左となるだろう。

さて，合衆国の退職給付の財務報告におけるもう 1 つの柱である拠出企業の年金会計については，1985 年 12 月に発行された SFAS 87 に基づいて行われているが，この会計基準の会計処理を巡っては，未だ合衆国の内外で議論[15]が分れている状況にある。それは，この会計基準の計算構造が，名目資本維持および実現基準を基礎的な思考として発達してきた伝統的利益計算に，資本維持計算とは異なる年金サープラス・マネジメントによって生じた制度運営上の利得および損失を関わらせているためである。

年金サープラス・マネジメントにおける計算フレームワークは，現代ポートフォリオ理論を背景にしていることもあり，時価による資産および負債評価に結びつきやすい。しかしながら，SFAS 87 は拠出企業の年金会計基準であるので，企業の利潤計算に対する年金運営の成果は，経営者が行う年金サープラス・マネジメントの視点とは別のフレームワークから認識・測定する方法論が必要となる[16]。このことからすれば，SFAS 87 および SFAS 35 における制度資産の認識・測定および年金債務の認識・測定は，基本的には何ら連携がないものととらえられることになる。

この背景から，SFAS 87 では事後的な退職給付コストおよびベネフィットのインパクトのみを，企業の立場から認識・測定することが規定されているの

である。そして，拠出企業の制度運営に関わる財務的インパクトを算定するための資産，負債，資本，費用，収益といった計算要素については，すべて制度資産と年金債務額を基礎として認識・測定・計上されるのである。この際，制度資産に関しては公正価値によって認識・測定し，年金債務に関しては保険数理法によって算出された数値を割引することによって認識・測定し，年金制度資産および年金債務の差額を算出したうえで，ネットのインパクトを拠出企業の利益計算に関わらしむるのである。

退職給付会計の計算構造は，確定給付制度と確定拠出制度とでは異なっている点には注意が必要であろう。確定拠出制度の場合，企業の年金コストは，事前に合意した拠出金額のみとなる。年金コストの問題は，もっぱら，企業における利潤計算上の期間費用算定に関する問題として議論されるので，計算構造上の問題は特に生じない。この一方で，確定給付制度の場合には，年金コスト・年金ベネフィットの問題が給付履行時まで，拠出企業の経営に関わってくる。確定給付制度の場合，拠出企業の退職給付コストはさらに2つの種類に分類できる。1つは，労働の役務提供を発生主義によって把握するという期間年金費用であり，もう1つは，年金の運用活動における運用の失敗等によって生じる追加的年金コストである。退職給付会計では，拠出企業の利益計算構造にこれらの情報をどのように組み込むかということが重視されたのである。それによって，報告利益とキャッシュ・フローという2つの主要な算定数値が大きく変容するからである。

報告利益は，企業の外部利害関係者の法律的な利害の裁定の機能を果たし，特に分配可能利益の算出という点で，株主の利害を確定する大変重要な機能を担っている。この点からすれば，利潤計算原理によって算出された利益に本来期待される利害調整機能は，利潤計算構造に退職給付コストおよびベネフィットをどのように組み込むかということに影響を受けるはずである。また，制度運営のキャッシュ・フロー情報は，資本市場における企業評価に影響を及ぼす。一般に，年金コストに関する情報はキャッシュ・アウトフローに関する情報，年金ベネフィットに関する情報はキャッシュ・インフローに関する情報となる

が，SFAS 87 においては，追加年金コストが負債としてオン・バランスされ，将来のキャッシュ・アウトフローに関する情報としてディスクローズされるので株価形成に重要な影響を与えるためである。

最も肝要な点は，拠出企業に対する退職給付会計基準において，多様な代替処理が容認されていることである。公正価値の選択，保険数理法の選択，割引率の選択などにおける代替処理の選択肢が多様であることによって，経営者には自己の制度運営を表現する広範な選択肢がもたらされるが，その一方で，報告利益をはじめとする会計数値に高い弾力性がもたらされるという副作用が生じるのである。

この点については，SFAS 35 においても同様である。つまり，合衆国の退職給付会計システムにおいては，制度の財務報告にせよ企業の財務報告にせよ，財務報告書の作成者である経営者に対し，会計方針の多様な選択肢が用意されているのである。経営者が，弾力的な会計政策をとることができるような退職給付の財務報告規制が，社会的選択のレベルで形成されてきた背景には，合衆国型の企業システムと ERISA を中心とする規制によって形成される退職給付の利害関係の存在がある。特に，経営者が広範な制度運営活動を行い得るような ERISA のフィデューシャリー規定の存在は，このような退職給付の財務報告を規制する退職給付会計基準に多様な選択肢を認めていることのバックボーンとなっている。そしてこれは，3 章および 4 章においても検討されたように，FASB のオープン型の基準設定プロセスを通じて会計基準が形成されてきた過程にその根拠を見出せるのである。

(b) 会計方針の選択と ERISA

ERISA では，経営者にフィデューシャリーとしての責任下において，従業員効用極大化と株主効用極大化を双方とも満たすような退職給付の運営活動を行わせることとしていた。ERISA の行動フレームワーク下におかれるフィデューシャリーとしての経営者は，資産の運用状況に基づくポートフォリオの変動や運用受託者の変更，従業員の移動等による年金債務の見直し，投資目標の変更を動態的な環境下で行わなければならない。それゆえ経営者に対して，こ

のように機動的な制度運営を可能にし，従業員，株主および経営者から構成される利害トライアングルの利害調整を適正に行わしむるためには，退職給付会計基準に代替的会計処理方法を用意する必要が根本的に求められるのである。このように退職給付会計システムにおいて，経営者が多様な会計処理から1つを選択できることは，経営者が退職給付の運営に対するフィデューシャリー責任を遂行するために会計政策をとりうるということを意味している。

　第2章において指摘したように，一般に経営者のとる会計政策には，技術的会計政策および実質的会計政策があることが知られており，退職給付会計においてもこれが当てはまる。このことを前提として，退職給付運営を業務以外による企業利益の獲得手段[17]として活用し，退職給付資産の投資活動を積極的に行い，報告利益を増大させる場合を考えてみよう。

　退職給付における技術的会計政策では，認められる代替的会計処理から1つの方法を選択することによって，利潤計算に関わらせる年金コストおよび年金ベネフィットが決定され，結果として報告利益が確定する。このため，退職給付運営が良否に関わらず，認められた会計処理のなかでもっとも報告利益を大きく表示することができる代替方法を経営者は選択することができることになる。しかし，このような会計政策は，退職給付の運営活動の事後に行われるために，当該活動のベクトルを変更することはない。

　ところが，実質的退職給付会計政策では，年金コスト・ベネフィットの要因である投資政策自体が操作され，会計数値が制御されることになる。たとえば，経営者が，退職給付を担うセクターがプロフィット・センターとなり得るものと判断し，実際にそのベネフィットを利潤計算構造において表現し得るのであれば，企業経営者は自己の想定する収益を見込んで，リターンを追及するような投資政策を選択するように行動するはずである。

　もともと，SFAS 87における会計規定では，このような実質的会計政策を経営者が利用するインセンティブが2つ暗示されている。1つは，投資のリターンが高い場合に，費用に関して「拠出の休日（contribution holidays）」が認められることである。2つめは，企業からの拠出不足によって積立不足が生じ

るはずの状態でも，投資のリターンがそれを上回るのであれば，積立不足は利潤計算上認識されないことである。つまり，この2つのメリットを誘因として経営者が積極的な退職給付運営に乗り出す可能性を持っているのである。

このような会計政策面での裁量の大きさは，ある特定の利害関係者を擁護する会計政策を採ることによって，他の利害関係者の利害が侵害される可能性を有しているという点で，通常ならば問題となるはずである。利害関係者相互間における利害の競合・対立は，水平的・間接的関係だからである。しかしながら，合衆国の場合には経営者のこのような会計政策上の裁量さえも ERISA のフィデューシャリー規定の対象とすることによってこのような本質的な問題を回避している。逆に見れば，このような ERISA の規定を背景にしているからこそ，会計処理が上述のように定められるのである。

ところで，利害調整の結果が従業員にとって思わしくない場合にも，労使交渉を通じて，経営者の投資政策が変更されることがある。従業員としては，給付を増大させることが退職給付制度における最も重要な関心事になるから，その目的を達し得るような年金政策を獲得するために労使交渉を行うこともあるのである。

以上のように，合衆国の退職給付会計システムでは，退職給付会計に多様な代替的会計処理を用意することによって，経営者に自由な制度運営活動および顛末報告ができる財務報告環境が付与されていたのである。企業の経営者は，合衆国型の企業システムと ERISA によるバック・アップを背景に，財務報告上の規制という制約要件のもとにおいて運営活動を行い，また会計政策を実行するのである。特に，ERISA によって経営者に強いフィデューシャリー責任が課され，その法的責任の下で，経営者が退職給付運営上，一定の自由裁量を持つことが出来ることは注目に値するだろう。ただし，この場合において経営者は，給付資金の元本をリスクにさらすような退職給付運営を行うことが出来るようになった反面，報告規定によってその顛末報告を義務付けられることによって，その成否を財務報告において明らかにする義務を負うのである。

3　信頼性付与の構造と ERISA

既に述べたように，合衆国の退職給付会計システムにおいて経営者は，会計基準による緩やかな制約の下で広範な投資運用活動を行い得ることが保証されている。しかしながら，これらの顛末を表現する退職給付の財務報告が経営者自身によって作成されているという事実からすれば，モラル・ハザード等の問題が生じる可能性があることは否定できない。退職給付の財務報告は，信頼性を付与されてこそ，はじめてステークホルダー間の利害調整に有用な情報となる。そこで，公認会計士が，退職給付制度運営において実際に受給権保護のために経営者が行動したかを，事後的にチェックするというモニタリングの必要性が生じるのである。ERISA においても報告書に関する監査が規定されており[18]，その意味ではこのようなモニタリングの存在があってこそ，先ほどのような経営者の活動に対する裁量が与えられるものと解することができよう。

退職給付の財務報告に対する信頼性は，(ⅰ)業務を誠実に履行するというアクチュアリーの責任，(ⅱ)アクチュアリーの利用をはじめとして退職給付の運営を誠実に財務報告に反映させるという経営者の責任，(ⅲ)当該財務報告に対する監査を行う職業監査人の監査責任，の3つがそれぞれ果されてはじめて可能となることは既に指摘しているが，そのような関係が ERISA や企業システムの問題とどのように関わり，退職給付会計基準に反映されているのかについて以下において考察しよう。

退職給付の財務報告に信頼性を与えるのは，基本的には公認会計士の監査制度である。合衆国では，SAS 69 によって会計基準が監査チェック指標となることが示されており，この視点からすれば，退職給付会計基準は退職給付の財務報告における経営者の誠実性を公認会計士がチェックする際の指標となる。

退職給付会計システムは，SFAS 35 および SFAS 87 を中心に構成されているために，退職給付の財務報告をチェックする指標は，主としてこの2つの会計基準である。既に検討したように，この2つの会計基準は ERISA と深い関わりを持って設定されていることから，前提となる ERISA の規定と退職給付制度の運営活動における経営者およびアクチュアリーの関係について理解して

いることが，退職給付の財務情報の信頼性に関するチェックを行う公認会計士に求められることとなる。

　まず第1の必須要件，すなわち，経営者の行動がERISAの規定に違反していないかを確認するために，ERISAの規定に関して熟知していることについて考えてみよう。ERISAでは，年金制度の立案から実施，開示・報告に至るまでの規定を設け，それに経営者が準拠することを義務付けている。それゆえ，監査に際して，公認会計士は経営者の財務報告書がこのERISAの規定に準拠していることの証拠を入手する必要に迫られるのである。この場合，公認会計士がERISAの規定を理解していなければ，経営者行動自体がERISAに準拠しているかを確認できないばかりでなく，ERISAとSFAS 35およびSFAS 87の関係も明確に理解する事が出来ないため，被写体としての経営者行動が財務報告に適切に表現されているかを判断し得ないことになる。監査人は証拠を得るために，経営者の陳述書（representation letter）[19]においてERISAに準拠している旨の陳述を得る一方で，アクチュアリーおよび顧問弁護士等に対して準拠をしていることに関する質問を行わなければならない。

　次に第2の必須要件，経営者およびアクチュアリーそれぞれの役割ならびに相互関係を理解するという点について検討してみよう。経営者は，退職給付運営において高度な専門性を必要とする事項を意思決定する際に，アクチュアリーにコンサルティングを依頼し，場合によっては退職給付の財務数値の算定も依頼する[20]。経営者にとって，アクチュアリーの業務は自身では検証し得ないほど高度なものであり，その業務遂行の状況次第では，経営者の運営活動の方向性も変更される可能性がある。FASBは，年金債務をはじめとして，アクチュアリーの業務が極めて高度に専門的な保険数理計算を要するために，会計主体の能力を超える部分であることを認めている。そこでこのような情報に関しては，経営者が職業専門家であるアクチュアリーの協力のもとで算出するか，あるいはアクチュアリーが算出した数値を経営者が直接利用することによって財務報告を行うものと定めている[21]。このように経営者とアクチュアリーの関係は，退職給付の財務報告プロセスにおいて密接に関っている。

公認会計士は，上述のように退職給付制度がERISAに準拠しているかを確認する際に，経営者とアクチュアリーの連携関係に関する資料を入手する必要がある。しかし，アクチュアリーは公認会計士の専門性とは異なった高度な専門職であるために，彼らが算定に関わった財務報告上の会計数値の検証に際しては，他の専門家の仕事を利用することが必要となる。SAS 11では，監査人による他の専門家の仕事の利用が規定されているので，これをもとにアクチュアリーの仕事の検証を考えてみよう。

監査人は，被監査企業のアクチュアリーによる保険数理計算を検証する際，適切な監査証拠を入手するための監査手続きの1つとして，別のアクチュアリーの仕事を利用することが出来る（AU§336.04）。このアクチュアリーの選定に際しては，資格証明をはじめとして，被監査会社との利害関係を入念に調査する必要がある。これは，その仕事の客観性を保持するためである。さらに，監査人が選んだアクチュアリーの仕事に関しては，監査人，被監査会社，および専門家の間で，次の事項の了解がなされている必要がある（AU 336.07）。

① アクチュアリーの仕事の目的および範囲
② アクチュアリーが被監査会社と利害関係を有する場合には，それに関する陳述書
③ 採用される方法または仮定
④ 採用される方法または仮定について前期と当期の比較
⑤ 監査人のアクチュアリーによる調査結果を，監査人が確証として利用することについて，そのアクチュアリーによる了解
⑥ 監査人が調査結果を確証とするか否か，追加手続きを行うべきか等を判断するのに必要なアクチュアリーの報告書の様式および内容

このような合意のもとで，監査人は監査人の依頼したアクチュアリーによる調査を利用しながら退職給付の財務報告書を検証することとなるが，この結果アクチュアリーの調査が財務報告書の開示を確証するのに適切であるかを判断し，合理的でないと判断される場合には追加手続きを実施する等の措置を講じる必要が生じることとなる（AU 336.08）。

このように，退職給付の財務報告に利用されるアクチュアリーの算定数値は，監査人の選定したアクチュアリーによって調査され，この結果をもとに信頼性を付与し得るに足るものかどうかが最終的に監査人によって判断されることとなる。

以上の理解を前提として，監査人は経営者の退職給付の財務報告がGAAPに基づいて作成され，虚偽表示がなされていないことを確認することが出来る。そして，その監査人のチェックによって退職給付の財務ディスクロージャー情報に信頼性が付与されてこそ，はじめて利害トライアングルにおける利害調整が機能するのである。

第3節　合衆国の退職給付会計システムにおける測定と報告

1　退職給付の運営活動に関する測定

退職給付の財務報告は，退職給付の運営活動を会計数値その他によって表現したものである。その表現は，確定給付制度の財務報告を規定するSFAS 35，拠出企業のSFAS 87，年金負債と包括利益との関係を規定するSFAS 130，そしてディスクロージャーについての規定を修正するSFAS 132等の退職給付に関わる会計基準に規定される測定に基づいている。このうち，メインとなるSFAS 35とSFAS 87に規定されている退職給付の運営活動に関する測定は，図表5-2のように図式化できる。

この図を見れば明らかなように，退職給付の運営活動に関する測定は，SFAS 35とSFAS 87とでは異なっている。SFAS 35では制度資産が公正価値で，制度債務が割引現在価値でとらえられてから給付に利用可能な純資産が算定されるが，SFAS 87においては，このようなSFAS 35とは無関係に別の視点から制度資産と制度債務がそれぞれ測定され，それらの計算要素からネットのインパクトを会計数値として算定し，最終的に報告利益の計算に関わらせるのである。つまり両基準は，制度資産と制度債務についてそれぞれ公正価

図表 5-2　退職給付の運営活動に関する測定

```
┌─────────────────────────────────┐
│      退職給付制度の運営活動      │
│  ┌──────┐      ┌──────┐          │
│  │制度資産│→ALM←│制度債務│          │
│  └──────┘      └──────┘          │
└─────────────────────────────────┘
      ↓              ↓
┌─────────────────────┐  ┌─────────────────────┐
│ ┌────┐   ┌──────────┐│  │ ┌────┐   ┌──────────┐│
│ │公正価値│ │割引現在価値││  │ │公正価値│ │割引現在価値││
│ └────┘   └──────────┘│  │ └────┘   └──────────┘│
│                     │  │        ┌──────────┐   │
│                     │  │        │ネットのインパクト│   │
│                     │  │        └──────────┘   │
│  給付に利用可能な純資産の算定  │  │     報告利益の算定      │
└─────────────────────┘  └─────────────────────┘
     SFAS 35 における測定          SFAS 87 における測定
```

値，割引現在価値を用いている点では共通しているが，その尺度が異なっているために測定値には共通点が見出せないのである。このような2元的な測定システムがとられてきた背景に関しては第3章および第4章に詳述した通りである。以下では，かかる2元測定システムの中心にある制度資産概念および制度債務概念を検討し，それが会計基準において具体的にどのように測定されるのかについて検討する。

2　退職給付債務の測定

　年金債務の算出には，大きく分けて2つの方法がある。1つは，評価を行った日までに従業員が提供した勤務に基づいて，年金費用を決定する発生給付評価方式である。このアプローチでは，まず，貸借対照表日までの勤務によって従業員が稼得した年金給付債務（給付建債務）を把握する。そしてこの年金給付債務が，当期およびそれ以前の期に配分される。その配分は，制度の算定式にしたがって行われる（COFRI [1997]，163頁）。もう1つは，評価を行った日現在で，従業員が提供した勤務および提供を予定している勤務の双方に基づいて，年金費用を決定する予測給付評価方式である。このアプローチでは，

「従業員が現在までに提供した勤務のみならず,将来提供すると予想される勤務をも加えた全勤務に基づいて,稼得することが見込まれる総給付額をまず把握する。この総給付額は従業員の全勤続期間に,各期の配分額が均等となるようにまたは報酬に対する配分額の比率が均一となるように,平準的に配分される (COFRI [1997], 164頁)」ことになる。

この2つの本質的な違いは,会計上の年金債務の認識・測定に影響を及ぼし,またこの年金債務の測定数値をもとに算出する年金費用,年金負債,年金資産等の各種会計数値の相違をもたらす。このことから,どちらの保険数理評価方法を用いるかは,最終的には,会計上の財務報告利益にも関わる問題となる。SFAS 87では,第1のアプローチに関しては給付方式 (benefit approach),第2のアプローチに関しては費用方式 (cost approach) と呼び,前者の給付方式のみを用いる事を定めている (par. 40 および par. 264)。SFAS 87においては給付方式に,(ⅰ)給付/報酬方式 (benefit/compensation),(ⅱ)給付/勤続年数方式 (benefit/years-of-service) の2つの種類があることが示されているものの,(ⅱ)に比べて(ⅰ)の方式では費用発生の要因に関する表示が実体と乖離するという理由から,(ⅱ)のみを認めている (SFAS 87, par. 40, par. 135, par. 264, および COFRI [1997], 184頁)[22]。

一般に,年金債務の概念には次の3つがあるといわれている (SFAS 87, Appendix D)。まず第1の年金債務概念は,過去および現在の給与水準をベースに計算が行われる確定給付債務 (Vested Benefit Obligation: VBO) である。確定給付とは,「従業員の現在または将来の年金給付受給権で,事業主に対する勤務への対価という条件を満たした給付分 (par. 264)」[23]であり,VBOはその現在価値である。言い換えれば,給付/勤続年数方式によって算定された年金債務のうち,既に受給権が確定した部分である。

VBOを受給権の未確定部分にまで拡張した年金債務概念が,累積給付債務 (Accumulated Benefit Obligation: ABO) である。ABOは,「給付算定式により,一定期日までに提供された従業員の勤務に対応する,また,その期日までの従業員の勤務と報酬 (適用する場合) に基づく,給付金の保険数理現在価値

(par. 264)」と定義される。VBO 同様，過去および現在の給与水準をベースに計算が行われるのであるが，受給権について法的な裏付けを有するに至ってない部分まで含めている点で異なる。また ABO は，OBRA 87 によって最低積立基準として定められているので，企業側の最低限積立義務額でもある。

ABO を更に拡張した予測給付債務 (Projected Benefit Obligation : PBO) は，過去および現在の給与水準のみならず，将来の給与水準をもベースに算出される第 3 段階の年金債務 (par. 264) である。

この 3 つの年金債務は保険数理法によって算出されるのであるが，その際に主として，保険数理上の仮定，割引率の選択等において企業サイドによる会計手続の選択が行われることになる。したがって，企業がどのような保険数理上の仮定をおき，いかなる割引率を選択したのかによって，この年金債務額は相違することとなる。それは，単に会計手続における選択肢の多さから生じるだけの問題ではなく，長期的な視点からの将来予測という年金本来の性質に由来する問題でもある。

このような 3 つの概念のうち，SFAS 35 においては，累積年金給付の現在価値 (present value of accumulated plan benefits)[24] が用いられているが，これを，少なくとも，当期に支払いを受ける制度加入者の確定給付，その他の確定給付，未確定の給付，の 3 種類に分類するものとしている (par. 22)。この累積年金給付の算定に際しては，将来の昇給が考慮されていない (Cassel and Kahn [1980], p. 46) ので，受給権が確定しているか否かあるいは当期の支払いか否かに関わらず，昇給を考慮せずに保険数理計算によって算出された ABO が認識・測定されることとなるのである。

これに対し，SFAS 87 では ABO および PBO が採用されている。この ABO および PBO のどちらの概念が年金債務として適切であるかについては，議論が分れている。まず，拠出企業の経営者が年金運営における投資政策を導くための視点からは，「ABO 無用論」が呈示されている (Arnott and Bernstein [1988])。Arnott and Bernstein によれば，ABO という概念によって年金リスクが不当に評価されることから，2 つの問題点が生じている。1 つは，ABO

に依存する[25]ことで，経営者が行う年金資産の運営におけるアセット・ミックス・ポリシーが，長期債偏重のものになってしまう恐れである。いま1つは，ABOが年金債務を過小評価させてしまう可能性を有していることである。この点につき，彼等はSFAS 87の年金債務の定義が非現実となる場合を3つあげている（p. 99）。

① 債券ポートフォリオのデュレーション（duration）は，債務のデュレーションより短い。それは，利払いのフローと最終的な元本の償還とが，将来にわたるABO債務を完全に支払い終わるよりも先に生じてしまうかもしれないことを意味している。その流入資金を，ポートフォリオのマネージャーが当初の投資の利回りと同じかそれ以上の利回りで再投資できなければ，債券ポートフォリオは，債務の履行期日となった際，それをカバーできないだろう。

② 多くの企業では，購買力に介入するインフレ要因から，退職者を，少なくとも部分的にしか守っていない。トータルで長期債に投資している年金基金は，債務におけるこのような暗黙の問題に明らかに対処していないのである。

③ 最後に最も重要なことは，年金基金がすぐに清算されてしまうという非現実的な仮定[26]である。ABOでは現在から退職までの賃金上昇や資産の伸びが無視され，退職時点での勤務年数ではなく，現時点での勤務年数のみが反映されている。さらに非現実的なことは，ABOが現時点から現在職者が退職するまでの間に，新たな従業員が加わらないことをも仮定していることである。これらの追加的な債務をすべて将来の費用によって賄うことになるということが，FASB 87では暗示されているのである。

この観点から，Arnott and BernsteinはSFAS 87において純年金負債および純年金資産の認識上，概念的に好ましいのは，（ABOを用いずに）PBOを用いることであると明言している。このような彼等の指摘は，年金の財務報告における会計処理が，年金実務に影響を及ぼすことを明らかに示すものと解釈できよう。

Arnott and Bernsteinの主張が仮に全面的に正しいとするならば，企業経営者がABOを用いて株主効用あるいは従業員効用の極大化をめざす投資政策を導くことは難しい。なぜなら年金リスクを正当に評価し得ないことによって，年金パフォーマンスの事後的な成果を企業の利潤計算に正しく反映させることができないためである。

たとえば，将来のキャッシュ・フローを予測する場合において，年金キャッシュ・フローが正確に測定し得なければ，企業の利害関係者に対する利害配分はおろか，確定給付年金の運営を行う経営者自身も，年金会計情報を運営上の意思決定に利用することはできないだろう。そういった意味においては，経営者，株主，従業員の3者間の利害トライアングル関係における利害裁定を混乱させるという考え方もし得るのである。

ABOが批判される一方で，PBOは将来の給与水準という予測値をもとに算出する数値であることから，確実性という点ではABOより劣っているという本質的な問題点を指摘する意見も存在する。Bodie [1990] は，ABOはOBRA 87における最低積立の定義に合致していることから，ABOを投資政策の尺度となり得る経済的な実態であるとし，一方でPBOは事業主が保障する給付の適切な尺度ではないために，年金投資政策の適切な目標とはならないという (p. 29)。

もっとも，SFAS 87のABOにはArnott and Bernsteinの指摘するような欠点も存在しており，この点からすれば，長期債の利率を理想とする「利率に関する仮定」を改善する必要が存在するといえよう。

これ以外に，上記のいずれでもない見解も存在している。たとえば，Lorensen and Rosenfield [1983] は，受給権が付与されるまでは，企業は従業員に対して何ら債務を負っていないという考えの下で，VBOが年金債務であることを主張する。年金債務を受給権の確定部分にとどめるか，それとも未確定の部分にまで拡大すべきかという意見対立に関しては，従業員を1つの利害関係者グループと見ることで，未確定の部分にまで拡大することができるのである。

従業員個人の給付を確実にする意味では，確かにVBOは望ましい投資政策の尺度となり得るが，株主効用極大化の目的のためには，有効な尺度ではないことは明らかである。この点で，従業員および株主の両者の効用を同時に満たす投資政策の尺度としては，適切なものとは必ずしも言えないだろう。この点からすれば，OBRA 87によって積み立て義務が課されているABOを適切な投資政策の指標として用いるという考えも捨て難い。ただし，仮にOBRA 87の定義する法的債務をPBOにまで拡大した場合にはPBOも望ましい投資尺度となり得る。

　「……企業経営者は実際の年金債務がABOを上回るものになるということをはっきり認識している（Arnott and Bernstein [1988], p. 99）」という指摘にもあるように，ABOが企業の退職給付債務を過小評価する危険性が存在するのであれば，投資尺度としてはPBOを用いるべきであろう。なぜならば，年金の受給者は最終賃金に基づいて年金を受け取ることが一般的であり，昇給を考慮したPBOはこの要請を満たす唯一の年金債務であるといえるためである。PBOによって年金リスクが適切に評価され，拠出企業の利潤計算構造に対して年金運営成果のインパクトを適切に組み込むことによって，利害のトライアングル関係における財務報告を通じた利害調整を適切に行い得るのである。実はこの点は，SFAS 132における退職給付のディスクロージャーの規制で，年金債務の情報として3つの債務概念のうちPBOが用いられることになり，PBOが年金債務として最も適切な測定値であるという結論を，FASBで最終的に採用していることからも裏付けられるのである。

3　退職給付制度資産の測定

　制度債務と並んで退職給付の運営活動において重要な役割を担うもうひとつの要素は制度資産である。制度資産は，事業主や従業員からの掛金，およびその掛金の投資収益額という資金源泉からの流入によって増加し，退職給付を支給することによって減少するが，その間において，株式，社債，国債，その他の投資資産として基金に保有されることになる。合衆国の場合，制度資産は年

金資産を意味するから，SFAS 87 に定義されているように，年金給付を提供するために，通常，信託として分離され用途が制限されることになり，通常[27]事業主がこれを引き出すことはできない（par. 264）。

SFAS 35 では，この制度資産を，未拠出の掛金，運用資産，営業上の資産の3種類に分類している。未拠出の掛金とは，「事業主，加入者，その他の積立源泉（例えば，州の助成金または連邦補助金――当該資金は分けて認識されるべきである）から年金制度に対して，報告日現在に支払う義務のある額（par. 10）」である。運用資産とは，既に拠出された資金を，年金基金の本来の目的である資産運用，営利目的で保有する株式等の持分証券や社債等の債務証券，不動産等によって運用したものである（par. 11）。また，営業上の資産は，建物，設備，工具器具備品等のように年金制度を運営するのに必要な資産である（par. 14）。

FASBが，SFAS 35 において年金基金の資産をこの3つに分類した意図は，基本的には報告日現在における資産評価にあると思われる。一般に，制度資産を企業会計における利潤計算に組み込むためには，次の4つの評価方法が考えられる（COFRI [1997]，252-259頁）。第1の方法は，公正価値（時価あるいは市場価値）による評価である。公正価値（時価あるいは市場価値）は，①公正価値（fair value）および②市場価値（market value）の2つからなる。第2の方法は，公正価値の変動値を一定の方法により平準化して得られる数値により評価を行う方法，すなわち移動平均値による評価である。第3の方法は，制度資産から得られる将来キャッシュ・インフローを現在価値に割引いたもので制度資産を評価する方法である。第4の方法は，取得原価による評価である。

運用資産は投機的な目的で保有されるが，そこにおいて最も重視されるのは，投機資産に投下した資金を上回った額，すなわち過去の購入価格と現在の販売価格の差額である。つまり，時価ないしは時価に近い公正価値による評価が求められるのである（par. 11）。これに対し営業上の資産は，年金基金の運営上必要な固定資産等であり，制度が清算等にならない限り，ゴーイング・コンサーンとしての立場において保有しつづけるものである。保有期間中に市場

価格が上下したとしても換金されないことから，必ずしも時価による評価を必要とせず，どちらかといえば原初取引価格という交換価値を表す歴史的原価によって評価されることになるのである。それゆえ，取得原価から減価償却累計額を控除して表示するものとSFAS 35では規定しているのであろう (par. 14)。年金基金運営という反復・継続的な活動を通じて投下資金が回収されることに着目すれば，費用収益対応の原則および費用配分の原則などの動態的会計思考によって支えられている減価償却が適用し得るのである。

ところで，未拠出掛金については，制度が拠出企業に対して有する債権を意味するので，資産の評価というより費用の測定という視点から考察する必要がある。これについては，未拠出であることがどの時点で確定するかを定めなければならないために，発生基準で認識・測定するものとされている (SFAS 35, par. 9)。このような会計処理に関しては，主に次の2つの解釈ができるだろう。1つは，労働対価説の観点からこれを企業の債務ととらえるという解釈である。企業は従業員から提供を受けた役務に応じて掛金拠出を行うので，掛金の未拠出は従業員に対する対価の未払いと同様の性質を有するものと解釈をし得るだろう。いま1つは，企業が制度運営に対する法的責任を負っていることの現れであるという解釈である。企業はどのような制度を設置するにせよ，制度の設置企業として掛金の拠出を行う義務を有しているので，その未履行の部分は債務にほかならないと考えるのである。

注意すべきは，SFAS 35における未拠出掛金の情報が，拠出企業における年金コスト情報と表裏一体となっていないことである。この点についてFASBは，「年金制度の報告目的のために，給付方法の選択には対称的な報告をすべきであるという見解は，審議会によって検討されて否定された。制度の給付可能性の見積もりに有用な情報は，年金に関して事業主が行う会計目的にもっともかなう情報とは異なっている (SFAS 35, par. 163)」と述べている。また，Cassel and Kawn [1980] も，「事業主の期間年金支出をどのように決定すれば最善であるのかは審議会の別プロジェクトの一部である。(p. 51)」と述べている。

SFAS 35においては,以上のような評価を想定した資産分類を行っているが,SFAS 87ではどうであろうか。SFAS 87では制度資産評価に関して2つの概念が使われている[28]。1つは,「測定日における市場価格を基本とした変動の可能性が高い価格に基づく評価方法(par. 49)」という公正価値であり,いま1つは,「変動性を排除することが可能となる選択肢を含む,市場連動価格(Market-Related-Value：MRV)による評価方法(par. 30)」という公正価値の移動平均値である。前者の公正価値[29]は,主として年金負債計算を行う際に用い,後者の市場連動価格[30]に関しては年金費用の算定に際し用いる。

年金費用の計算に関して変動性を抑える数値を用いる背景には,費用額の平準化という考え方が存在しているものと考えられる。費用額が市場における資産価格の変動に大きな影響を受け,毎期大幅な変動を示すようでは,算定される報告利益に一定の幅が生じてしまい,業績指標としても分配指標としても利用可能性が薄れてしまう恐れがあるのである。この一方で,年金負債,すなわち積立不足の算定に関して変動性ある時価ないし時価に極めて近い額を用いるのは,積み立てに対する企業の責任がフィデューシャリー責任の一環であることを示している。ERISAにおけるフィデューシャリー責任は,投資運用に対する積極的な姿勢を経営者に認め,同時に投資元本の目減りに対する求償責任についても企業に負わせるものであるから,このような時価による年金負債の洗替評価が必要なのである。

ただし,これらの公正価値に関して注意が必要なのは,算定される期待キャッシュ・フローが,市場を持たない資産のリスクをどのように見積り,割引率[31]をどの程度に設定するか,という点に大きく左右されることである。通常の評価基準は,時価を用いる場合にも,また取得原価を用いる場合にも,市場における財あるいはサービスの交換を成立させる客観価値としての性質を有している。しかし,SFAF 87の規定では,市場価格をベースにする額,企業の期待値,複数年の数値をもとに算出された変動性を排除した統計的数値の3つの公正価値を,拠出企業が実質的に選択することが可能となる。この点からすれば,果たしてこのような多様性ある公正価値が,財務会計上の評価基準と

なり得るほどに客観性を有しているのかという本質的な問題が生じることは否定できない。会計処理に際して主観が介入する可能性が存在しているのであれば，公正価値そのものは公正市場価格を用いることができる場合のほかは主観価値とならざるを得ないだろう。このような問題を抱えつつも，SFAS 87 における評価基準として公正価値が採用される論拠は何であろうか。

確定給付制度において，企業の負うリスクは年金資産の運用をはじめ給付にまでおよぶ。給付を十分に行い得る金額がその給付時点における最終的な資産運用結果において得られることは，従業員にとっても企業にとっても重要なことである。SFAS 87 では，公正価値は「給付期日到来時に，制度が事業主からの追加拠出なしに給付を履行する能力と，既に従業員に約束された給付履行のために必要な掛金の双方を見積もる上で最も適切な情報である (par. 117)」としており，この規定から給付履行にウエイトを置いているからこそ公正価値基準が用いられることが明らかとなるのである。

4　SFAS 35 におけるディスクロージャー

年金給付に利用可能な純資産の情報およびその変化に関しては，重要な変化が認識できるように，詳細な情報の提供が求められている。ここでは，各種の重要な運用資産に関する公正価格の純増加額（減少額）をアクティブ市場における見積価格とその他の方法で決定された場合の公正価格とに分離すること，投資収益，現金と非現金に分離できる雇用主の拠出額，拠出者からの移転されたものを含めた加入者拠出，州の助成金または連邦補助金など認識されたその他の源泉からの拠出，年金加入者へ給付された額，年金資産から除外される保険契約の生命保険会社への支払，運営上の支出を最低限開示すべきこととしている (par. 15)。

公正価値に関する情報の開示は，年金基金の年金政策，特に投資政策に関する利害関係者の理解を促進するために行われる。SFAS 35 で，特にアクティブ運用を分類していることは重要である。アクティブ運用は，基本的には資産の価格変動におけるアノマリー（変則性）に着目して行われる運用スタイルで

第5章　合衆国型の退職給付会計システム　*151*

ある。投資政策においてアクティブ運用をする資産の配分割合が増加すれば，それだけ運用におけるリスク負担割合が大きくなり，将来の資産の公正価値評価額が大きく変動する要因ともなる。このことから，他の運用方法と区別して情報を開示すべきことになる。

　次に，投資収益に関する情報は，資産運用からのキャッシュ・フローを予測することができる情報として開示が必要である。年金加入者へ給付された額は退職者に給付された額であり，年金基金からのキャッシュ・アウトフローに関する情報である。また年金資産から除外される保険契約の生命保険会社への支払の情報は，企業が行う退職給付システムのうち，年金保険契約だけは年金基金とは別の枠組みで行われることから必要とされる。ERISA の受給権保護の規定は，年金保険契約にまでおよぶためである。運営上の支出は，同じキャッシュ・アウトフローに関する情報でも，投資運用活動に関わりのない金額に関する情報である。この情報は，年金基金の運営に関わる企業経営者の責任を考えるうえで重要な指標となる。経営者は，フィデューシャリーとして忠実かつ誠実に年金基金の運営を行わなければならないが，年金基金の運営において，必要以上に基金の資産を浪費することはフィデューシャリーとしての義務に違反することになる。それゆえ，自己が行う基金の運営活動に関する情報を，経営者が開示する必要が生じる。運営上の支出に関する情報という1つの指標を開示することで，退職給付の制度運営が経営者によって忠実にかつ誠実に行われているかを，利害関係者がチェックし得るようになるといえよう。

　ところで，SFAS 35 ではこのような情報をいかなるひな形の財務諸表によって報告するのかについては明確に規定されていない。McGill, et. al.［1996］もこのような SFAS 35 の会計規定について，「SFAS 35 の評価は，他の目的，とりわけ貸借対照表における積立の評価に利用される価値および Form 5500 の Schedule B とは別の評価ルール，利子率の仮定，発生給付の測定を行うことから異なっている。(中略) 多くのアクチュアリーおよびその他の関係者は FASB のステートメント35号の価値を問うであろう。(p. 625)」と述べている。SFAS 35 に例示されている財務諸表をとっても，次のように様々な形式

がある (SFAS 35, Appendix D pars. 281-282, Exhibit D-1, D-2, D-3, D-4, D-5, D-6, D-7, D-8 and D-9)。

① 給付に利用可能な純資産のステートメント
② 給付に利用可能な純資産の変動に関するステートメント
③ 累積年金制度給付のステートメント
④ 累積年金制度給付の変動に関するステートメント
⑤ 累積年金制度給付および給付に利用可能な純資産のステートメント
⑥ 累積年金制度給付および給付に利用可能な純資産の変動に関するステートメント

①のステートメントは，通常の企業における貸借対照表に相当するものである「給付に利用可能な純資産のステートメント」である。通常の貸借対照表と異なる点は，年金基金の性質として資本維持の概念がないことである。したがって，このステートメントにおいては，資本の部はなく，年金基金の資産と負債の差額である純資産が表される。特徴的なのは，投資資産が最初に記載され，現金が最後に記載されるというように，保有により価値が増加しやすい順に配列されている点である。

②のステートメントは，純資産の増減の要因を表す「給付に利用可能な純資産の変動に関するステートメント」である。これによって期首から期末までの純資産の増減が表される。年金剰余金管理では，制度資産のリターンから債務のリターンの差額が管理される。本ステートメントで表される純資産の増加は，この剰余金管理に必要な純資産の増減に関する情報を開示しているといえよう。

③のステートメントは，年金債務について表している「累積年金制度給付のステートメント」である。ここでは，累積年金給付が確定部分と未確定部分に分けられているが，それは ERISA の視点から受給権が確定したものと，そうでないものを明確に区別することを目的としているからである。また，確定給付に関しても，給付が開始された加入者に対するものと，現役従業員とでは区別がなされる。

④のステートメントは，年金債務の増減を理解するのに有用な会計情報である「累積年金制度給付の変動に関するステートメント」である。

⑤のステートメントは，「累積年金制度給付および給付に利用可能な純資産のステートメント」である。これは上記において別々に開示していた会計情報をひとつのステートメントによって表現したものである。これによって表現されるのは，期末時点における確定給付制度の財政状況である。

⑥のステートメントは，「累積年金制度給付および給付に利用可能な純資産に関する変動のステートメント」である，このステートメントによって表される制度資産のリターンと年金債務の増減をどのように管理するかが，年金基金の運営の基本命題となる。それは，従業員効用極大化目的および株主効用極大化目的の2つを考慮して企業経営者が導いた投資政策を反映することになる。また，この表によって，一度決定された投資政策に関する評価見直しを行い得ることにもなろう。そういった意味においては，本ステートメントにおいて公開される会計情報そのものが，従業員，株主および経営者の間の利害調整を担っているといえよう。

さて，以上のように多様な様式が見られたのであるが，ここでSFAS 35が以上のような多様な財務報告様式を認めている要因を考えて見よう。これについては，主として2つの背景があるものと考えられる。第1に，制度の多様性を鑑みて財務報告に柔軟性を持たせざるを得なかったという背景[32]があるだろう。第2に，SFAS 35の設定プロセスにおいて，期末一時点における制度資産の公正価値と，累積年金制度給付の保険数理価値とを単純に比較することに対して，アクチュアリー・サイドから疑問が投げかけられたことが関係している。

先述したように，アクチュアリー学会はSFAS 35の設定においてFASBと緊密な関係を保っていたが，年金債務の算定において用いられるべき年金投資収益率（年金ROI）の仮定は，短期的変動性を排除した継続的な基準によるべきという指摘[33]を基準設定において行っている。この背景には，年金剰余金の管理において用いられる資産のリターンが，期首および期末時点のストック

としての制度資産の公正価値の増減だけに焦点を絞って算定されているということがあるだろう。したがって，年金ROIだけをみてもその見解は多様であり，統一を図ることは困難を極めているのである。

ところで，財務報告において開示される情報は，以上のような資産および債務に関する直接的なものだけでなく，退職給付会計政策において選択された会計方針，あるいは会計制度に関する補足的な事項についての情報も規定されている。まず企業の経営者が選択した会計方針は，運用資産の公正価額の決定方法，生命保険会社との契約の報告価値，年金債務の算出に利用した保険数理法および保険数理上の仮定，そして報告日までの間のそれらの変更に関する開示が求められる（par.27）。

これ以外の補足開示項目としては，制度に関する概略，前回の報告日以後に行われた重要な修正，年金給付保証会社（PBGC）によって保証された年金給付額，企業の拠出方針とその変更，制度から除外される年金保険契約に関する方針，年金制度についての連邦所得税の状態，年金給付に利用可能な純資産の5％以上を運用していること，重要な不動産その他の取引，異常または非経常的項目について，該当する場合には開示が求められている（par.28）。

さて，以上で検討してきたように，SFAS 35は利潤計算構造としてはルースな構造になっており，年金基金には報告利益の開示を求めていないことをその特徴としている。この要因の1つは，当該ステートメントによって作成される財務報告書が，基本財務諸表とはなっていないことにあると思われる。しかし，より深層にまで辿っていけば，現代企業における資本維持計算のための利潤計算とは，明らかに性質を異にするサープラス・マネジメントが年金基金では用いられており，それを企業会計の利潤計算構造に整合的な形で組み込むことが困難であったことが，本質的要因として指摘しうるだろう。

また，利害関係者である従業員にとって最も重要なのは，事前に合意された給付の確保が行われるかという情報であり，また給付のベース・アップを行い得るかを判断するための情報である。かかる情報は，給付政策，積立政策および投資政策の3つからなる年金政策に関して開示されることで，情報としての

有用性を持ち得ることであろう。したがって，通常の企業会計において行われる報告利益の計算とは異なる計算構造を持ってしても，前掲した SFAS 35 の諸目的に十分に適合することができるのである。

5　報告利益計算と SFAS 87 における退職給付コスト
（a）　報告利益計算と年金費用

　SFAS 87 では，年金コストに関して純期間年金費用（Net periodic pension cost）[34] という，包括的で複合的な期間費用概念が用いられている。この純期間年金費用は，①勤務原価，②利息費用，③年金資産の投資収益，④ネットの償却および繰延べ，という4つの項目から構成されている（par. 20, Revsine [1989], p. 61）。

　まず，勤務原価は，「ある期間に認識された勤務原価は，その期間中の従業員の勤務に対し，年金給付算定式により割り当てられた給付の保険数理上の現価（par. 21）」と定義されている。次に，利子費用は，「ある期間に認識された利子費用は，時の経過による予測給付債務の増加として決定される。予測給付債務を現価として測定することで，予定割引率での利子費用が発生する。（par. 22）」と説明されている。つまり，既計上の勤務原価について，実際に加入者に給付されるまでの間にその時間価値である利子費用が発生するのである。さらに，年金資産の投資収益に関しては，「積立制度に関しては，制度資産に対する実際の収益は，期首および期末における制度資産の公正価値に基づき，拠出金と給付支給額を調整して決定される（par. 23）」と定義されている。この計算要素が介入することによって，年金制度資産の運営パフォーマンスが費用計算に組み込まれることとなる。最後に，ネットの償却および繰延に関しては，未認識過去勤務コストの償却費，認識された範囲での利得および損失，基準書の最初の適用日に存在している未認識の純債務および純資産の3つからなっている（par. 20）。

　未認識過去勤務コストの償却費に関しては，「過去に提供された勤務に基づいて増額された（中略）遡及給付を支給するための費用を，（中略）改訂日には

現役であり、制度に基づき給付を受給することを予測されている従業員の将来の勤務期間中に認識する（par. 24）」と規定している。

また、「利得および損失」とは、「仮定されたものと異なる実績および仮定の変更により生じた予測給付債務、または制度資産のいずれかの額の変化（par. 29）」であり、具体的には、前者は保険数理上の誤差を、後者は制度資産の運用に関する期待値と実績値の差を示している（par. 34）。この要素に関しては、過去勤務費用と同様に遅延認識が認められている。その理由は、Revsine [1989] が、「年金会計では将来事象に関するおびただしい見積りが要求されるので、期待値と実績値の差は驚くに値しない（p. 65）」と指摘していることからも明らかなように、不確実性が不可避だからである。

さらに「移行時の未認識純債務または純資産」については、「SFAS 87（新基準）採用による影響額であり、以前から SFAS 87 を採用していたと仮定した場合に期首時点で認識されるべき未払（前払）年金費用と実際の未払（前払）年金費用の差額（COFRI [1997]、155頁）」と定義されている。これについても、「その制度に基づき、給付を受けることが予測されている従業員の平均残存勤務期間にわたり、定額方式で償却されるべきである（SFAS 87 par. 77）」として、基本的には直線法によって償却しなければならず、遅延認識が行われることとなる。

ここで、SFAS 87 に規定される年金費用の会計処理がどのような意味を有するのかを解明するために、次の設例にしたがって検討してみよう。

【設例5-1】　年金費用の計上
　N社は、当期の年金費用をSFAS 87にしたがって算出した。各構成要素のデータは次の通りである。なお、当期においてN社が年金基金に拠出したのは30である。
　（勤務原価20、利子費用5、投資収益10、ネットの償却および繰延15）

仕訳
（借）　純期間年金費用　　　　30　　（貸）　現　　金　　　　30

この設例では，純期間年金費用が拠出額に等しいので，それらの両建てによって仕訳が完結している。

キャッシュ・フローの観点からすれば，SFAS 87 において期間年金損益計算がこのような会計処理によって行われていることは，2つの意味を持っている。まず，拠出の休日（contribution holidays）と呼ばれているように，費用の拠出が免除され，本来ならば行われるはずのキャッシュ・アウトフローが節約されるという効果が得られることになる。また，制度資産の運用パフォーマンスが予想以上に良好な場合には，年金費用は単に少なくなるばかりか，年金収益をあげることさえも可能となる。つまり，企業年金戦略において経営者が積極的な投資政策を展開することによって，年金制度が，企業にとって，さらなるキャッシュ・インフローを創出する1つの収益源泉となり得ることになる。

企業経営者には，この2つの効果に基づいて年金運用を積極的に展開するインセンティブが与えられる。キャッシュ・アウトフローの節約とキャッシュ・インフローの増大は，株主の富を増大させることにつながるためである。ここに，SFAS 87 における純期間年金費用の計算構造は，利害トライアングル関係における利害調整に対して，キャッシュ・フロー配分の観点から影響を及ぼすという特性を指摘することができるのである。

問題となるのは，2種類の不確実性が関わっていることである。1つは勤務原価をはじめとする計算要素の測定が変動可能性のある PBO をもとに決定されるという不確実性であり，もう1つは期待収益の測定に関わる不確実性である。

たとえば，経営者が高い割引率を選択することによって年金債務に関する現在割引価値が少なく見積もられることもある。この点については，Blankley and Swanson [1995] が実証研究[35]によって示している。また，制度資産算定においても期待収益率という不確実要素が介入することで，実質値よりも高い投資収益率が算出される可能性は十分に存在する。もっとも，この不確実性に関しては，複数年の数値をもとに算出された市場連動価格（MRV）という，変動性を排除した統計的数値を用いることである程度解消することが可能とな

る。この意味で、MRV は拠出企業の利潤計算に対する運用パフォーマンスの衝撃を和らげる重要な役割を有していると考えられる。

以下では、この年金費用の性質についてより具体的に理解するために、設例に基づいた費用計算の検討を行う。

> 【設例 5-2】 年金費用および拠出
> A 会社の t 期首における財務データは、資産 80、負債 50、資本 30 である。当期における、年金基金への拠出は 10 であり、年金費用は 10、当期の年金以外の費用と収益はそれぞれ 70、90 であった。

この設例における条件の場合、期間費用 80 のうち 10 が年金費用である。この 10 に対して同額を拠出するのであれば、過不足は生じないことになる。このために、費用に見合うだけの 10 というキャッシュ・アウトフローが、当期に生じることとなる。このような会計処理を仕訳によって示すと、年金費用と現金拠出が同額であるので、次のような単純なものとなる。t 期末の財務諸表は図表 5-3 のようになる。

仕訳

(借) 年金費用　　　　　　　10　　（貸）現　　金　　　　　　10

図表 5-3　拠出が発生年金費用と同額の場合

貸借対照表

資　産	90	負　債	50
		資　本	30
		留保利益	10

損益計算書

費　用	70	収　益	90
年金費用	10		
期間利益	10		

しかしながら、実際には、上記の条件のように年金費用と年金基金への拠出が同額であることは必ずしも想定し得ない。そこで、拠出額が発生年金費用を上回る場合、および拠出額が年金費用に対して不足する場合の 2 つのケースについて設例に基づいて考えてみよう。まずは、拠出が年金費用を上回る場合である。

【設例5-3】 年金基金への拠出金額を12とする

A会社のt期首における財務データは，資産80，負債50，資本30である。当期における，年金基金への拠出は12であり，年金費用は10，当期の年金以外の費用と収益はそれぞれ70，90であった。

この場合，拠出金額と費用額の差額が前払費用（資産）として計上される。この場合，仕訳は次のようになる。

仕訳
(借) 年金費用　　　　　　　10　　(貸) 現　　金　　　　　　12
　　 前払年金費用　　　　　 2

図表5-4は，年金基金への拠出が，期間年金費用よりも多い場合の貸借対照表および損益計算書を示している。前払年金費用に関しては，次期以降における年金費用に関するキャッシュ・アウトフローなので，次期のキャッシュ・アウトフローをこの分だけ行わなくても良いことになる。したがって，当期の利潤計算においては，関係を持たない勘定ではあるものの，キャッシュ・フローに関する情報としては，ポジティブな意味をもつ情報であることになる。

図表5-4　拠出が発生年金費用より多い場合

貸借対照表

資　産	88	負　債	50
前払年金費用	2	資　本	30
		留保利益	10

損益計算書

費　用	70	収　益	90
年金費用	10		
期間利益	10		

次に，拠出額が期間年金費用を下回ってしまった場合を考えてみよう。この場合には，次のような設例が想定できるだろう。

【設例5-4】 年金基金への拠出金を8とする

A会社のt期首における財務データは，資産80，負債50，資本30である。当期における，年金基金への拠出は8であり，年金費用は10，当期の年金以外

の費用と収益はそれぞれ70,90であった。

　この場合，未拠出の費用額は未払費用（負債）である。この場合，仕訳は次のようになる。

仕訳
（借）　年金費用　　　　　　　　10　　　（貸）　現　　金　　　　　　8
　　　　　　　　　　　　　　　　　　　　　　　　未払年金費用　　　　2

　この年金負債は，当期の年金費用にかかるキャッシュ・アウトフローが十分に行われていないことを意味している。つまり，将来においてアウトフローすることが確定した資金が資産に計上されたままになっている。したがって，将来のキャッシュ・フローの分だけ貸借対照表の合計金額が増加する。これを財務諸表に表現すると図表5-5のようになる。

図表5-5　拠出が発生年金費用を下回る場合

貸借対照表				損益計算書			
資　産	92	負　債	50	費　用	70	収　益	90
		未払年金費用	2	年金費用	10		
		資　本	30				
		留保利益	10	期間利益	10		

　それでは，年金費用の計算が利益計算において欠損をもたらす場合はどうであろうか。次にこの点を検討してみよう。

> **【設例5-5】**　純期間年金費用が25,同額を年金基金へ拠出した場合
> 　A会社のt期首における財務データは，資産80,負債50,資本30である。当期における，年金基金への拠出は25であり，年金費用は25,当期の年金以外の費用と収益はそれぞれ70,90であった。

　この場合仕訳については問題ないが，利益計算に影響がある。仕訳および計算式，そして期末の財務諸表は図表5-6のようになる。

仕訳
(借) 年金費用　　　　　　　　25　　(貸) 現　　金　　　　　　25
計算　資産の増減に関する計算　80＋90－70－25＝75
　　　期間費用に関する計算　　　　70＋25＝95
　　　収益の計上　　　　　　　　　　90

図表 5-6　発生年金費用が期間利益よりも多い場合

貸借対照表				損益計算書			
資　産	75	負　債	50	費　用	70	収　益	90
		資　本	30	年金費用	25		
欠　損	5					期間損失	5

　この設例においては，期間年金費用が期間損益を上回ることになるために，欠損が生じる。このようなケースは，基本的には，2つの源泉から生じる問題である。1つのケースは，本業による業績が低迷している等のように，本業からの利益が少ない場合である。この場合に関しては，説明は不要であろう。いま1つのケースは，人的資源マネジメント（HRM）における人的資源コストの管理が組織全体で不十分な場合などである。年金費用は，管理会計上においても重要な問題である。年金費用の管理は，経営者によって行われるが，企業が年金部門に関する重要性を十分に認識していないか，あるいは総合的な利益管理の視点から年金コストの統制を行っていない場合には，年金コストが予想以上に計上されることがある。

　この2つのケースに関しては，本業によって稼得された期間利益が，年金費用に圧迫されるので，このような状態を回避するために，企業経営者が年金マネジメントを行う必要が生じることになるのである。

　このように，年金費用が期間利益を上回るようなケースにおいても通常の場合と同様，拠出が年金費用を上回る場合と年金費用を下回る場合が存在する。次に，この2つを検討してみよう。

【設例5-6】 純期間年金費用が25, 年金基金への拠出が27である場合

A会社のt期首における財務データは, 資産80, 負債50, 資本30である。当期における, 年金基金への拠出は27であり, 年金費用は25, 当期の年金以外の費用と収益はそれぞれ70, 90であった。

この場合, 拠出が上回っていることから前払年金費用が生じる。この場合, 仕訳と財務諸表は次のとおりになる。

仕訳

(借)	年金費用	25	(貸)	現　金	27
	前払年金費用	2			

図表5-7　期間利益よりも費用が多くかつ拠出超過のケース

貸借対照表

資　産	73	負　債	50
前払年金費用	2	資　本	30
欠　損	5		

損益計算書

費　用	70	収　益	90
年金費用	25		
		期間損失	5

図表5-7では, 利益計算としては欠損が生じている一方で, 年金拠出に関する前払が計上されている。このような場合, キャッシュ・フローに関するポジティブな情報とネガティブな情報が同時に開示されることになる。ポジティブな情報は, 前払年金費用である。これは, 次期のキャッシュ・フローの前倒しであるから, 次期におけるキャッシュ・フローを減少させるというポジティブ要因である。一方, ネガティブ情報は欠損が生じていることである。期間利益がないだけではなく欠損が生じている状態は, ステークホルダーの利害に関わる情報である。

同様に, 拠出が費用を下回る場合を検討しよう。

【設例5-7】 純期間年金費用が25, 年金基金への拠出が23である場合

A会社のt期首における財務データは, 資産80, 負債50, 資本30である。当期における, 年金基金への拠出は23であり, 年金費用は25, 当期の年金以外

の費用と収益はそれぞれ70，90であった。

この場合，未払年金費用が生じる。仕訳および財務諸表は次の通りである。

仕訳
(借) 年金費用　　　　　　25　　(貸) 現　　金　　　　　　23
　　　　　　　　　　　　　　　　　　未払年金費用　　　　　2

　この場合には，期間年金費用よりも拠出額のほうが少ないために，未払年金費用が2生じることとなる。未払いは，将来のキャッシュ・アウトフローを表すのであるから，負債勘定として貸借対照表に関わることとなる。このことを財務諸表に表現する場合，次の図表5-8のようになる。

　この場合には，未払いの年金費用というネガティブ情報が開示される。未払いの年金費用は，次期のキャッシュ・アウトフローであるので，次期においてキャッシュ・アウトフローする額は，この分だけ多くなると予想されることになるのである。

図表5-8　期間利益よりも発生年金費用が多くかつ拠出過少の場合

貸借対照表				損益計算書			
資　産	77	負　債	50	費　用	70	収　益	90
		未払年金費用	2	年金費用	25		
		資　本	30				
欠　損	5					期間損失	5

　以上の各設例による検討において明らかになった通り，年金費用が利益計算に及ぼす影響は時に相当な程度にまでおよぶ。年金費用の算定においては，割引率および期待収益率といった計算上のパラメータが深く関わっている。これを故意に高く設定するような場合あるいは，見積もりの誤りによって低めに設定されてしまった場合には，期間年金費用としての算定方法は，恣意的な利益操作に利用されてしまう可能性が十分にあるといわねばならないだろう。

　さらに，このような変動性が企業の業績指標としての利益数値に介入するこ

とから，財務報告において開示される利益情報には，経営者の主観に基づくリスクが本質的に関わっているものと解釈される。情報の利用者が利益情報を利用する際には，この点に注意しなくてはならない。そういった意味においては，情報利用者に有用な情報を提供するために行われるべき年金費用計算は，各パラメータに対する適正な見積りが前提にあってはじめて成り立ち得るものといえるだろう。

(b)　報告利益計算と年金負債

　確定給付制度においては，拠出企業は上記のような期間費用としての年金コストだけでなく，最終的な給付に至るまでの追加的年金コストも支出する義務がある。SFAS 87では，この追加年金コストに関する会計処理として，最小積立額と定められたABOに制度資産の公正価値が満たない場合に，当該積立不足分を追加最小負債として，貸借対照表の負債に計上する義務を拠出企業に課している。既に述べたようにこの追加年金コストの認識・測定に用いられるABOに関しては，OBRA 87の債務の定義と基本的に一致することから，年金基金の法律上の責務を表しているものと解される。

　ところで，この追加年金コストの算定は，毎期末時点で洗替されるので，積立不足という負債の期末評価を行うプロセスととらえ得る。ここで注意すべきは，当該積立不足を認識・測定する際に利用される尺度が，年金債務および制度資産の双方ともに一定の幅を持ち合わせていることで，年金コストの金額が必ずしも客観的な数値たり得ないことである。

　たとえば，割引現在価値で表されるABOは，保険数理法によって算出される金額ではあるが，制度の選択において保険数理法そのものに関してはどの方法を用いるべきかという規制はなく，会計計算上の割引率等の選択に関しても企業に一定の裁量による選択の余地が存在している。また，制度資産の価格に関しても，現在価値系列の公正価値によって評価されることになるが，市場もなくまた類似の市場もない資産においては，割引計算の利用に基づく見積り計算の介入が避けられない。このことから，見積り数値どうしを比較することによって，追加年金コストを認識・測定し計上することになることが明らかであ

る。つまり，年金費用計算同様に，SFAS 87 において算出される追加年金コストにも，本質的に拠出企業サイドの主観が介入しているのである。特に，制度資産の取得時の価格よりも市場価格のほうが上回るケース等においては，取得価格による制度資産価格を利用した場合に比して追加年金コストが少なく見積もられる可能性がある[36]。それゆえ，SFAS 87 で定める会計処理においては，追加年金コストとしての年金負債の評価[37] に関して，予測し得る最大限の額ではなく，最低限の額を認識・測定するのであり，明らかに保守主義とは別のコスト計上の方向性を有している。

このように算出される追加年金コストは，運用の失敗，保険数理上の仮定等の変更をはじめとする計算上の誤差などから生ずるが，その中でもっとも重要なのは過去勤務コストである。そこで，当初 SFAS 87 では，追加年金負債計上においてこれらに関して十分考慮の上，次のような会計処理を行っていた。まず，追加年金負債の計上時の仕訳における相手勘定を 2 種類に分け，過去勤務コスト相当額に関しては無形資産とし，それを超える部分については利益剰余金マイナス項目という扱い（par. 37）にしていた。

無形資産[38] に関しては，過去勤務コストに相当する対価を支払うことによって労働者の定着性を高め，生産面における従業員のパフォーマンスを将来的に高めていくことが期待されるために計上される。本来，無形資産は，定期的ではないにせよ，最終的に塡補される追加最小負債の消滅と共に費用化されるべき性格のもの[39] である。ただ，追加最小負債は洗替法によって毎期算定し直されるので，その費用化は，直接的に利潤計算に影響するわけではない。むしろ，当期の利潤計算に影響を与えない形で過去勤務債務を遅延認識することがこの会計処理の特徴であるといえるだろう。

このように利潤計算構造に，追加的退職給付コストを反映させない理念は，保険数理上の誤差に関する会計処理にも明確に現れている。「本来は前期損益修正損として利益計算に反映させるべきところを，損益計算書を通さずに貸借対照表の株主持分を直接に減額（桜井［1996］，41 頁）」するという会計処理がなされている[40] ためである。

以下では，これまでのことを具体的に理解するために，設例を用いて年金負債計算についての検討を行う。(以下の設例では，資産100　負債50　資本30　利益20という企業を想定している。)

> 【設例5-8】　追加最小負債の計上
> A社では，運用資産の時価がABOを10下回ったので追加最小負債を計上する事になった。当社の過去勤務コストは15である。

まずは，追加最小負債が過去勤務コスト額の範囲内である場合の仕訳と財務諸表を考えてみよう

仕訳
(借)　無形資産　　　　　　　　10　　(貸)　追加年金負債　　　　　　10

この場合，追加最小負債は過去勤務コストよりも少ないので，追加最小負債と同額の無形資産が資産計上されることになる。つまり，SFAS 87における会計処理の根本的な考え方としては，過去勤務債務を遅延認識するというものではあるが，この会計処理によって，この時点で少なくとも15のうち10だけは負債として測定され，計上されることになる。結果として5だけがオフ・バランスになっているのである。

図表5-9　年金負債の計上

貸借対照表

資　産	100	負　　債	50
		追加年金負債	10
		資　　本	30
無形資産	10	留保利益	20

次に，追加最小負債が過去勤務コストを上回って算定された場合を検討しよう。

第5章 合衆国型の退職給付会計システム 167

> **【設例 5-9】 過去勤務コストが 8 の場合**
> A社では,運用資産の時価がABOを10下回ったので追加最小負債を計上する事になった。当社の過去勤務コストは8である。

仕訳

(借)	無形資産	8	(貸)	追加年金負債	10
	最小年金負債調整額	2			

この場合には,過去勤務コストを超えて認識される部分が2生じていることになる。つまり,過去勤務コストに関する金額はすべて認識され,負債として計上されることになる。それを上回る超過2の部分は,保険数理の誤差等が含まれることになるために,この部分に関しては,無形資産の処理とは別のフレームワークによって行わなければならないのである。

図表 5-10 追加年金負債が過去勤務費用を超過する場合

貸借対照表

資　産	100	負　債	50
		追加年金負債	10
		資　本	30
		留保利益	20
無形資産	8	その他の包括利益	△2

　SFAS 87公表当初は,この超過部分に関しては,利益剰余金の調整項目とされていたのであるが,このような過去の利益の修正は,資本の部を調整勘定として利用することになるために,利潤計算構造においては理論的な支持が得られなかった。その後SFAS 130において,その他の包括的利益のマイナス項目として扱うことが規定されたために,財産法による利益のマイナス項目としての扱いがなされることとなった。それゆえ,少なくとも,この会計処理によって資本概念が曖昧になる状態は避けることができるようになった。図表

5-10 では，その他の包括利益の箇所においてマイナス項目として2が計上されている。

それでは次に，最小負債と過去勤務コストが同額の場合について検討しよう。

【設例5-10】 過去勤務コストが10のとき
　A社は，運用資産の時価がABOを10下回ったので追加最小負債を計上する事になった。当社の過去勤務コストは10である。

仕訳
（借）　無形資産　　　　　　　10　　（貸）　追加年金負債　　　　　10

この場合には，無形資産は過去勤務債務の金額とまったく同額となるために，無形資産によって過去勤務債務をすべて表現しうることとなる。この場合における財務諸表は次のようになる。

図表5-11　追加年金負債が過去勤務費用より過少な場合
貸借対照表

資　　産	100	負　　債	50
		追加年金負債	10
		資　　本	30
無形資産	10	留保利益	20

年金負債に関する，上記の3つの設例を比べれば解るように，過去勤務債務を追加最小負債が超過する場合には，超過分だけ包括利益が減少する。実現可能性のマイナス概念は，将来のキャッシュ・アウトフローの見込額を示し，実現可能利益は将来のキャッシュ・インフローの見込額を表すのであるから，その他の包括利益では，正味のキャッシュ・インフロー見込み額が総額主義で示されていることになる。このような相違は，損益法から生じる稼得利益にはまったく関係のない処理になるが，将来のキャッシュ・アウトフローが，今期の

実現可能利益の増減にかかわるという点は，今後，現在価値会計の利潤計算体系における重要な論点になり得るであろう。

第4節　合衆国における退職給付会計の構造

　これまでの分析より，ERISA が深く関与することによって成立する合衆国の退職給付会計構造が明らかになったであろう。ERISA は，第1にフィデューシャリーの規定を通じて経営者の退職給付の運営活動に作用し，第2に報告規定を通じてそれが従業員をはじめとする利害関係者へ情報開示されることに関わっていた。そして第3に，監査人の監査を受けることを規定することによってそのような財務報告が虚偽表示されることを回避し，適正に作成されることを意図していた。

　ここで，その特徴をより明確に理解するために，これまでの分析によって判明したことを，第2章に提示した分析枠組みに照らし合わせながら整理してみよう。図表5-12 は，合衆国の退職給付会計システムの構造と ERISA の関わりを示したものである。

　このような ERISA 規定の背後に合衆国の企業システムが存在することに言及した。合衆国型企業システムは，株主主権とも言われるようにステークホルダーとしての株主の権利が本質的にクローズ・アップされている。このため，ERISA の規制を適用していない状況下での退職給付の運営活動は，従業員に不利に行われる本質的な構造を有していた。このことはエージェンシー理論の視点でとらえてみれば，エージェントとしての経営者は，従業員というプリンシパルよりもむしろ株主というプリンシパルを優先するような制度運営を本質的に行う傾向を有することと理解される。

　経営者が自己の利益のために制度運営を行うことも想定されるエージェンシー理論のもとでは，株主および従業員の利害が十分に確保されない可能性も考えられた。ERISA は，このような本質的にアンバランスな利害関係者間の関係を調整する機能を果していたのである。しかしながら，ERISA によりステ

170　第4節　合衆国における退職給付会計の構造

図表5-12　合衆国の退職給付会計システム

```
                    監査済報告書に関するERISAの規定
    APBO 8以降に全面的に関与    保険数理計算の
                              監査他の専門家
  ┌──────────────┐  の利用  ┌──────────────┐
  │ 財務数値の算定(事前的関与)│←──→│ 財務報告のチェック(事後的関与)│
  │    アクチュアリー      │      │     職業会計人        │
  └──────────────┘      └──────────────┘
           ↑        責任配分        ↑
           │                        │        監査済報告書に関する
    保険数理計算                              ERISAの規定
    退職給付運営の
    コンサルティング                          退職給付の財務報告の監査
                                             チェック指標としての
                                             SFAS 35およびSFAS 87
              ┌──────────────┐
              │  財務報告書の作成者   │
              │      経営者         │
              └──────────────┘
                   S1 ↙    ↘ E1
                      投資政策
                   ╱              ╲
                  ╱ 退職給付の運営活動 ╲
    株主重視の   ╱                    ╲    ERISAの
   合衆国型企業システム                      フィデューシャリー規制
    株主主義   ERISAの報告規制
             エンティティー
              の分離
         拠出企業の              制度の
         財務報告               財務報告
         SFAS 87              SFAS 35
      ┌─────┐              ┌─────┐
      │  株　主  │←──────→│  従業員  │
      └─────┘   利害の調整   └─────┘
```

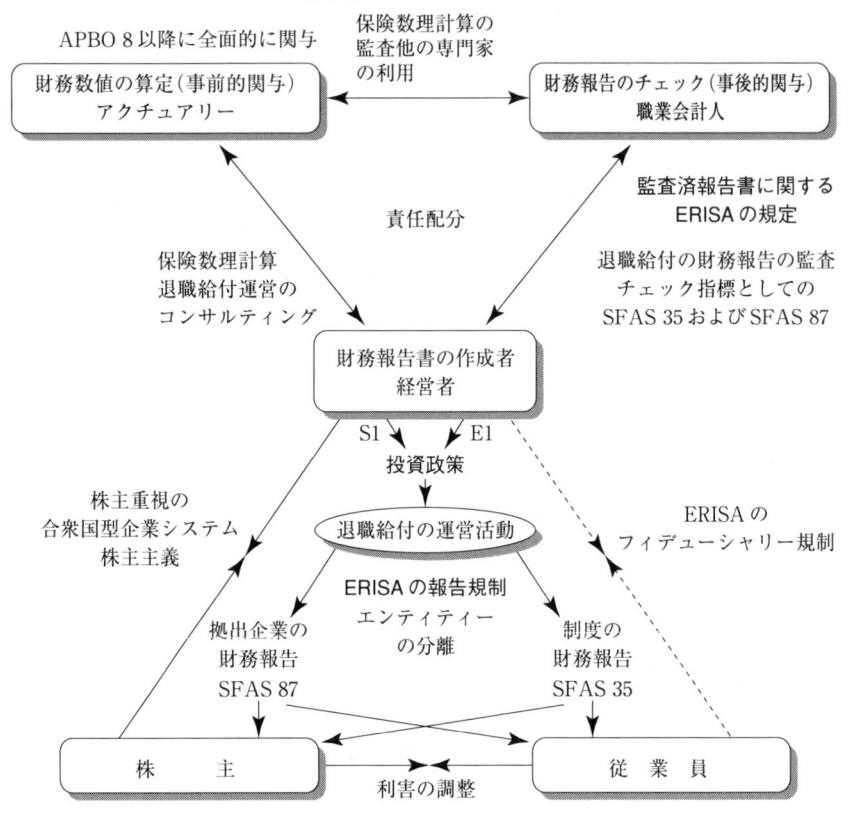

ークホルダーとしての従業員がクローズアップされることによって，投資政策が株主および従業員の双方の利害を考慮して決定されることとなったのである。また，ERISAによって制度の報告が義務付けられたことによって，退職給付会計システムの財務報告エンティティーが企業と制度の2つに分離されることにもなった。このような点からすれば，合衆国の退職給付会計システムの構造は，ERISAのフィデューシャリー規定を中心として，経営者に自由裁量の高い運営と財務ディスクロージャーの環境を提供するように構築されていることになる。そして，この特徴は合衆国における退職給付会計基準に，代替的

な会計処理の選択肢が多く存在していることの論拠ともなっているのである。

さらにERISAにおいて，退職給付制度の運営の顛末報告に監査人およびアクチュアリーを関らしめるという規定が設けられたことから，経営者が財務報告に表現する会計数値を，ステークホルダーが利害調整を行うための指標として利用し得るように，信頼性を付与する責任配分構造が退職給付会計に構築されていた。財務報告書の利用者の立場からすれば，上述のような多様な代替処理が会計基準上に規定されていることは，比較可能性等の点で問題が生じる可能性を否定し得ないが，少なくとも，監査制度を通じて，経営者の誠実な財務報告書作成とアクチュアリーの保険数理計算が検証されれば，財務ディスクロージャーには最低限の信頼性が付与されることとなるであろう。

このように，合衆国の退職給付会計においては，利害調整構造および信頼性付与の責任配分構造の結びつきが，ERISAという法律の存在に密接に関わっていたのである。この構造を仮に合衆国型と名づければ，合衆国型の退職給付会計は，ERISAの受給権保護規定によって対立を深めることになる従業員と株主の利害のボーダーを，客観的にするための機能を有しているものと考えられることになる。すなわち，退職給付会計は，利害調整機能という視点を通じて，退職給付システムに重要な経済的影響を有しているといえるのである。

注
(1) 近年では，医療保険制度も重要な要素になっているので，「4本柱」ともいわれている。
(2) 年金情報のディスクロージャーについてはSFAS 132で規定されている。また，このほかに，年金制度の縮小・清算を扱ったSFAS 88 [1985] があるが，継続企業としての会計基準ではなく，また本論文のテーマとは直接関係ないため，議論の対象から除外する。
(3) 確定給付制度には，大きく分けて3つの給付額算定方法がある。均等給付公式 (flat benefit formula)，勤続平均公式 (career average formula)，そして最終給与公式 (final pay formula) である。
(4) 確定拠出制度の場合には，企業の制度への関与は，拠出によるキャッシュ・アウトフローをもって終了する。その運用はもっぱら自己責任において行う。確定拠出制度には，利潤分配制度 (profit-sharing plans)，マネー・パーチェス制度 (money-

purchase plans),節約貯蓄制度(thrift and savings plans),従業員持株制度(emploee stock ownership plans: ESOP),そして401(k)プランがある。

(5) ERISA 以前の IRC に関する最大の特徴は,年金制度に対して保険数理的健全性の概念(Concept of Actuarial Soundness)を何ら要求する姿勢がないことである。退職給付に関する企業リスクあるいは加入者リスクの見積りを正確に行うことを趣旨とした保険数理的健全性の概念に従えば,数理計算が健全に行われなければ,将来の給付にかかるキャッシュ・アウトフローが正確に計算できないこととなる。この点については,当時の IRS の関心が,①拠出額に対する課税標準,②拠出額に関する稼得利益に対する免税額,③従業員に対する適正な課税,の3つであった(Bronson [1957], p. 31)ことに起因するだろう。これらは,年金制度の健全性に必ずしも結びつかなくとも達成し得る課題だからである。

(6) OBRA ではレーガン政権下で行われた1986年の税制改正(Tax Reform Act of 1986: TRA 86)以降の追加的な税制の変更が行われている。特に,1987年の改正(OBRA 87)は,FASB による負債の解釈を補強すべく行われた立法措置であり,FASB によって採用された債務概念を基準に,積立不足にある年金制度に対して,年金拠出の引き上げ,PBGC への割増保険料の支払い等の規制を行っている。

(7) この点は,井上(久)[1998](193頁),森戸[1997](25頁)等を参照。

(8) ERISA § 3(21).

(9) ERISA § 404.

(10) このような,慎重性に対する立場の相違は,投資行為のうち投機の概念に関する解釈の相違から生じる。海原[1993 a]は,投機について次のように述べている。

「投機という概念に正確な法的定義を下すことは難しい。殊に,信託資産投資に際し,何が投機であり,何がビジネスマンとしての冒険であるかの区別は,判例においても時代および場所によって常に変動する。一般に,ニューヨーク法則によれば,株式投資はすべて投機とみなされるのに対し,マサチューセッツ法則では,投機の解釈に非常に柔軟的で,投機という言葉と資産の永久的処分という言葉を対蹠的に取り扱い,元本の安全性と同時に長期的な収益性を重視して,投機か否かの決定は,会社の健全性とか取引自体の性格のような他の要素を加味して考慮する(285頁)」。

(11) 経営者が危険愛好的な投資運用を行った場合,投資結果は極端な場合,元本を大きく割ってしまう可能性がある。これは,マサチューセッツ法則における伝統的な立場,つまり元本保全を第1に考える慎重性に明らかに反する投資行為である。ERISA のもとでは,投資のリスクは,投資運用のポートフォリオを構成する個々の資産に対し分散されるのである。この点は,Anonymous Article [1975], p. 973 を参照。

(12) ERISA § 103, IRC § 6058.

(13) IRS は適正な報告書を制度の期末から7ヶ月以内にファイルし,その複写を DOL

に渡している。このため，退職給付制度の報告に関しては，個々の規制機関が相互に均質な情報を得られる環境が整備されている。
(14) この点については，Cassel and Kahn も次のように述べている。
「さらに，財務報告目的によって算定された累積制度給付（給付情報）の保険数理現在価値は，SFAS 35 形式の給付情報を含むように 1979 年に改訂がなされた Form 5500 の Schedule B における関連項目として利用可能でなければならない。FASB は，最終的に SFAS 35 で採用された方法を推奨することを公聴会において証明した。公聴会で議案となっていた Schedule B の改定案ではこの方法は要求さえなされていなかった（Cassel and Kahn [1980] p. 44）」。
(15) Revsine [1989] は，SFAS 87 では平準化を認めたために貸借対照表が真の財政状態を表しておらず，そのために脚注による開示を行わなければならないと指摘している。
(16) 従業員のために年金給付を提供している事業主の財務報告および会計基準を確立するのが SFAS 87 の目的である（SFAS 87, par. 1）。
(17) この点に関連して，IASC の論点整理書では積立式の年金基金が子会社および関連会社として連結すべきかという点の考察が行われている。
(18) ERISA§103(a)(3)(A)によれば，ERISA に基づく年次報告書には，一般に認められた会計原則（GAAP）に基づいて作成され，かつ一般に認められた監査基準に基づいて，公認会計士によって監査を受けた退職給付制度に関する財務諸表が含まれることとなっている。
　合衆国の退職給付制度自体の GAAP は ERISA の公表時点では存在していなかったために，合衆国の会計基準設定主体である財務会計基準審議会（FASB）は，新たに会計基準を設定しなければならなかった。
(19) 経営者の陳述に関しては，SAS 19 において規定されている。それによれば，経営者はすべての関連情報を監査人に提供し，財務報告に対して責任を持つことを陳述書として提示しなければならない（AU§333）。
(20) アクチュアリーはまた，制度資産の評価および保険数理債務をはじめとする年次保険数理計算書も作成する。ERISA§103(d).
(21) アクチュアリーが財務情報の作成に関与することについて，FASB では次のように述べている。「その独自な専門資格ならびに他の問題（例えば，積立政策および年金費用見積り）に関する制度との現在の関係から，アクチュアリーは，本ステートメントで要求される給付情報を算出するに最もふさわしい要件を有していると，審議会では考えている（SFAS 35, par. 134）」。
(22) これは合衆国に限った規定ではなく，近年の国際的な見地からすれば一般的な規定である。たとえば，国際会計基準（IAS）の改訂においても，旧 IAS で認められていた発生給付評価方式と予測給付評価方式という 2 つの代替方式を狭め，発生給付評価方式（IAS では予測単位積増方式とよばれている）における給付額/勤務年数方式の

みの会計処理を定めている（IAS No. 19 [1998], pars. 64-65）。

(23) 「(年金基金の不備等，他の条件が従業員の確定給付受給を阻止することもある。) 段階的確定方式では，第1確定権利は将来の一定割合の年金受給権である。その割合は，年金受給資格を形成する勤務年数に基づいて定められる。それ以降，その割合は勤続年数に応じ，あるいは年齢に応じ，給付金額の受給権が確定するに至るまで増していく（par. 264）」。

(24) 累積年金給付額の保険数理現在価値の変化とその要因に関しては，年金制度の修正，年金制度の性質の変化（制度の分割あるいは他の制度との合併），保険数理上の仮定の変更，といった要因（SFAS 35, par. 25）ごとの開示が求められている。それは，これらの要因の性質が異なっているからにほかならない。年金制度の修正や分割・合併は退職給付の算定式自体を変化させる性質のものであるのに対し，保険数理上の仮定の変更は算定式において用いられる計算パラメーターの変更である。例えば，年金債務の見積り等に際して用いられる割引率は任意に選択されるので，たとえ同じ算定式であっても割引率の選択しだいでは，年金債務の額に大きな差が生じてしまうことになる。このように，保険数理上の仮定の変更によって，給付水準を表す年金債務額の増減がもたらされることから，その変化を開示情報としてディスクローズすることは極めて重要な問題となるのである。

(25) Arnott and Bernstein は多くの企業が SFAS 87 の計算構造を重視していることに注目し，そのような観点からすべての年金制度を見ることは危険であると述べている（p. 102）。

(26) ABO にしても PBO にしても，その算出において割引率に清算レートを用いることで，年金基金が現時点でいますぐ清算されてしまうという仮定が想定されている（SFAS 87, par. 44）。SFAS 87 は，本来，清算および縮小を予定しない，ゴーイング・コンサーンとしての年金基金に適用される基準であるはずなので，このような会計処理は望ましいとはいえない。この点については，実質金利，期待インフレ率，金融政策の影響という3つの要素を考慮して得られる永続レート（永続的組み合わせ）で評価すべきという見方もある。

(27) ただし，「制度資産が債務を上回っており，事業主が現存の債務清算の手続をとっている場合は，例外とする（SFAS 87, par. 264）」という点に注意すべきである。

(28) 後述のように，測定日における市場価値を基礎とする公正価額は年金負債の算出において用いられ，市場連動価格は年金費用の算出において用いられる（SFAS 87, pars. 49-50）。

(29) これは測定日におけるものであり，強制売却および清算売却ではない自発的な売買において対価として正当に受取ることが期待できる額であり，その運用資産に関して投資のための活発な市場が存在する場合には，その資産の市場価格が用いられ，投資のための活発な市場が存在せずともそれに類似する市場が存在する場合には，売値が有益と考えられている。市場価格が利用できない場合には，リスクに応じて割引され

た期待キャッシュ・フローの予測額が用いられることになる (SFAS 87, par. 49)。
(30) 資産の公正市場価格か，5年以下の期間にわたる公正市場価格の変動を系統的，合理的に認識したもののどちらかを選択することができる (SFAS 87, par. 30)。
(31) 割引率に関しては，SFAS 87 において何の規定もされていない。したがってこの割引率の選択は企業サイドの決定事項として委ねられることになるので，恣意的に低い割引率を設定することによって制度資産が実際とは異なって表示される可能性を否定し得ない。この点について，例えばベンチマークとしての実勢利率を用いるなどの対策を立てることも可能ではあるが，その場合においてもどの時点における実勢利率を用いるのかによって，算出される公正価値が異なってくる。仮に見積もりを行う時点における実勢価格であれば，見積もり時点の見積もり公正価値ということになる。
(32) このことは，「累積年金制度給付の保険数理価値および，その年毎の変化に着目する情報の提供には，一定の柔軟性を認めることが望ましいと審議会は考えている。それゆえ，この分類のどちらかまたはどちらの情報も，1つのあるいはそれ以上の表題をもつ財務諸表によって提供されるだろう (SFAS 35, par. 8)」という文言によって理解し得る。
(33) この意見はアメリカ・アクチュアリー学会の FASB の公開草案に対するタスク・フォースから述べられたものである (FASB, PR 35 [1983], p. 3322)。FASB の公開草案に対するコメントレターにおいて，このように資産評価について踏み込んだコメントを述べているのが，実は公認会計士ではなくアクチュアリーであることにも注目すべきである。
(34) (SFAS 87, Appendix D). なお，事業主にはこのように算出された純期間年金費用を拠出する義務が生じる。未拠出あるいは拠出不足の場合には，未払いの費用として事業主の貸借対照表における負債項目にその額が計上され（図表 5-5 の未払年金費用），余分に拠出した場合には前払いの費用として貸借対照表の資産の項目にその額が計上される（図表 5-4 では前払年金費用）。
(35) 当該実証分析のデータは，Compact Disclosure Database における 12,000 社の脚注における情報から任意に選択された 350 社のものである (Blankley and Swanson [1995])。
(36) このことは，年金債務として PBO ではなく ABO を採用することにもあてはまる。つまり，PBO を最低積立額として設定するほうが ABO を設定する場合に比べて一般的には拠出企業にとっては積立不足が多く生じる可能性があるからである。賃金は下方硬直的な性質を有していると解するのが今日においては一般的であり，将来の給与水準を考慮することは賃金が将来において上昇するという基本的な仮定がおかれているためである。
(37) SFAS 87 における負債評価をはじめとして，今日の会計上の負債評価においては，将来犠牲となる資産をまず先に評価することが求められ，したがってこの点に関しては負債の評価は資産評価に追従するものととらえられるのであるが，一方で資産評価

において用いられる実現可能概念については，負債評価において十分に利用されているとはいい難いように思われる。

たとえば，FASB の概念フレームワークにおける負債の定義，評価，あるいは不確実性といった項目を見ても，負債としての発生の可能性という視点はみられるが，その背後にある資産評価との関連に触れた記述は見られない（FASB, SFAC No. 6 [1985], pars. 35-48）。負債評価において，実現可能概念によって評価された資産額が「実現不可能となるリスク」をどのように負債評価に組み込むかを検討することは今後の FASB の課題であろう。

(38)　SFAS 87 の無形資産は，基準の中で具体的な勘定が示されていないが，通常繰延年金費用（deferred pension cost）という勘定を用いて処理している。

(39)　この点の証左は，FASB の特別報告書（Special Report）において，無形資産に関する次のような文言があることからも明らかである。

「無形資産は（a）未認識過去勤務費用，または（b）基準書 87 号適用開始日現在の未認識純債務の残存部分のいずれから生じるものである。そうした金額は，純期間年金費用の決定値の一部として償却され，これにより実際に無形資産を償却してゆくことになる（Amble, et. al. [1986], FASB Special Report, par. 42, 訳書，233頁）」。

(40)　前述のように，この規定は改訂され，包括利益におけるマイナス項目として扱われることになった。

第6章

日本型の退職給付会計システム
―― 従業員主権の企業システムと退職給付会計 ――

第1節　日本の退職給付会計システム

　日本では古くから退職金といえば退職一時金を指し，慣習として根付いてきた。この要因は，基本的に大正期の熟練労働者が激しい労働移動を繰り返していた時期に求められるだろう。労働者定着対策として，製造業を営む民間の大企業が退職一時金をスタートさせ，これが次第に定年制推進の円滑化に対する施策となってきたのである[1]。1936年（昭和11年）の退職積立金及び退職手当法はこの普及をバック・アップする法律であるが，1944年（昭和19年）には退職一時金制度は法的後ろ盾を失い企業の自由裁量になってしまったことから，退職一時金の普及・定着を実際に決定付けたのは，1946年の電産争議[2]から1952年（昭和27年）の退職給与引当金の制度化までの流れにあると考えられる。そこでは，年功賃金の原形とされる「電産型賃金体系」が提示され，同時に生活保障説及び賃金後払い説に基づいて「退職金に関する要求」が行われた。その結果，1949年の争議において『勤続30年で10年間の生活を保障する定年退職金』を主な内容とする中労委の調停案を受け入れ，妥協した（神代和欣・連合総合生活開発研究所編［1995］，287頁）」のである。さらにその後，1952年（昭和27年）の退職給与引当金制度の創設によって損金算入が可能となったことが定着を決定付けたのである。このような流れは，退職給与引当金会計の普及と制度化によって財務的後ろ盾を受けたため，日本における退職給付の主流として一時金制度が認識されるようになるのである。

　これに比べて，日本における企業年金制度の普及は後発的である。その要因

としては，いわゆる縦割り行政に基づいて，相互補完的とはいえない3つの制度，すなわち，適格年金制度，厚生年金基金制度，非適格年金制度が並存してきたことが大きいのではないかと思われる。これらの制度はすべて，企業が年金運用のリスクを負う確定給付制度であり，その運営活動の成否が企業業績に事後的に関係してくる性質のものである。しかし，制度がそれぞれ異なる仕組みを有していること，包括的に管理する行政がないことによって，これらの制度の本質が一般に浸透するには多くの時間を費やさねばならなかったのである。

適格年金とは，1962年（昭和37年）の税制改革によって導入されたもので，会社（事業主）が従業員の退職金準備のために退職年金制度を設け，それに基づいて生命保険会社あるいは信託銀行と年金信託契約を締結する制度である。

適格年金という名称の通り，この制度の下では法人税法上の恩典を受けるため，つまり法人税施行令第159条に規定される要件全てに該当する退職年金への事業主の掛金を，拠出の時点で法人税の算定において損金算入できるようにするために，制度設置企業が国税庁に制度内容に関する届出を行い，これが承認されなければならない[3]。当該要件のいずれかを欠く場合には，法人税の計算上拠出金の損金算入が認められない非適格年金制度となる。

これに対し，厚生年金基金は昭和40年の厚生年金保健法の改正によって導入され，翌年の昭和41年より実施された厚生労働省所轄の制度である。この制度では，掛金の徴収から給付に至るまでの制度運営に際して，厚生年金基金という公権的能力を付与された公法人が設立される。厚生年金基金制度は，その名称からもわかるように，公的年金である厚生年金と密接な関係を持っている。公的年金である厚生年金の構成は，大きく分けて2つの部分からなっている。老齢基礎年金，遺族年金，障害者年金等からなる部分を1階部分とし，その上に2階部分である報酬比例の老齢厚生年金が位置付けられている。企業年金の部分は，この上の3階部分である。本来，国家の管理におかれるはずの厚生年金の2階部分，すなわち報酬比例の老齢厚生年金は，企業の企業年金である厚生年金基金を実施している場合，負担軽減のために当該年金基金が代行し

管理を行うことになるため，代行部分[4]と呼ばれている。

　近年，日本は長期にわたる構造不況にあったために，様々な社会制度の疲弊・疲労が叫ばれ急激な変化が求められた。この変化は日本版ビッグ・バンとして知られているが，通産省［1997］によれば，退職給付の改革には2つの方向性が存在する。1つは，効率的な資産運用環境実現のために行う退職給付の改革であり，投資意思決定主体としての側面からの改革である。いま1つは，透明性の確保の観点から行われるディスクロージャー拡充の一環としての退職給付会計の改革である。これは，財務報告情報の作成者としての企業に係わる改革である。このような退職給付に関する2つの改革は，結果として退職給付の財務報告に焦点を当てることになった。企業会計審議会より公表された「退職給付に係る会計基準」（以下『新基準』）は，このような社会的・経済的な文脈のなかにおいて設定されている。

　周知の通り，退職一時金制度から企業年金制度へ移行するに際して，適切な会計基準がないことは，かねてから企業会計上の重要問題の1つであった。まず，退職一時金制度に関しては，審議会より公表された，「企業会計上の個別問題に関する意見第2：退職給与引当金の設定について」に基づいて，労働者の役務提供に合わせて債務および費用を計上する引当金会計が行われていた。この一方で，企業年金会計については，役務提供の発生とは必ずしも関係なく，支出額を基準とした損益計算が行われていた。両会計領域における損益計算の各計算要素に関して，それぞれ異なった認識・測定がなされ，企業の利潤計算が必ずしも適切に行われてこなかったのである。そのうえ，会計情報の伝達という側面からは，情報としての同質性が保証されず，表示その他において統一性も欠如していた。

　かかる状況に対し，日本版ビッグ・バンの流れにおいて退職給付会計基準が公表されたが，それによって退職一時金制度における債務および費用と年金会計における債務および費用が，退職給付引当金および退職給付費用として役務提供の発生に合わせて統一的な視点から認識・測定，記録・報告されることになった。この結果，退職一時金制度であっても確定給付年金制度であっても企

業の退職給付に関する財務報告は，引当金会計の枠組みの中で，発生主義会計としての性格をより明確に持つようになったのである。さらにこの会計基準設定に合わせて厚生年金基金におけるディスクロージャーの改正が行われ，実質上基金の会計も変容することになったのである。

本章では，合衆国型の退職給付会計システムの分析と同様に，日本型の退職給付会計システムを分析する。その手順はおおよそ次の通りである。まず，日本版ビッグ・バン以前の日本において，退職一時金制度の普及を背景に展開されてきた退職給与引当金会計が日本型企業システムの特徴と深い関係を有してきた要因を分析し，それが企業年金制度へのシフトによってどのような問題を引き起こしたかを明らかにする。次に，日本版ビッグ・バンの流れを受けて退職給付会計基準が設定されたことにより，このような問題がどのように緩和されてきたのかを検討する。その上で，退職給付会計システムが全体としてどのような機能を有しているのかを解明したい。

第2節　退職給付会計と日本型企業システム

1　退職給与引当金の会計処理

（a）　退職給与引当金に関する基本的考察

新基準が公表される以前，退職一時金の会計は，企業会計審議会から公表された「企業会計原則」および「企業会計上の個別問題に関する意見第2：退職給与引当金の設定について（以下，個別意見第2)」に基づいて行われていた。この会計基準に表現される退職給与引当金会計の計算構造観を考察するために，まず次のような設例を用いる。

【設例6-1】
　第t期末において，労働協約に基づいて支給する退職金のために，退職給与引当金を5,000,000円設定した。第t+1期中において，従業員の退職に際し，退職金1,200,000円を現金によって支払った。この従業員に対する退職給与引当

金の設定額は600,000円である。

まず,第t期末の仕訳を考えれば,次のようになる。

t期末仕訳
（借）　退職給与引当金繰入　5,000,000　　（貸）　退職給与引当金　　5,000,000
　　　（営業費用）

　この仕訳では,費用および負債の両建て計上が行われている。貸方の退職給与引当金は負債勘定であり,借方の退職給与引当金繰入は費用勘定である。企業は従業員に対して労働債務を負っているために,各年度末において退職金の支払義務が認識される。退職給与引当金は,当然,貸借対照表上負債にオン・バランスされることになる。一方,退職給与引当損（退職給与引当金繰入額）に関しては,従業員の労働提供を原因として発生した退職金費用が見積り計上されることによって,引当金の設定時において全額が費用に計上されることから,その金額が企業の利益計算に組みこまれていることになる。これは,将来において発生する可能性が高い費用を当期に負担し計上しておくことを意味しているのである[5]。

t＋1期末仕訳
（借）　退職給与引当金　　　　600,000　　（貸）　現　　　　金　　　1,200,000
　　　退　職　金　　　　　　600,000

　次に,第t＋1期における退職金の給付に関する仕訳を示そう。通常,退職金の給付時点では2つの契約が解消される。1つは,労働債務の解消である。具体的に述べれば,設例上の退職金の額である1,200,000円という労働債務が最終的に確定し,その労働債務を給付する責務が,現金による退職金の給付という行為によって消滅することになる。もう1つは,退職給付資金の経営資本との切り離し,すなわち従業員からの一種の借入に対する返済が行われることである。設例上では,1,200,000円を現金によって給付することで,企業の経

営資本から，従業員が勤続期間中に企業に貸与していた退職給付資金が明確に分離され，従業員のもとへ返還されることになる。

ところで，先ほどの設例では，引当金として計上していた金額よりも多くの退職金を給付しなければならなくなった場合を想定しており，t＋1期において新たに，費用項目である退職金600,000円が生じている。当期に，新たに退職金コストが生じてしまったのは，労働債務の見積り計算の不正確さが原因であるといえよう。そこで，引当金の見積りの正確性を考える必要があるだろう。

そもそも，引当金は期間損益計算を正しく行うという企業会計上の目的に基づいて，将来の資産の減少を合理的に見積もり，当期の負担に属する額を当期の費用または損失とする会計である。それゆえ，引当金を計上する場合には，企業会計原則の注解18[6]の文言から次のような引当金計上の諸要件が必要となる。

① 将来における特定の費用または損失であり，発生の可能性が高いこと
② その発生が当期以前の事象に起因すること
③ その金額を合理的に見積ることができること

ここで，退職給与引当金は労働が費消された時点で将来の支給義務（原因）が生じることから計上されるという通説に従って，上記の退職給与引当金計上の要件を考えてみよう。

まず，「将来における特定の費用又は損失」であるか否かに関する検討である。これに関しては，退職金の性格に関する考察が欠かせない。退職金の性格については，基本的に，賃金の後払いであるとする賃金後払説，従業員の長年の功績に対して報いようとするための功績報償説，そして老後の生活のために支給するという生活保障説の3つが存在している（個別意見第2）。個別意見第2が，賃金後払説が支配的であると指摘しつつも他の2つの説を無視することができないという立場をとっている理由は幾つか考えられる。まず，法律関係を強調する視点からは，退職金は企業が労働協約等によって退職時に給付を行わなければならないことを約定している労働債務であるととらえることができる。このような思考に基づけば，退職金は賃金の後払いであり，貸借対照表上

において本来表示されるべき法的な債務であると考える説が導かれる。この一方で，労働協約等に基づかない退職金制度を自主的に行っている場合には，賃金の後払いという法的債務の視点よりも，老後の生活保障あるいは功績報償という側面のほうが強調される。さらに，退職金の支給は従業員自身に懲戒解雇等の責が存在する場合には行われないが，賃金の後払いと一面的にみることでは，このことは説明できないことになる。

また，この個別意見第2の立場に関しては，次のような指摘もなされている。

「結論的にいえば，法的基準または法的事実を採ることは『客観性』または『確証性』という見地から会計理論上支持されるけれども，このような基準または事実のみをもって退職金費用を計上しまた退職給与引当金を設定することは適正な期間費用の計上および引当金の設定を妨げることになると考えられる。したがって必ずしも法的事実にこだわることなく広い意味における労働の経済的対価を考える後払賃金説に加えて，生産性の維持昂揚や労働力の確保および従業員の退職後における一定の生活水準の維持などを考える功績報償説ならびに生活保障説をも採り入れて，経済的事実に即した退職金費用の計上とそれにもとづく退職給与引当金の設定を図るべきであろう（新井［1968］，74頁）」。

どのような立場にせよ，将来における給付に伴って資産減少が生じることでは共通しているから，「将来における特定の費用または損失」という要件は満たされることになる。同時に，給付は従業員の退職にともなって通常発生することから「発生の可能性が高い」という要件もみたすことになる。かくて，引当金会計の第1の要件は満たされたことになる。

次に，「その発生が当期以前の事象に起因すること」という第2の要件である。退職金の性質をどのようにとらえようとも，企業によって計算される各期の負担に属する退職金の見積額は，発生費用であることは明らかである。退職金費用が，労働の費消に伴って発生するからである。問題は，その発生時期をどのようにとらえるかである。

労働の費消は当期に生じており，それに対する費用は既発生であることか

ら，通常の発生主義の解釈によれば，当期に生じて当然の費用であり将来の費用ではないこととなる。この点から，しばしば，退職給付は引当金ではなく未払費用であるという主張がなされることがある。

ところが，この費用に関する金額に対する確定は，実際に給付がなされる時点まで待たなければならない。言い換えれば，退職金の給付時には，費用が発生するのではなくて費用たる支出が確定するのであり，費用そのものは既に発生しているのである。このため，労働が費消された時点では依然として金額が不確定であり，費用を見積り計上しなければならなくなる。

したがって，これを引当金会計の枠組みで行うためには，当期の労働の費消に伴って費用原因が発生するという，一種の発生主義に対する拡大解釈が行われることになる（いわゆる原因発生主義）。このように発生主義の枠組みにおいてとらえることが可能となった退職金の算定は，保険数理計算を通じて合理的に見積もり可能であることから，第2の要件を満たすことと解されるのである。

ところで，このような不確実性の介入，つまり見積り計算の介入が避けられない引当金会計の本質からみて，前述の設例においてみられるような，労働債務に対する見積り不足が最終的に生じる可能性は避けられない問題である。このため，このような不確実性が第3の要件である「合理的な見積り」を満たすことが可能であるか否かということを検討する必要が存在する。

個別意見第2においては，退職金の見積り計算の合理性要件を満たし得る方法として2種類が採り上げられている。将来支給される退職金見積り額をもとに算出される将来支給額予測方式と，期末に全員が退職するという仮定のもとに算出される期末要支給額計上方式である。これにそれぞれの現価方式が加わって，実際には全部で4種類の債務算定方法が提示されている。

まず，将来支給額予測方式は，将来の退職金を，各期の給与支給額を基準として期間配分する方法である。この算定式では，全勤続期間の給与総額を算出するに際して将来給与に関する見積りが行われることとなる。個別意見第2においては，「この方法によった場合においては，従業員が将来退職する場合に

支給されるべき退職金及び昇給率を予測する必要があるため，高度の推定計算をとり入れなければならないので，実務においては保険数理専門家の援助が必要である（個別意見第2，4.1。注）」と説明されており，企業の経営者が単独で算定することは困難であることが明らかである。

つぎに，将来支給額予測方式の現価方式については，次の算定式によって求められる。この算定方式は，上述の将来支給額予測方式に関して，予定利率，予定脱退率等を用いて現在価値を算定し，期首の退職給与引当金に関する利子率を考慮している。予定利率，予定脱退率等の算定には基本的には統計的な手法が必須であり，この点でアクチュアリーによる計算が必要な将来支給額予測方式よりも一層高い計算技術が必要とされることになる。予測数値の使用および割引現在価値計算という2つの特徴から，将来支給額予測方式よりも見積算定数値の変動可能性が高いこととなる。

期末要支給額計上方式について見てみよう。これは，「期末現在において全従業員が退職するとした場合の退職金要支給額と前期末におけるその額との差額をもって毎期の退職金費用として計上する（個別意見第2，4.2）」算定方法である。この算定方法の特徴は，アクチュアリー計算などの複雑な計算が不要となることである。それゆえ，実務においては利用可能性の高い方法であると考えられるだろう。

ところで，この算定方法の性質に関しては，期末時点までの実際の給与を基礎として退職金を算出することから，この方法によって算出した場合には退職金額が確定しており，それに対する費用は労働の費消とともに既発生となるために，引当金ではなく未払賃金としてとらえられ得るという見解が存在する（例えば，内川［1981］，49-56頁）。この見解からすれば，原因発生主義による引当金計上は否定されるが，従業員が期末に全員退職することは仮定にすぎないから退職の時期および金額の確定を前提とする未払費用とは異なるものと解すべきであろう。

これは，退職に関する事由が自己都合かそれとも会社都合であるかはあくまでも合理的な推定に基づいており，「この割合が実際と合致しない場合には，

予測による計算上の誤差が若干生じる余地がある（個別意見第2，4.2，注）」ことからも明らかである。したがって，この方法によって算定した数値は必ずしも確定した退職金額ではないといえるだろう。

　個別意見第2では，期末要支給額計上方式の現価方式に関しても定めている。算定式には，将来支給額予測方式の現価方式同様，利子の観念が用いられている。退職金費用の算定方法が，個別意見第2において複数存在することに関しては，唯一の方法のみをもって合理的とすることが困難であり，減価償却同様に選択適用を認めるべきと考えているからである（個別意見第2，3.3）。

　このように4つの債務算定方法が示されるものの，退職給与引当金繰入額は，実務上，法人税の根本思考から導き出される累積限度基準を繰入限度額とすることが一般的であった。累積限度基準は，期末の退職給付要支給額の一定割合を累積限度額とする方法である。

　法人税法において損金算入されるものは，原則として債務の確定したものに限られるので，本来は当期の費用であっても未だに債務が確定しない引当金は課税所得の計算プロセスに算入しないはずである。しかし，企業会計において当然のものとして行われる引当金処理を本質的に否定するという根本思考を貫くことによって，期間損益計算を重視する近代会計との差が生じるために，現行の法人税においては，本来損金に算入し得ない引当金を制限的に容認することによって損金に算入されてきているのである。それゆえ，退職給与引当金に繰入限度額が示されるのはこのような法人税の根本思想の表れと解せよう。この法人税の基準を企業会計に利用することに関しては，個別意見第2で次のように述べられている。

　　「当該企業の従業員の在職年数の構成等が，現行税法基準の計算根拠と大差のない場合その他企業が退職給与引当金を独自に計算するだけの実益が認められない場合には，平均的に定められている現行法人税法の基準によることが便宜と考えられる（個別意見第2，4.3注2）」。

　個別意見第2におけるこの「便宜」という文言は，「容認し得る」という意

味であると解釈し得る。なぜなら，個別意見第2では，続けて「ただし，近い将来に大量に退職者が見込まれる場合等明らかに法人税法が定める退職給与引当金の限度額によることが妥当でないと認められる場合には，企業の実態に応じた妥当な計算に基づいて退職給与引当金を設定すべきである（注2）」と述べているためである。この規定を考慮すれば，上記のような税法規定の利用は簡便法に過ぎないことは明らかであり，退職給付債務の算定方法としての妥当性を本質的な意味で具備しているわけではないだろう。

（b） 過去勤務費用の会計処理に関する議論

　退職給付制度の新設，あるいは制度改訂の場合に生ずる過去勤務費用の会計処理はどうなっていたのだろうか。過去勤務費用は，退職給付に対する費用ではあるものの，当期勤務ではなく前期以前の勤務に基づいて発生する費用であることから，当期の勤務に基づいた，当期の負担に属する費用を見積計上する引当金会計とは別の会計処理によって費用計上がなされなければならない。個別意見第2においては，次のような会計処理を示していた。

　　「新たに退職金制度を設けた場合または退職給与規程の改訂を行った場合もしくはベースアップを行った場合には，当該退職給与引当額または退職給与引当金の修正額は，これを原則としてその期の費用として計上すべきである（個別意見第2，5）」。

　つまり，認識された当期における費用として一括に償却することが原則的な会計処理方法として示されているのである。この方法も含めて過去勤務費用の会計処理には，①全額費用計上する方法，②全額両建て経理して逐次費用化する方法，③遅延認識する方法（つまり，逐次認識する方法）のような方法が考えられる。この3つの会計処理の特性を考察するために，設例6-2に基づいて仕訳を行ってみよう。

【設例6-2】 過去勤務費用の費用計上
　t＋2期において，退職金に関して500,000円のベース・アップを行った。

まず、①の全額費用計上する方法では次のような会計処理が行われる。

仕訳

（借）過去勤務費用　　　　500,000　　　（貸）退職給与引当金　　　500,000

　この会計処理によれば、費用および債務が両建て計上される。過去勤務債務としての退職給与引当金が貸借対照表上において負債計上され、過去勤務費用が損益計算上の当期費用として処理される。これにより、当期利益は過去勤務費用に相当する額だけ圧縮されることになる。この方法がとられる会計理論的背景には、法的債務であるなら当然負債として全額を計上すべしという法律的思考の影響が考えられる。負債として全額が認識・測定されることは、借方勘定の費用に関しても当期に全額発生したものとみなすべきことになるためである。

　しかしながら、過去勤務費用は従業員の勤労意欲、定着性などを高めることにつながり、結果として企業の収益獲得力を向上させる役割を持つ効果をもたらすと考えられるので、発生年度にだけ負担させるよりも、一旦資産計上しておいて、次期以降期間配分するほうが合理的かつ理論的な会計方法であるともいえる。すなわち、第②の会計処理方法である。この仕訳は次のようになる。

仕訳

（借）繰延費用　　　　　　500,000　　　（貸）退職給与引当金　　　500,000
　　　（資産）

　さらに、翌期（t＋3期）末における繰延資産の償却（費用化）は次のような仕訳となる（5年毎期定額で償却）。

仕訳

（借）過去勤務費用　　　　100,000　　　（貸）繰延費用　　　　　　100,000

　ところで、このように会計理論的な見地と法律的見地を同時に満たす会計処理という視点から考えれば、資産計上する際に用いられる勘定は、本来、繰

延資産とすべきであるが,日本においては繰延資産が商法会計制度上制限されてきたので,実際上は前払費用(7)などの勘定によって処理することが考えられるだろう。

第3の会計処理方法は,一旦過去勤務コストすべてをオフ・バランスとしておいて,逐次認識していくという会計処理方法である。この会計処理においては,いつから償却するか,どの程度の期間で償却するかといった点において,企業に大きな裁量がもたらされることになる。したがって,ステークホルダーの利害調整に大きく影響を及ぼす恐れが存在する。

仕訳

(借) 過去勤務費用　　　　100,000　　　(貸) 退職給与引当金　　　　100,000

たとえば,償却期間を10年とし均等額によって償却を行う場合と,償却期間を3年とする場合とでは損益計算に対するインパクトは異なる。仮に,継続した償却方法が行われない場合には,利益操作の行われる可能性さえ否定できない。そこで,個別意見第2においては,退職金費用の会計処理全般に関して,合理的かつ規則的に期間配分を行うという,「継続性の原則」を規定していた（個別意見第2,3.3）のである。

2　「もう1つの資本」としての退職給与引当金の機能

「株主主権」型の典型である合衆国型の企業システムでは,企業利益の追求は,ビジネス・リスクを資本コストとして負担する株主の利益増大に結びついている。このため,合衆国企業の利潤追求に対する方向が,退職給付運営を通じて従業員効用を極大化するという退職給付運営の方向と,必ずしも軌を一にするわけではなく,株主の利益vs従業員の利益という基本的な利害対立構造が形成されることになる。本質的には,経営者は株主利益の極大化を追求し,従業員の受給権は本質的に劣位に置く構造となっているのである。ERISAは,このように劣位になりがちな従業員の権利を保護するために経営者にフィデューシャリーとしての行動規制を課していた。

これに対し，日本型企業システムは「従業員主権[8]」としてとらえることができる。ステークホルダーとしての従業員が，企業の経営に対して積極的に関心を有し，企業の利益増大を追求するのである。いうまでもなく，このような従業員の企業利潤追求は株主の利益増大にもつながるため，従業員および株主の利害関係は合衆国のような明確な対立構図にはならないことが，本質的には想定されることになる。

退職一時金制度は，このような日本型の企業システムの構造を理解する1つの鍵であると考えられる。日本では，退職一時金は引当金経理と内部積立方式によって行われてきた。退職給与引当金会計の財務的効果を考えてみれば，退職給付原資が引当金制度を通じて企業内部に留保されるので，企業経営資本の一部として利用されつづけることを指摘できる。企業は，退職給付原資を経営活動に充当することが出来るのである。このことから，退職一時金の給付原資は，一種の従業員から企業への資金貸し付けによる「隠れた出資部分」と考えられることになる。この隠れた出資に関しては，青木-奥野［1996］が次のような指摘をしている。

> 「……労働者にとって"人質"の出資は企業に対するリスク投資であり，その還付金の大きさは企業の業績に依存する。したがって"人質"のある企業の利益の一部はそれを出資している労働者のものであり，企業の業績に依存した賃金は企業のリスクと労働者のリスクを一体化させ，労働者間の相互モニターとそれによる労働のインセンティブを強める機能を持つ（131頁）」。

つまり，退職給付資金を企業の事業資金として投下運用するという行動を通じて，労働者はビジネス・リスク負担者となるのである。退職金制度を通じて，従業員が企業利益追求のインセンティブを持つことは，このように日本企業のもう1つの調達資本を生み出すためのシステムとして，企業の資本形成にも重要な役割を果しているのである。

それでは，このような日本型企業システムにおいて，経営者は株主および従業員のどちらの利益を重視するのであろうか。日本企業の企業内構造は，しば

しば会社主義という言葉によって表現される。橋本［1991］によれば，労働力の売買契約的関係を超えた共同性が存在する「企業共同体」としての日本企業においては，利潤の追求は，雇用を安定させ従業員の生活を改善するという目的達成のための手段として行われる（184-185頁）。

「……企業の共同性は，企業の外部に対して経営の自主性となる。企業集団が自主性の相互保証機能をもっていることは重大な要因なのであり，独立系の大企業が株主の安定化を図るのもこのためである。したがって，経営者は企業内から選抜されるのが原則となる。（中略）こうした『生え抜き型』の経営者は，資本所有者でもなく，経営に関する専門家，つまりアメリカ型の専門経営者でもない。経営者育成のための職業訓練，供給機構は企業外部にはないし，経営者の市場もないのであって，日本企業の経営者は経営に関する専門家なのではなく，自らの属する企業に関する専門家であるといったほうがよい。あるいは，より正しくは専門家という表現も好ましくないかもしれない。経営者の役割について『共同生活体』仮説では次のように規定するが，それは妥当なものといってよかろう。すなわち，経営者は『経営の継続のために〈経済性〉の発揮を重視し，経営体内部で権力を行使する』。しかし，この権力の行使は『構成員』に受容されなければならず，その『限界は合意の範囲で画される』。他方，経営者は『共同生活体の人格的権威を示しており，構成員の敬虔の対象である』。そして，権威が受容されるのは構成員の『共感の範囲』を限度とするというのがそれである（橋本［1991］，188-189頁）」。

確かに，多くの日本企業においては，経営者といえども従業員の中から選抜されてきている。日本のそういった企業はそのために，従業員と経営者の共同体としての性質を持つこととなり，経営者は，従業員の利益を優先する傾向を有することによって従業員の敬虔の対象となるのである。これを退職給付の利害トライアングル関係にあてはめれば，相対的には従業員効用極大化のための退職給付運用が，経営者によって指向されていたものととらえられる。

この経営者の機能は，先に指摘したような従業員主権の構造においてさらに増幅される。すなわち，生え抜き型の経営者は，退職金制度を通じて企業の利潤極大化のインセンティブを有するビジネス・リスク負担者である従業員の代

表として,従業員の利害を一層強く保証するインセンティブを持っていたのである。このような従業員主権の企業構造によって,自己の利害を保証される従業員は,いわゆる「会社主義」によって企業への忠誠心を高めることになっていたのである。

このように,退職給与引当金会計制度は,日本企業の経営に深い関わりを持って普及発展してきた。退職一時金による会計処理と会社主義における結びつきのメカニズムは,高い生産性を実現するための日本企業の要件としては,極めて合理的でかつ効率的なシステムであったと位置付けられるからである。日本においては退職給付の利害トライアングル関係が,退職一時金制度という制度を通じて,極めてユニークな従業員偏重主義の形で成立していたのである。

3　退職給付制度のシフトと日本型企業システムの揺らぎ
(a)　退職給付制度のシフト

退職給与引当金による会計処理は,これまで見たように日本型の企業システムを支援する機能を有していたのであるが,近年においては,様々な要因から退職給付資金が企業の経営資本より切り離され,「外部拠出による退職給付資金積立」によって行われる企業年金制度へと次第に移行する傾向が見られた。吉田［1992］では,このような企業年金政策の変化のプロセスに労働組合の態度変更が重要な関わり方をしていることが実証されている。それによれば,「低成長下での企業危機が深まるにつれ,労使強調が進み,体制依存への傾斜を強めていった（30頁）」ことが要因の1つとして見出せるという。

退職給与一時金から年金へのシフトは,全部で4種類存在する。その4つとは,全面的に企業年金にきりかえる全部移行,内部積立と外部積立の割合を予め決める一部移行（横割り）,特定の者についてのみ全部あるいは一部を年金化する一部移行（縦割り）,従来のものとは別に新たに制度を設ける別途新設である。

全部移行の場合,基本的には年金が給付されることになるが,中途給付の時には一時金の支給となる。全部移行の場合,従来から累積している引当金がす

べて取崩されて企業年金への拠出の義務が生じる。このとき，従来の累積引当金額が移行する年金制度の債務額より少ない場合，当然過去勤務費用が生じるだろう。つまり，シフトする時点では，引当金の取崩し，過去勤務費用の償却という2つの問題が生じる。

別途新設は，年金は年金で，一時金は一時金で給付される制度であり，新設部分の中途給付のときに一時金か給付なしかどちらかになる。別途新設の場合は，引当金の取崩し問題も過去勤務費用の問題も生じないのはいうまでもないだろう。シフト以降の期間費用を企業が適切に拠出していなかった場合でも，新設部分以外の従来の一時金はもらえる（ただし，引当金に相当する額を企業内に留保している場合に限る）ので，他のタイプに比べてそれほど大きな問題はないであろう。

横割の一部移行の場合は，どの場合でも年金と一時金をあらかじめ決めておいた割合で支給する。この場合，全員が一定割合で年金と一時金を受けることになるので，給付に関しては別途新設と基本的には類似している。ただし，移行する一部についての引当金取崩し問題と過去勤務費用の問題は生じてくる。

縦割りの一部移行の場合，企業年金として移行した部分以外はすべて従来どおり会社から一時金として支給される。この場合，特定の者について年金化するので，年金制度に移行する者に対する引当金の取崩し，過去勤務費用そして給付の変動が生じる。

重要なのは，このような退職給付制度のシフトによって退職給付資金が企業の経営資本から切り離され，日本企業の企業システムの根幹が揺るがされたことである。これは，日本企業にとっては経営に利用可能な資本が減少することを意味するはずであり，また，ステークホルダーとしての従業員にとって企業の経営に積極的に関わるインセンティブはそれだけ薄くなることを意味する。ただし，日本版ビッグ・バン以前においては，このような経営上の変化が実感されていたとはいえない。その要因は幾つか考えられるが，最も大切なことは企業年金会計が制度化されていなかったことである。退職一時金制度のもとでは制度資産の使途に対する会計上の拘束はなかったことに加え，年金会計に関

する詳細な規定が制度化されていなかったことによって，外部拠出型年金制度へ切り替わることが，企業にどの程度有利・不利をもたらすのか等の重要な情報の開示が妨げられ，結果的にステークホルダーである経営者，従業員および株主に対する警告が遅れたのである。

（b） 退職給与引当金会計および企業年金会計の相違

拠出企業の退職給付会計では，拠出企業が負うべき退職給付コストおよびベネフィットをどのように測定するのかという点が問題となる。退職一時金制度における会計処理と年金会計とで大きく異なっていた点は，退職給付債務の測定と費用計上のタイミング，過去勤務債務の処理である。以下ではこの点について検討しよう。

まず，1つめの退職給付債務の測定に関する相違を考えてみよう。企業が負担すべき退職給付コストは，退職給付債務として測定されるが，この測定方法が統一されていなかった。退職給与引当金では，既に検討したように，将来支給額予測方式，期末要支給額方式およびそれぞれの現価方式，場合によっては税法基準によって退職給付コストが計算されていた。これに対し，企業年金会計[9]では，加入年齢方式を割引くことによって算出された年金債務と将来の収入金額を割引計算した総収入現価との差額を責任準備金とし，それを企業年金コスト[10]算定に関わらせていた。責任準備金は，将来のキャッシュ・アウトフローに必要な掛金収入の割引現価として，厚生年金基金の責任で徴収すべき額であり，同時に企業にとって必要となる退職給付コストを意味する。

このような，退職給付コストの直接的な測定と間接的な測定との間には互換性がないことは明らかである。退職給与引当金の場合には，合理的に見積ることができ，発生の可能性が高いという意味で信頼性が存在するが，予測された債務と予測された収入現価の差額概念である責任準備金概念には十分な信頼性があるとはいえないからである。実際，従来の責任準備金概念は，予定利率等を固定するなど硬直的な数値算定を行っていたために見積数値としては実態から乖離し精度に欠ける傾向にあった。

また，退職給与引当金という債務概念は貸借対照表に負債計上されるため

に，将来のキャッシュ・アウトフローの情報としての意味を有するが，企業年金会計の場合には年金負債が計上されないばかりか，責任準備金という間接的な見積り数値を利用することによって企業が将来のキャッシュ・アウトフローを十分に把握し得ないことになるという問題を抱えていた。退職一時金と企業年金のこのような会計処理の相違は，年金基金の運営においても投資目標となる債務概念が明確でないことを意味するから，退職給付システムにおける投資活動が適正に行われない可能性も存在していたのである。

両制度の相違を理解するポイントの2つ目は，費用計上のタイミングである。退職給与引当金会計においては，①期末における条件付き債務の認識と，②期中の役務提供に起因した発生費用の見積り計上という2つの側面からなるプロセスによって，従業員の当期の役務提供に見合った費用が発生主義によって計上された。その一方で，企業年金会計では，年金基金によって決定された拠出額をそのまま期間費用とする会計処理が行われていた。この会計処理を考えよう。

仕訳
　　（借）年金費用　　　　　×××　　（貸）現　　金　　　　　×××

問題となるのは，期間費用額が実際にどれだけ発生していようとも拠出額と等しい額だけが費用計上されたことである。たとえば，当期に発生基準によって100,000の費用を計上しなければならなかったとしても，現金拠出が60,000しか行われなかった場合には，40,000の費用が未計上のままになってしまうのである。さらに，通常であれば，未計上の部分は年金負債として貸借対照表に計上されるべきであるが，それも行われていなかった。

退職給与引当金会計にせよ企業年金会計にせよ，労働者が役務提供を期中に行っているという事実に変わりはないのであるから，一方ではそれに見合った費用額を発生主義的に認識し，もう一方では把握しないというのでは会計理論的にみて整合性が取れない。この点にも，制度上の不備があったのである。

さらに，過去勤務債務の問題もある。給与のベース・アップ等によって生じ

た過去勤務債務は，過去勤務コストとして拠出企業が負担するべき性質を有する。この過去勤務コストの認識・測定と計上の問題は，制度によって規定が異なっていた。既に検討したように，退職一時金制度の場合には，どのような費用計上が採られるべきかについては明示的な規定がなく，それゆえ費用計上面の比較可能性を求めることが困難であった。企業年金会計も会計基準が存在しなかったためにこの処理が統一されていなかった。

このように，金額的にも質的にも重要性が高い退職給付費用計上の統一性がない状況において，経営者が恣意的に報告利益操作を行う余地が多分に存在していたことは明らかである。そうであるならば，算定された報告利益が分配指標としてもまた投資のための業績指標としても正しく機能しないという不適切な状態が退職給付会計基準の設定まで続いていたことになるのである。

4 年金基金の会計問題

年金基金会計規制の不備については，内外の様々な機関において検討が行われていた。とりわけ，厚生年金基金連合会では，責任準備金算定のための年金債務算定，制度資産の評価に関して幾つかのプロジェクトが組まれている。なかでも，年金数理懇談会と資産運用専門委員会の2つのプロジェクトは，基金運営と会計システムの関係を考察するものとして注目に値する。

年金数理懇談会（以下，数理懇）では，厚生年金基金の年金財政の評価方法につき，1990年（平成2年）11月から検討を行い，『厚生年金基金の年金財政の評価方法について ── 年金財政における資産の数理的評価と割引率 ──』をとりまとめている。一方，厚生年金基金連合会の資産運用専門委員会は，年金基金会計における年金資産および年金負債の評価が，資産運用上の問題を引き起こしていることに対し，『年金資産評価の今後のあり方について ── 時価・簿価問題の解決のために ──』という報告書において「単年度実現益指向を生み出すメカニズムとその弊害」という指摘をしている。この2つのプロジェクトでは，基金の運営に関して資産および債務評価の検討が重要な役割を果すと考えられている（厚生年金連合会［1994a］，10-11頁および厚生年金基金連

合会［1994 b］4-7頁）。

　年金基金の資産および債務の評価に関して考える場合，経済活動あるいは経済事象そのものにおける価格決定を考察し，会計上の評価を考える必要がある。当時の年金基金会計では，原価＝実現基準の枠組みのもと，費用を発生基準に基づいて支出時の対価により測定し，収益を実現基準によって測定する利益計算体系，すなわち原価主義が採用されていた。この計算体系では，実現利益の算定が重視されるため，投資活動その他の運営活動が，期末における余剰計算と財政再計算を想定して行われる傾向を強く有していた。つまり，従業員と株主の効用をそれぞれ考慮して，望ましい投資政策が採られるべきであるのに，実現利益の達成という制度会計上の目的が優先されることで，このような本来の目的が歪められてしまう構造であったといえよう。

　数理懇はその後，1995年（平成7年）6月に，『年金数理懇談会第2検討部会専門委員会報告書 ── 厚生年金基金の新しい財政運営の提案 ──』を公表している。そこでは，基金が自己責任原則のもとで自主的な財政運営を行うことを前提とし，受給権保護の視点を中心に財政運営全般にわたる将来像を検討している。提案の最も重要な点は，企業年金の計算要素に変動可能性が内在していることを認識し，受給権の確保という目的のために基金財政を健全化するには，リスク管理の手法が必要であると指摘していることである。それゆえ，継続的な水準からの積立水準，最低保証額の検証だけでなく，解散時にその水準が維持し得るのかを検証することが重要視されている。

　このリスク管理に際しては，現代投資理論（MPT）のような高度に理論的な知識を前提とした管理手法が必要であるので，保険数理人によるコンサルティングの強化の必要性が存在する。これに対しては次の2つが提言されている。第1に，保険数理人がコンサルティングを行い得るような環境を構築することが必要とされている。第2に，保険数理の専門家のスキル向上を大学教育レベル等において行い，広範に普及させることが必要であるとされているのである。いうまでもなく，これは退職給付会計システムの信頼性付与の構造に関わる重要な問題である。

さらに、数理懇が健全な年金財政の確立のためには、法律面の整備が必要であると明言していることは重要である。これは、各経済主体が未だ自律的な機能を果し得るレベルの年金環境に到達していないことを考慮し、慣習レベルで自律的に財政運営の健全化をすることが困難であるものと判断したことが背景にあるだろう。利害関係を適正に構築する上でも、この点は重要な論点である。

結局のところ、厚生年金基金の運営目標を従業員の給付確保に向けることによって、高度なリスク・マネジメントに基づく効率の良い年金制度資産運用および年金債務の管理を行いうる環境を整備し、企業が退職給付コストおよび退職給付ベネフィットを適正に測定できるシステムの整備が、日本版ビッグ・バン以前の段階で必要とされていたのである。

第3節　日本の退職給付会計システムの構造分析

1　利害バランスと退職給付会計

さて、前節の状況に対して日本版ビッグ・バンが行われたことはこれまで何度か指摘している通りである。いうまでもなく、日本版ビッグ・バンは資本市場の停滞を改善するために、株主重視型の経営への転換を政策的なレベルで実現しようと試みたものである。その大まかな流れの変化を、退職給付システムの利害バランスという視点から考えると、図表6-1のように示すことができるだろう。

退職給付制度には、退職一時金制度、適格年金制度、厚生年金基金制度の3つの種類が存在しているが、日本版ビッグ・バン以前においては、図表6-1①に示されているように、日本型の企業システムの特徴である従業員重視型の利害関係が構築されていた。それを強固なものとするシステムとして、退職一時金の普及を背景とした退職給与引当金会計が存在していたことを忘れてはならないだろう。引当金を通じての内部積立方式においては、経営資本から退職給与資金が分離されないために、退職給付の資金が経営資本の一環となり続け

図表 6-1　日本における利害バランス

① 日本版ビッグ・バン以前

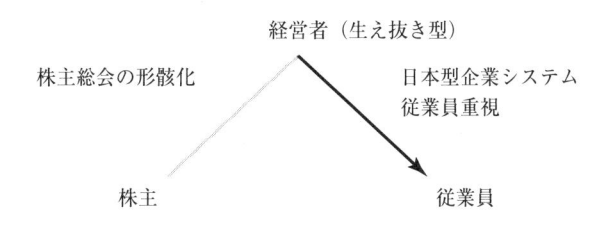

```
              経営者（生え抜き型）
   株主総会の形骸化        日本型企業システム
                         従業員重視

        株主              従業員
```

② 日本版ビッグ・バン以後

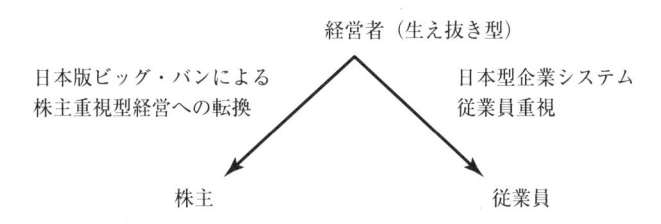

```
              経営者（生え抜き型）
  日本版ビッグ・バンによる      日本型企業システム
  株主重視型経営への転換       従業員重視

        株主              従業員
```

る。それゆえ，この制度の場合には，制度運営よりもむしろ共同体としての企業利益の追求に主眼がおかれる構造になったのである。つまり，内部積立型の一時金と引当金会計が結びつくことで，企業に「もう一つの資本」である退職給付資金がもたらされ，利潤追求に対する従業員と企業の方向性の一致が見られたことになる。

ところで，日本版ビッグ・バンによって，図表6-1の②のように合衆国のような株主価値最大化を指向するシステムへと変貌を遂げることで，このような従業員重視の企業システムは，どのように変化したのであろうか。日本版ビッグ・バン後において，退職給付会計システムの利害関係がどのようになったのかを表したのが図表6-2である。①は退職一時金制度，②は厚生年金基金制度，③は適格年金制度と退職給付の財務報告との関係を表している。

①から③それぞれにおいて，$S1$は株主の効用極大化のための戦略が，$E1$は従業員効用極大化のための戦略が示されている。

図表 6-2　日本版ビッグ・バン後の退職給付と財務報告

① 退職一時金制度の利害調整構造

経営者［生え抜き型］
S1　E1
引当金会計による内部積立
企業利益極大化

日本版ビッグ・バンによる投資家重視の経営への転換

従業員重視の企業システム
従業員主権

拠出企業の財務報告
退職給付会計基準

株　主
財務報告書の利用者 ── 利害の調整 ── 従業員
財務報告書の利用者

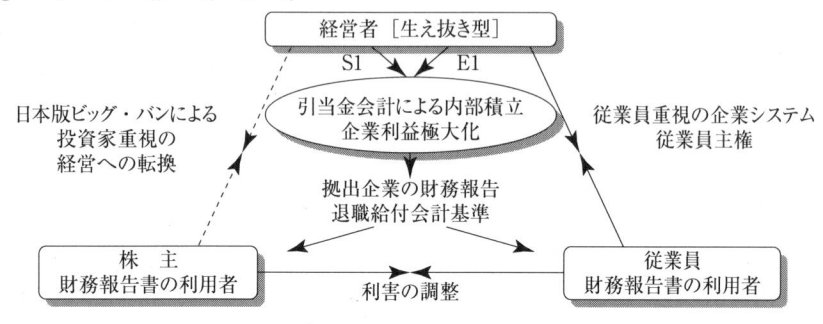

② 厚生年金基金制度の利害調整構造

経営者［生え抜き型］
S1　E1
投資政策
エンティティーの分離
年金基金（特殊法人）

日本版ビッグ・バンによる投資家重視の経営への転換

従業員重視の企業システム
従業員主権

HRMの情報　　ALMの情報

拠出企業の財務報告
退職給付会計基準

制度の財務報告
財政運営基準

株　主
財務報告書の利用者 ── 利害の調整 ── 従業員
財務報告書の利用者

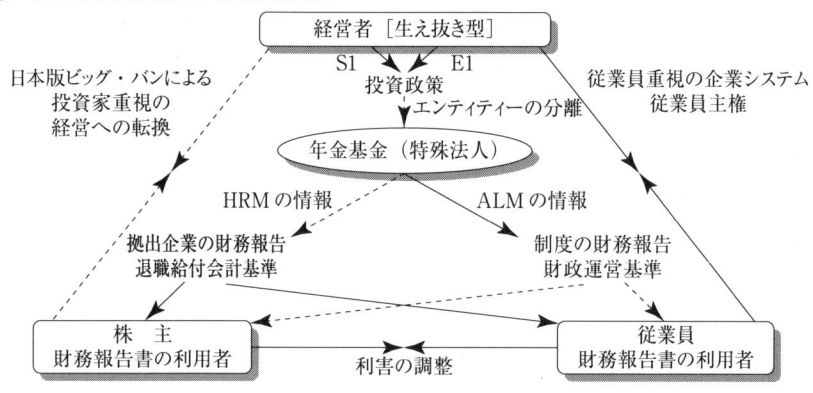

③ 適格年金制度の利害調整構造

経営者［生え抜き型］
S1　E1
投資政策
エンティティーの未分化
年金運営活動

日本版ビッグ・バンによる投資家重視の経営への転換

従業員重視の企業システム
従業員主権

HRMの情報　　ALMの情報

拠出企業の財務報告
退職給付会計基準

制度の財務報告

株　主
財務報告書の利用者 ── 利害の調整 ── 従業員
財務報告書の利用者

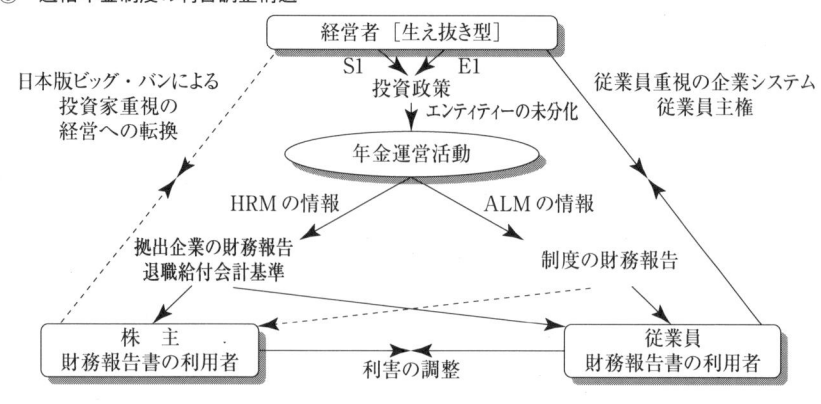

まず、図表6-2の①、すなわち、退職一時金制度の利害調整構造について考えてみよう。この制度に関しては、ステークホルダーに対する退職給付会計情報の開示は、唯一、拠出企業の財務報告によって行われることになる。なぜなら、退職給付資金は内部積立によって企業内に累積する仕組みになっており、その資金をどのように運用しているかという情報は、その資金を経営にどのように利用しているのかという点で企業の財務諸表に組み込まれているからである。そういった意味からすれば、退職給付引当金として貸借対照表へ累積する額については従業員の権利を表しているが、問題となるのは、内部積立された退職給付の資金がどのように運用されているのかが、経営資金と未分離になっていることで、区別が難しくなっていることであろう。この点に関しては、日本版ビッグ・バン前と何ら変化がないように思われる。

しかしながら、退職給与引当金というビッグ・バン前の概念においては、退職給付債務概念が将来支給額予測方式、期末要支給額方式およびそれぞれの現価方式が規定されていたのに対し、新基準に規定される保険数理法は、従業員が労働役務を提供するにしたがって退職給付が積立てられていくことを想定する発生給付積増方式（accrued benefit cost method）となっている。将来支給額予測方式の現価方式だけは比較的近い概念であるが、他は異なる債務概念なのである。特に、期末要支給額方式は、現在の給与水準をベースに退職給付債務を算定するものであることからまったく異なる債務概念としてとらえる必要があるだろう。これは、同じく期末要支給額をベースに算定される税法基準による場合にも当てはまる。退職一時金制度の場合には、新会計制度に移行する際に従来よりも多くの引当金が計上される必要が生じることになる。そうであるならば、先ほど述べたような経営資金と退職給付の運営資金との峻別の問題はより一層大きなものとして考えられなければならない状況になっていることが指摘できるのではないだろうか。

それでは次に、企業年金の2つの制度を考えよう。企業年金の場合には外部拠出になるので、退職給付資金は金融投資による利殖という明確な目的を与えられて、企業経営資本の循環過程から分離されることになる。これを前提とし

ながらも，厚生年金基金制度も適格年金制度もともに確定給付型の年金制度であるので，企業は退職給付履行に至るまでの財務リスクを負担することとなる。このために，ステークホルダーに対して，退職給付の運営活動そのものの情報を提供すること以外に，退職給付運営の財務負担に関わる情報が拠出企業の財務報告においてディスクローズする必要が生じるのである。

企業の利潤計算体系と年金基金の財政計算の体系は，本質的には異なるから，両者は別々に財務報告を作る必要が存在するか否かが議論されることになる。確定給付年金制度の財政計算においては，従業員効用極大化を目標とするサープラス・マネジメントの思考に基づいて，年金資産を公正価値で評価しかつ年金債務を割引現在価値で評価することが求められる。

これに対し，企業の利潤計算体系では，様々なステークホルダーに対して分配指標となりかつ業績指標となり得る報告利益を計算することが求められる。したがって，企業の財務報告書において表現すべき退職給付会計は，退職給付の運営活動そのものではなく，企業経営者に関わりを持つ退職給付コストおよびベネフィットの企業利益計算に対する「ネットのインパクト」であることが要請されるのである。以上のように確定給付制度の運営に関する描写は二元的に財務報告される方向に財務報告が整備されていくが，これについては，厚生年金基金制度と適格年金制度とでは若干異なっている。

まず，厚生年金基金制度の場合には，図表6-2の②のような財務報告システムが構築される。この最大の特徴は，年金基金が別法人として存在していることである。つまり，経営者が株主効用極大化および従業員効用極大化の両者を考慮して導いた投資政策を，一旦別法人である厚生年金基金に伝達し，基金が企業経営とは全く独立に運営活動を行うのである。

新基準以前には，この描写が適正に行われるための規制が，会計制度によって示されていなかった。基金には責任準備金という目標が課されていたが，その算定方法と計算要素である資産・負債の評価という2つの問題からこの責任準備金の金額が実態から乖離し機能していなかったのである。

これに対し，1997年の「厚生年金基金の財政運営について（以下，財政運営

基準)」では，健全で安定的な基金の財政運営を行い，受給権を保護することが主題とされた。当該通知は，それまで個々に出されていた通知および問題点が1つに取りまとめられ，包括的視点から改正が行われている。年金財政上もっとも特徴的なのは，収益および費用の認識を原則として発生主義によることを定めている点である（財政運営基準，第3の1(1)）。これにより，基金の掛金等を徴収する権利が発生した時点，および給付の支払義務発生時点での収益認識が可能となったのである。

次に，資産および債務の評価に関しても変更が加えられた。資産の場合，これまでは，取得原価によって評価されていたが，これが改められ，時価を基準とした評価を行わなければならなくなった。具体的には，「時価を基準としつつその短期的な変動を平滑化する数理的評価[11]による方式，その数理的評価額と時価のいずれか低い方の額による方式または時価による方式のいずれか（財政運営基準，第3の2(2)ア）」によって評価されなければならない。この際，平滑化の方法においてはその期間を5年以内とすることが定められている（同，第3の2(2)イ）。

年金債務に関しては，合衆国と同様の算定方法である予測単位積増方式が算定方法の選択肢に加わることとなった。また，利子率に関しても5.5%という硬直的な固定化されたレートが改められたほか，予定脱退率等の変動的計算パラメータに関しては，年金数理人等のアドバイスを受けること，統計的な裏付け，十分な情報開示を前提に実態を反映した数値を利用できることとなっている（財政運営基準，第3の3(2)ア）。

基金運営においては，従業員に対する給付確保が第1の目標とされているはずであり，その点からすれば，財政運営基準による年金基金の財政計算に関するディスクロージャー規制は，従業員効用極大化を強く指向するものであると考えられよう。年金資産の運用状況は日々変動し，従来長期的に投資することを主眼としている年金基金も，資産価格の形成状況を鑑みて，適宜ポートフォリオの変更等を行う必要に迫られている。こうした状況を背景としているからこそ，発生基準をベースとした，時価＝発生主義のフレームワークに基づくデ

ィスクロージャーが社会的な制度として求められることとなる。

　この一方で，新基準による財務報告規制は拠出企業にしか適用されないという問題も生じている。つまり，基金に関しては，いわゆる縦割り行政の弊害により，財務報告による規制がなされるわけではない。したがって，新基準の適用を受けて公表されるのは，拠出企業の立場からの退職給付運営に関する情報のみになる。

　結局，日本版ビッグ・バン後の厚生年金基金の財務報告では，拠出企業の財務報告については「退職給付に係る会計基準」によってHRMの情報がディスクローズされるのに対し，年金基金の場合には財務報告ではなく，「財政運営基準」に従ってALMの情報がディスクローズされることになるのである。

　最後に適格年金制度について考えてみよう。適格年金の財務報告は，図表6-2の③のように示される。厚生年金基金と大きく異なるのは，年金基金が拠出企業から別法人として明確に分離されないことである。また，本制度は厚生年金基金と異なり，税制上の特典を受けるための制度に過ぎないから，財政運営基準のような制度の財務報告に関するディスクロージャー規定が存在しておらず，制度の財務報告に関しては，厚生年金基金の場合に比べて不明確なシステムとなっている。この点で，上述の2つの制度に比して，利害調整のバランスを自律的に保ちにくい構造であるといえるだろう。この制度に関しては，「確定給付企業年金法」（平成13年法律第50号）の制定により新設が認められなくなり，既存のものは10年間の経過期間内に他の制度への移行をする旨が決定されている。

　以上の検討から，退職一時金制度については，基本的な利害関係に変化は生じないので，従業員主権の企業システムを日本版ビッグ・バン後もとり得る可能性が存在していることが明らかになった。それでは，企業年金制度はどうであろうか。新しい基準を拠出企業に適用すれば，外部積立型による年金制度は「もう一つの資本」を提供しないことがステークホルダーに明示されるので，ごく表面的に考えれば，従業員の企業への貢献を誘発せず，日本型の企業システムの特徴を反映しがたい構造となると考えられる。

無論，退職給付会計の適用により給付責任を企業に義務づけたことによって，従業員は給付に対する1つの保証を得たと考えれば，日本企業システムの従業員主権を崩すような問題は生じないとも解釈することができるだろう。

　しかしながら，日本版ビッグ・バン自体が有している大きな命題が，日本企業の合衆国型への転換であることを考え合わせれば，退職給付の利害バランスの変容に基づいてこのような企業システムが存続不可能になることは妨げられない。それは，この変容によって将来の潜在的な株主をも含めて株主重視型経営を目指すという目的と，従業員に対する給付を履行するという目的の2つが経営者に明示されたからである。

　特に，労使関係においては，従業員のためのコスト負担が企業の業績を圧迫するというネガティブな関係にあることが明示され，従来の労使協調関係が崩れる可能性を有するようになってきた。例えば，ステークホルダーとしての株主の立場に立てば，退職給付コストを出来るだけ負担しないような退職給付政策をとることが望まれるから，例えば，給付削減，制度の変更，あるいは制度の廃止などといった従業員の利害を損ねる方向性を経営上指向する可能性が高い。そうなれば，従業員の労働インセンティブは低下し，生産性を上げることはおろか，企業に対する忠誠心さえも失うことになりかねないだろう。より踏み込んで述べれば，労使の対立関係が明示されることで，株主重視の姿勢が相対的に高まる可能性も考えられ，そういった意味からすれば，経営者は，退職給付システムの運営において従業員重視の姿勢を後退させざるを得ないのである。

2　退職給付会計基準による測定と報告
（a）　計算構造の概要

　退職給付会計基準では，退職一時金および企業年金を労働債務という共通項によって把握し，それぞれの制度において生じた債務とコストの問題を一元的にとらえている。

仕訳

（借）　退職給付費用　　　×××　　（貸）　退職給付引当金　　×××
　　　　（費用）　　　　　　　　　　　　　（負債）

　この仕訳を導く退職給付会計のフレームワークは図表6-3の通りである。以下ではこのフレームワークをもとに，退職給付会計基準の計算構造を検討する。その際，この会計基準の補完的役割をしている日本公認会計士協会の実務指針（以下，JICPA実務指針とする）も合わせて検討する。

　図表6-3に示したように，退職給付の会計処理は，退職給付の制度資産と退職給付債務を算定することからはじまる。特に退職給付債務の算定に関しては，退職一時金の会計処理においても企業年金会計処理においても同一の基準で算定される。

　まず，退職給付債務は次の規定から，割引現在価値によって計算される。

　　「退職給付債務とは，一定の期間にわたり労働を提供したこと等の事由に基づいて，退職以後に従業員に支給される給付のうち認識時点までに発生していると認められるものをいい，割引計算により測定される（新基準一，1）」。

　注意すべきは，退職一時金制度は内部積立によって行われ，年金制度は基本的に外部積立によって行われることから，同じ退職給付債務でも，引当金として計上される部分が異なっていることである（中村（文）[1999]，95頁）。

　もともと，日本において慣行的に行われていた退職一時金は，①支出の後期性，②費用原因の当期性，③計上の合理性，という特徴がある（新井[1991]，123頁）。日本の企業会計においては，この特徴が引当金概念に合致することを根拠として，退職給与引当金としての計上が認められてきた[12]。毎期の会計処理に基づいて退職給与引当金が計上され，同額の資産が企業内に留保されるために，結果的に退職一時金の総額が累積として貸借対照表にオン・バランスされることになる。

　一方，年金制度では，年金資金の信託契約あるいは保険契約による外部委託が行われるために，拠出という形で企業外に資金が流出し企業の外部に積立

図表 6-3　退職給付会計基準の計算フレームワーク

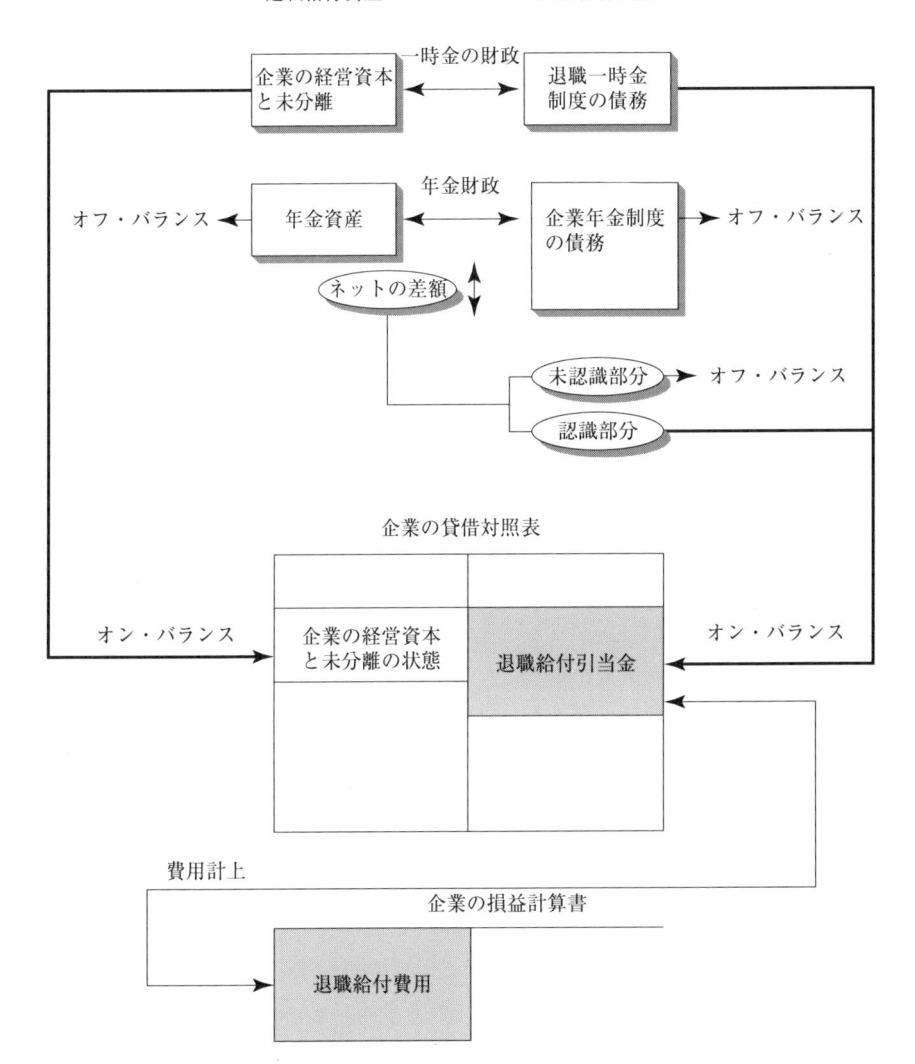

られる。信託の法理に基づけば，資金拠出の時点で，信託財産の所有権が受託者に移るので，法律上は企業の資産ではなく，この点からすれば，基本的にその信託財産は企業資産として計上しえない。したがって，年金債務のうち企業の退職給付コストとしての部分だけが企業の利潤計算に関わってくることとなる。新基準によって引当金計上される年金負債は，将来の年金給付額の総額としての累積ではなく，あくまで，発生した年金コストおよび積立不足に関する見積もり額である。つまり，退職給付引当金としての計上金額は，一時金の累積的な数値と外部拠出すべき年金コストとの混合した数値となり，退職給付債務の総額を表すわけではない。

次に，退職給付資産に目を転じてみよう。退職給付資産には，以上のような両会計領域の性質の違いから，2つの種類が存在することとなる。まず1つめは，退職一時金の場合の資産であり，これは引当金の計上というプロセスを通じて企業内に累積される。いま1つは，「企業年金制度に基づき退職給付に充てるために積立てられている（新基準一，2）」年金資産[13]である。

退職一時金の場合には，それが引当金によって企業内に留保され，企業の経営資本と未分化の状態におかれることから，貸借対照表にオン・バランスされる。これに対し，年金資産の場合には年金負債としての引当金額を算定する際に間接的に関わるだけで，基本的にはオフ・バランスとなる。つまり，退職給付資産の会計処理に関しては，退職給付債務のように統一されてはいないのである。この点を理解することが，退職給付会計の計算構造を把握する重要な点となると思われる。

(b) 退職給付会計基準における負債計上

退職給付会計基準では，負債の計上について次のように規定している。

「退職給付債務に未認識過去勤務及び未認識数理計算上の差異を加減した額から年金資産の額を控除した額を退職給付に係る負債として計上する。ただし，年金資産については，その額が企業年金制度に係る退職給付債務に当該企業年金制度に係る未認識過去勤務債務及び未認識数理計算上の差異を加減した額を超える場合には，当該超過額を退職給付債務から控除することはできないものとし，前払

年金費用として処理するものとする（新基準二，1）。」

　退職給付負債は，基本的には退職一時金制度の債務と年金債務および年金資産の差によって算定されるネットの差額である。ただ，この場合において特徴的なのは，資産超過によるマイナスのコストの計上について2つの会計処理を規定している点である。1つは，拠出済みの掛金が現時点の退職給付債務を上回る場合に認識される，掛金の超過払込部分の会計処理である。新基準においては，これを前払費用として計上することとしている。もう1つは，運用収益が期待収益を上回ることで生じた数理的な差異や，給付水準の引き下げによって退職給付債務が減少する場合の会計処理である。新基準においては，この場合には年金資産の超過分を未認識とすることが規定されている（新基準，注1の1）。

　ところで，既に合衆国の場合において検討したように，ネットの差額には基本的に2つの源泉が存在している。1つは，過去勤務費用や数理上の誤差である。いま1つは，運営活動に基づく本質的な積立不足の部分である[14]。これらは，図表6-3において示したように，未認識の項目としてオフ・バランスになる部分と，認識されてオン・バランスされる部分とに分かれる。退職給付会計基準の場合には，過去勤務費用や数理上の誤差は未認識の項目となる。この過去勤務費用をはじめとする項目の遅延認識は，日本の退職給付会計基準の大きな特徴の1つである。

　もう1つ，重要な特徴が存在する。退職給付債務の測定には保険数理法として予測給付債務（PBO）を用いることとされていることである。新基準二の2(1)によれば，退職給付債務は，「退職時に見込まれる退職給付の総額のうち期末までに発生していると認められる額を一定の割引率及び予想される退職時から現在までの期間に基づき割引いて計算」することと規定されている。いうまでもなく，PBOは将来の昇給に関する予測数値を加味して算出した割引現在価値であり，ABOよりも金額面では多額なため，変動性の点で一層大きな可能性を内包することとなる。

このように，多額でかつ変動的な金額が負債計上にともなって利潤計算に介入するのであるから，日本企業の利潤計算にはこれまでにない問題が生じてくる。多くの変動パラメータを事前に，より正確に予測する必要である。ただ，日本の会計基準では，このような変動性を極小化するための措置も講じている。たとえば，次の割引率の規定を見てほしい。

> 「退職給付債務の計算における割引率は，安全性の高い長期の債券の利回りを基礎として決定しなければならない（新基準二，2の（4））」。

長期の債券の利子率は，年金運用上は安全な資産運用を目的とするパッシブ運用のベンチマークとなっていることで，最低限安全な資産運用を行った場合を想定した割引現在価値計算が想定されていることが明らかである。この点からすれば，現実的な視点を大きく乖離するような退職給付債務が算定されるリスクは軽減されるであろう。この安全な債券の利回りは，新基準の注6によれば一定期間の変動を考慮することとなっているが，この期間がどのくらいであるのかについては，基準自体は規定しておらず，この点はJICPA実務指針を参照することとなる。同指針によれば，一定期間とはおおむね5年以内のことをいうものとされており，平均値だけには限られていない点（JICPA実務指針11）にも注意が必要である。

(c) 退職給付会計基準の年金費用計上

退職給付費用に関して，新基準は次のように規定している。

> 「当期の勤務費用及び利息費用は退職給付費用として処理し，企業年金制度を採用している場合には，年金資産に係る当期の期待運用収益相当額を差し引くものとする。なお，過去勤務債務及び数理計算上の差異に係る費用処理額は退職給付費用に含まれるものとする（新基準三，1）」。

合衆国の場合と同様に，退職給付費用の構成要素には，勤務費用，利息費用，償却費用および期待収益率が含まれている。勤務費用および利息費用は，PBOから算定されるコスト増加要因である。これらは保険数理法であるので，

割引率等の仮定のおき方によってその算定数値が大きく異なるという特徴を持っている。

　例えば，勤務費用は「退職給付見込み額のうち当期に発生したと認められる額を一定の割引率及び残存勤務期間に基づき割り引いて計算する（新基準三, 2（1））」こととされており，利息費用は，「期首の退職給付債務に割引率を乗じて計算する（同上三, 2（2））」こととなっているので，どの割引率を選択するかによってコストの額が異なってくることになる。

　期待収益率は，反対にコスト減少要因である。この数値は，基本的にはリターンの見込みとして見積られるものである（同上三, 2（3））。JICPA実務指針では，この期待運用収益率に関して「保有している年金資産のポートフォリオ，過去の運用実績，運用方針及び市場の動向等を考慮して算定する（JICPA実務指針12）」ものとしており，この点では経営者の主観が介入し，割引率同様の変動可能性が生じることになる。このように期間退職給付費用は，2つのコスト要因から算出される変動的な数値となるのである。

　ところで，退職給付コストの1つである，過去勤務債務の会計処理に関しては，次のような規定がおかれている。

> 「過去勤務債務及び数理計算上の差異は，原則として，各期の発生額について平均残存勤務期間以内の一定の年数で按分した額を毎期費用処理しなければならない（新基準三, 2,（4））」。

　先述したように，過去勤務債務等は年金コストの1つとして処理が行われるのであるが，このコストの認識は，基本的には遅延認識によって処理されることとなる。

　つまり，これらの債務を一旦オフバランスとし，一定期間で償却することが可能なのである。会計基準変更時差異に関しても，15年以内の一定期間で均等に償却することが認められている。このような会計処理は，これらの計上が損益計算に対して強いインパクトを有していることを考慮して設けられていると考えられよう。すなわち，先述したように，合衆国の場合は無形資産の計上

等を通じて損益計算へのインパクトを減ずる工夫がなされているのに対し，日本ではこのような無形資産の計上が理論上困難であることから合衆国のような会計処理が行えないのであり，そうであるからこそ，このダイレクトな損益への影響を緩和する措置が必携とされたのである。

このような計算構造上の特徴から，新基準が純粋・理論的にのみ設定されたものでないことは明らかである。実際，企業会計審議会の企業年金部会の議事要旨等をみても，厚生年金基金の代行部分の存在や，国際会計の動向，情報利用者の利便性といった観点から遅延認識が行われた経過が示されており，そのような点からトップダウン型の社会的会計選択が行われた結果としての産物であるといえるのである。そうであるからこそ，会計基準に代替的会計処理を多く認め，利害調整の機能を私的会計選択のレベルに委ねているのである。

しかしながらこのように広範な代替的会計処理が認められていることに伴って，少なくとも2つの問題がクローズ・アップされることとなる。1つは，企業間の業績比較が困難になることである。もう1つは，会計方針の変更に伴う会計数値の変動が大きくなる可能性を有していることである。特に後段の会計方針の変更に関しては，その乱用による会計数値の操作を防ぐために，退職給付会計基準およびJICPA実務指針で基礎率の見直し等に関する規定を設けている。

新基準の注10によれば，基礎率を見直すか否かの基準となるのは重要性である。ところがこの重要性に関して，新基準は詳細を規定していない。そこで，JICPA実務指針における規定に，この重要性の基準がどこにあるのかを求める必要がある。まず実務指針18では，割引率に関する重要な影響が述べられている。それによれば，退職給付債務の算定に際し，前期末の割引率を用いた場合と当期末の割引率を用いた場合と比べて10%以上変動することが，重要性の判断の基準となっている。同じく実務指針19では，期待運用収益率の変更の基準を損益計算への影響の度合いにおいている。さらに，その他の基礎率の重要性に関しては，実務指針20において，年金財政再計算時の見直しを強制的に反映させるほかは，企業固有の実績に照らし合わせて見直しを判断

し得ることとしている。
(d) 計算構造の特徴と注記による開示事項

以上のように，新基準によって想定される利潤計算構造には，退職給付債務および退職給付資産が直接的に関わるのではなく，間接的に関わることとなる。制度全体の姿が財務報告においては明確に表現されにくい。それゆえ，退職給付会計基準において次のような事項を開示することが要求されている（新基準六）。

① 企業の採用する退職給付制度
② 退職給付債務等の内容
　（1） 退職給付債務及びその内訳
　　a 退職給付債務
　　b 年金資産
　　c 前払年金費用
　　d 退職給付引当金
　　e 未認識過去勤務債務
　　f 未認識数理計算上の差異
　　g その他（会計基準変更時差異の未処理額）
　（2） 退職給付費用の内訳
　　a 勤務費用
　　b 利息費用
　　c 期待運用収益
　　d 過去勤務債務の費用処理額
　　e 数理計算上の差異の費用処理額
　　f その他（会計基準変更時差異の費用処理額，臨時に支払った割増退職金等）
　（3） 退職給付債務等の計算基礎
　　a 割引率，期待運用収益率
　　b 退職給付見込額の期間配分方法

c 過去勤務債務の処理年数
d 数理計算上の差異の処理年数
e その他（会計基準変更時差異の処理年数，実際運用収益等）

　これらの開示事項は，いずれも将来のキャッシュ・フローに対する予測情報として重要であることが合衆国等の先行的事例において証明されてきている。過去勤務費用および数理差異に関しては基本的にオフ・バランスとなるために，この脚注による開示がある意味では生命線ともなっているといえるだろう。この脚注によって，利害関係者は，過去勤務費用に関する会計処理の状況と将来のキャッシュ・アウトフロー情報を理解しなければならないからである。

3　信頼性付与の構造に関する分析
（a）　経営者とアクチュアリーの関係

　退職給付の財務報告に関する信頼性付与の構造は，第1に，経営者およびアクチュアリーの関係に支えられている。経営者は，退職給付制度の運営活動について財務報告をしなければならない。その際，年金費用等の退職給付会計の測定値に関する信頼性の保証は，経営者自身が本来行わなければならないはずであるが，退職給付債務の算定をはじめとする退職給付の数理計算には，経営者の専門能力を超える高度の専門性が必要とされる。そこで，この場合にはアクチュアリーという職業専門家を利用することとなる。つまり，この関係においては，一方で経営者の財務報告書作成の信頼性に資するような業務遂行責任がアクチュアリーに求められ，他方でアクチュアリーを利用する経営者にはその算定数値を検証することによって信頼性を付与する責任が問われるのである。ただ，後者の問題は，通常，アクチュアリーの専門性が経営者自身の能力を超えているために経営者自身では完全に遂行することが出来ない。

　信頼性付与におけるアクチュアリーの業務遂行責任については，業務における倫理規定その他が重要な役割を果すことになる。特にアクチュアリー団体などによる実務指針は，その業務を客観的に評価・統制するのに大変重要な役割

を有しているといえる。例えば，日本アクチュアリー会の「退職給付会計に係る実務基準」（アクチュアリー実務基準）では，次のように，アクチュアリーの役割，誠実義務，業務責任，守秘義務の4つの一般的事項（一般原則）に関して定めている。

まず，退職給付会計におけるアクチュアリーの役割については，「……企業または監査人などからの依頼に基づき，自らのアクチュアリー技術・知識をもって，退職給付に係る会計上の債務・費用の評価を行い，あるいは評価結果の確認を行うことである（1.1）」と述べている。

次に，誠実義務に関しては，「……常に公正な立場を堅持し，評価すべき退職給付制度に関する諸規定に基づいて，専門家として求められる高度な水準の知識を基礎として十分な注意を払い，退職給付に係る会計上の債務・費用の評価や評価結果の確認を行うもの（1.2）と規定している。また，業務責任に関しては，「……報告書を作成する場合には，専門家として負うべき責任の範囲を明らかにしなければならない。特に，評価を行うための情報や使用するデータの信頼性が不足していたり，依頼者が提示した前提条件に合理性が欠けるなど，本目的に即した適正な評価ができない虞がある場合には，報告書にその旨を記載し，所見を付すものとする（1.3）」と述べている。最後に守秘義務に関しては，「……退職給付に係る会計上の債務・費用の評価や評価結果の確認を行う上で知り得た秘密を，正当な理由がなく他に漏らしたり，他の目的に利用してはならない（1.4）」と規定している。

「適正な情報提供」，「公正な立場」の堅持，「適正な評価」，「正当な理由」という規定からも明らかなように，一般的事項は，主として独立の職業専門家としてのアクチュアリーの責任範囲を明らかにすることを目的として規定されている。これまで日本では，アクチュアリーが独立の職業専門家として広く認識されてきたとはいい難く，それを考慮して規定されたものと思われる。アクチュアリーの独立性が明らかになれば，経営者が財務報告にその行動を誠実に描写することが支援されることになる。言い換えれば確定給付企業年金法によって経営者には受託者責任が課されているが，退職給付債務の算定，制度資産の

運用に対するポリシーの策定上，アクチュアリーの数理計算は大きな関わりを有しており，アクチュアリーと経営者の関係が明確になれば，このような責任を遂行することが財務報告を通じて示せるのである。その意味で，これらの原則は利害調整に対して重要な役割を担っているといえるだろう。

ところでアクチュアリー実務基準では，「基礎率は退職給付に係る会計上の債務・費用の評価を行うにあたって極めて重要な要素となることから，その設定は合理的に行う必要がある（2.1）」と述べて，保険数理コンサルティングの成功の鍵が保険数理上の基礎率の「合理的な設定」が出来るか否かにかかっていると考えている。

基礎率に関しては，割引率，期待運用収益率，予定昇給率のうちベース・アップに相当するものなど，経済のインフレ率や成長率を反映する経済変数的なものと，予定退職率，予定死亡率，予定昇給率のうち定期昇給に相当部分，予定一時金選択率など，人員集団全体としての特性を反映する人員統計的なものとに分類されている（2.1）。特に，割引率と期待収益率の問題は，利益計算に大きな影響を与えるので検討する必要があるだろう。まず，割引率に関しては，次のように規定されている。

　「割引率の基礎とする『安全性の高い長期の債券の利回り』のうち，『長期』とは退職給付の支払時までの平均残存期間を対象にする。なお，この『長期』に該当する債券が存在しない場合，もしくは流通量が少ない場合には，妥当性を考慮した上で，それに準ずる期間の債券の利回りを基礎とすることができるものとする。また，当該期間の金利水準の推計値を利用することも考えられるが，その場合にはその推計方法等の妥当性に十分留意する必要がある。

　また，『一定期間の債券の利回り変動を考慮』して割引率を設定する場合には，特段の理由がない限り，当該債券の概ね5年以内の実績値のうち，その最大値から最小値の範囲内で合理的に定めることがその水準の妥当性を判断する一つの基準になるものと考えられる。

　これらによれば，平均残存期間が十分に長い（概ね20年）場合には，厚生年金制度における最低積立基準額（上乗せ部分）算定用の予定利率を使用することも合理的な選択になると考えられる（2.2）」。

この文言に規定されるように，実務基準では割引率として最も適切な数値は「安全性の高い長期債券の利率」であると考えている。これ以外の場合には，これに準じるような理論値を用いるか，妥当性を考慮した上で簡便法を用いることを指示している。

妥当性について具体的な指示がないことは，実務上の配慮がなされているという見方もし得るが，実務の方法論が統一されていない現状にあっては若干の議論が生じる可能性が否定できない。けれども，この規定の趣旨を理解すれば，長期金融市場における長期プライムレート等の指標をベンチマークとして利用するなどの対策を立てれば良いことがわかるであろう。次に，期待運用収益率に関する規定をみよう。これは次のように規定されている。

「期待運用収益率は，期首の年金資産に対して見込むことのできるその年度の運用収益率であり，時価ベースの実質運用収益率（運用報酬等控除後の運用収益率）に対応するものである。したがって，基本的にはその年度の年金資産のアセットミックスや運用方針に基づいて，当該年度の期待運用収益率を算定することになる (2.3)」。

ここで最も重要なことは，期待運用収益率の算定に，経営者の選択した退職給付政策が関わることを明示している点である。年金資産のアセットミックスや運用方針は，投資政策の導出プロセスにおいて導かれるものである。

経営者は，この導出に先立って，株主および従業員の利害を考慮してリスク＝リターンを想定するのである。このような点を考慮すれば，期待収益率の選択が，経営者の行動とアクチュアリーの業務遂行の相互関係に強く依存することが，この規定で明示されているといえるだろう。

ただ，このような規定が決して経営者の独善的な期待収益率選択を許すものでないことは次の規定をみればわかるだろう。

「なお，一般には，短期間の運用収益率を予測することは長期間の平均的なものを予測することよりも困難であると考えられているため，期待運用収益率としては，合理的な根拠に基づく市場や経済環境の予測等を基礎にした長期的なものを

用いることができるものとする (2.3)」。

すなわち,期待収益率に関しても,市場の動向をベンチマークとした処理が行われるべきであるという条件が付されているのである。このように考えれば,割引率も期待収益率に関しても,多様な実務上の問題を考慮して代替処理を幾つか規定するものの,原則的に市場動向を考慮する必要を定めることによってベンチマークを示し,それを基準に選択されるべきであることが規定されているといえるだろう。

実務基準では,利益計算に影響を与える基礎率の問題について,もう一つ重要な規定を設けている。それは,基礎率の変更における重要性の問題である。SFAC 2 で,「達成可能な正確性の程度が下がるにつれて,重要ではないと考えられる誤差の額は,大きくなるであろう (par. 130)」と述べられているように,会計においては,正確性との関連で考えられる問題である。この正確性の問題は不確実性とも関連で考えられる[15]から,結局不確実性を正確に見積ることとがどのように重要性と関わってくるのかを検討することになる。アクチュアリー実務基準では,次のように基礎率変更の重要性に関する規定を行っている。

「経済変数的な基礎率については,インフレ水準等の経済環境の変化に応じて,基本的には見直していくことが必要になるが,その変化が軽微であると考えられる場合には,重要性基準にしたがって見直しを行わないことができる。特に,割引率については,前期末に用いた割引率による退職給付債務と比較して,期末に算定した割引率によるものが10％以上変動することはないと推定される場合には,その見直しを行わないことができることになっている (2.10)」。

この規定においては,重要性を判断する場合の基準となる「変化が軽微である場合」の例として主として割引率の問題が取り上げられている。これは,利益計算への影響を顧慮したものであると考えられるだろう。

しかし,他の基礎率に関しても重要性の判断基準は明確に示される必要があり,この点では,当該規定が重要性の判断を行うための1つのポリシーを示し

ているだけに過ぎないといえるのではないだろうか。このことから，基礎率変更の重要性を判断する規定のより具体的な検討は，会計基準そのものかあるいは，公認会計士による監査基準のどちらかに委ねられることが理解し得る。

（b） 経営者と公認会計士の関係

経営者の作成する財務報告が，監査制度という社会的なプロセスを経て信頼性を付与されることは，既に指摘した通りである。この際，経営者の描写をチェックする指標となるのは会計基準である。日本の場合には，退職給付会計基準がこの指標となる。日本ではJICPA実務指針によってこのような経営者の描写がチェックされることになる。

JICPA実務指針では，アクチュアリー実務指針と同様に，退職給付債務および年金資産の計算手法，数理計算において用いる予測数値，過去勤務債務および数理上の差異に係る計算方法等が規定されている。これらのなかから，利益計算構造に深く関わる数理計算において用いる予測数値の規定について検討しよう。まず，割引率に関しては次のように規定されている。

「退職給付債務の計算において割引率を設定する場合の『安全性の高い長期の債券』には長期の国債，政府機関債のほかに，たとえば複数の格付機関よりダブルA格相当以上を得ている社債等が含まれる。なお，この場合の『長期』とは，退職給付の見込支払日までの平均期間を原則とするが，実務上は従業員の平均残存期間に近時した年数とすることもできる。退職給付の見込支払日間での平均期間には，企業年金制度がある場合には平均年金支給期間も加味する。
　また，注解（注6）では『一定期間の債券の利回りの変動を考慮して決定することができる』としているが，この場合の『一定期間』はおおむね5年以内をいう。また，『利回りの変動を考慮して決定する』とは，単に一定期間の平均値を採用するという方法に限らず，一定期間の変動を踏まえた上で，期末時点における退職給付の見込支払日までの期間の割引率として適正なものを選定することを意味する（実務指針，11）」。

この規定では，長期の債券の具体例が示されている。長期国債，政府債をはじめとして安全性が客観的に確認されることがその要件となっているものと解

される。一定期間の解釈に関しても，5年であるという見解はアクチュアリー実務基準と一致している。ただ，利回りの変動性の考慮については，適正なものであれば良く，その判断には選択の余地を残している。次に，期待運用収益率に関する規定を見よう。

「期待運用収益率とは，各事業年度において，期首の年金資産額について合理的に期待される収益額の当該年金資産額に対する比率をいう。年金資産は，将来の退職給付の支払に充てるために積立てられているものであり，期待運用収益率は，保有している年金資産のポートフォリオ，過去の運用実績，運用方針及び市場の動向等を考慮して算定する（実務指針，12）」。

この規定に関しても，アクチュアリー実務基準と同様に，経営者の退職給付政策の関わりが述べられている。ここでも，期待収益率が，経営者の選択するリスク＝リターンに連動することが考慮されている。それでは，基礎率の重要性の判定方法についてはどうであろうか。これについては，割引率，期待運用収益率等の分類ごとに規定されている。まずは，割引率の選択である。

「……割引率の変動が退職給付債務に重要な影響を及ぼすと判断した場合には，退職給付債務の再計算が必要である。
　重要な影響の有無の判断に当たっては，前期末に用いた割引率により算定されている退職給付債務と比較して，期末の割引率により計算した退職給付債務が10％以上変動すると推定される場合には，重要な影響を及ぼすものとして期末の割引率を用いて退職給付債務を再計算しなければならない（実務指針，18）」。

この規定に関しては，アクチュアリー実務指針と何ら基本的には変わらないといえるだろう。他の条件はそのままにして，期首の割引率を用いて退職給付債務を計算し直した場合に10％の変動が認められれば，重要な影響を持つものと解釈するのである。それでは，アクチュアリー実務指針において例示がなかった期待収益率はどうであろうか。

「当年度の退職給付費用の計算に用いられる期待運用収益率は，前年度における運用収益の実績等に基づいて再検討し，当期損益に重要な影響があると認められ

る場合のほかは見直さないことができる（実務指針，19）」。

ここでは，重要性の判断基準として「前年度における運用収益の実績」に基づくことが指示されている。今日の社会において，資産投資運用の環境は日々変動する性質を有しているから，期待運用収益についても毎期変動するものととらえる必要があるだろう。前年度の実績という基準によって，一年ごとに期待運用収益を見直す可能性が含まれることになり，この意味では，財務報告はより短期的な業績を表示する傾向にあるものととらえられるだろう。

（ c ） 公認会計士とアクチュアリーの関係

日本では，合衆国と異なり，他の専門家利用については明示されていない。この問題は，保険数理上の基礎率，退職給付債務及び制度資産の評価方法等に関して，両専門家の意見が食い違う場合がある場合にはどのようにすべきか考えるために重要である。例えば，公認会計士がアクチュアリーの業務を監査する場合には，そのアクチュアリーの行った算定方法が妥当であるか否かを検討する必要があるが，この対策のために別のアクチュアリーを会計士が用意し，これに検証させることがある。しかし，この場合，クライアントの保険数理法が最も合理的であって，会計士が選任したアクチュアリーの保険数理法がそれよりも劣っている場合であっても，会計士は後者の推計値を信用することも考えられる。つまり，このような検証を行うプロセスを一般的に定める必要が依然存在しているといわなければならない。

第4節 小　　括

以上によって，日本の退職給付会計システムに関する構造分析が行われた。それによれば，日本の退職給付会計システムには，日本版ビッグ・バンという強制力が強い関わりを持っていることが判明した。もともと日本の企業システムは，退職給与引当金の計算構造を通じて，ステークホルダーとしての従業員の経営への関わりが強められ，「従業員主権」の構造を持っていた。日本版ビ

ッグ・バンは，このような従業員主権の構造において行われる退職給付の運営活動を，株主の利益確保の視点へと向けるだけの強制力をもっていたのである。

　日本版ビッグ・バン以前の退職給付システムにおいては，1つの体系を持った退職給付会計が行われていなかった。退職一時金に関しては，引当金会計によって企業内に退職給付資金を留保する形で行われ，企業年金会計にしても主として現金拠出額を費用として計上する方法で処理されていた。したがって，両者の間で整合的な会計処理を規定するような会計基準は成立していなかったのである。このことによって，引当金から年金制度へのシフトが問題を引き起こすこととなった。従業員の受給権を確保するための退職給付運営も十分に行われないばかりか，従業員主権の構造として形成された日本型企業システムの特色そのものが希薄化する恐れが生じていた。

　日本版ビッグ・バンでは，企業の退職給付会計に対する会計基準を定めるだけではなく，退職給付制度の運営活動そのものを改善し，その年金財政に関する会計をも改善した。このような2つの改革の方向性は，1つの整合的な退職給付会計システムという形で結実したのである。日本でも，合衆国と同様，退職給付会計システムの構造は，利害調整のトライアングルと信頼性付与の責任配分のトライアングルが分かちがたく結びつく構造として形成されているということが出来るのである。これを表すと，図表6-4のようになるだろう。

　これによって，従業員に対する企業年金基金の運営活動は，時価＝発生主義ベースの会計体系によってその財政計算が行われ，企業の退職給付会計では，その責務を負うべき退職給付コストとしての退職給付債務概念を適正に算定することによって，公正価値会計の体系によって利潤計算が行われるようになったのである。

　このような1つの体系的・整合的退職給付会計システムは，経営者，従業員および株主の利害を調整するための機能を一応有していると解することが出来るだろう。ごく表面的には経営者およびアクチュアリー，公認会計士の間で責任配分構造が成立し財務報告における情報に信頼性が付与され，また，利害調

図表6-4　日本の退職給付会計システム

相互の実務指針に関する意見交換
保険数理計算の監査

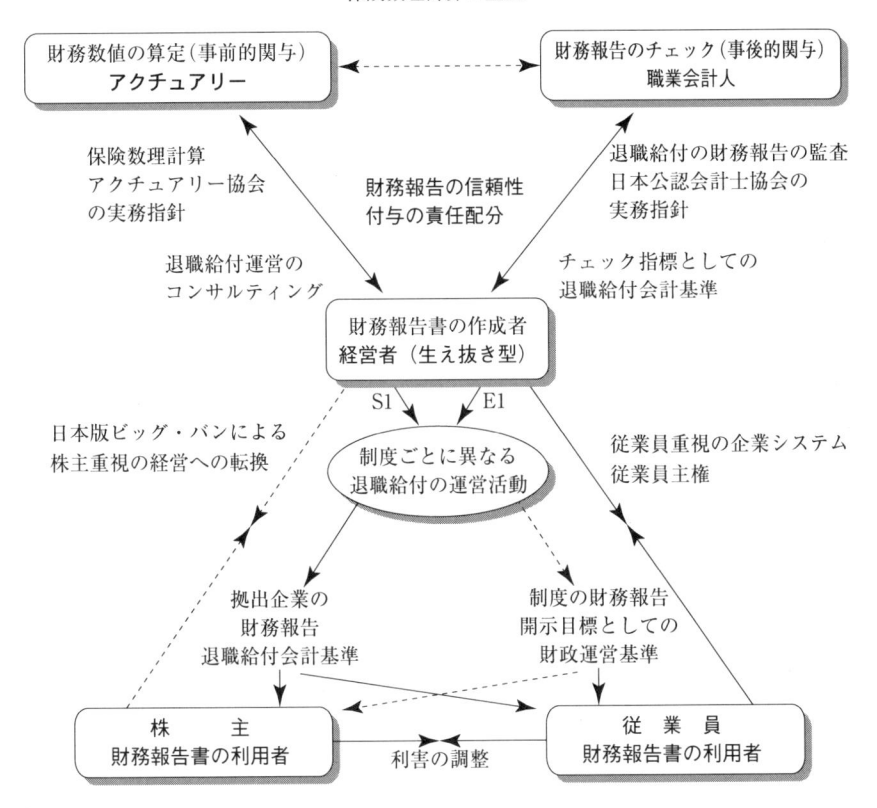

```
財務数値の算定（事前的関与）          財務報告のチェック（事後的関与）
      アクチュアリー   ←------→        職業会計人
```

保険数理計算　　　　　財務報告の信頼性　　退職給付の財務報告の監査
アクチュアリー協会　　付与の責任配分　　　日本公認会計士協会の
の実務指針　　　　　　　　　　　　　　　　実務指針

退職給付運営の　　　　　　　　　　　　　　チェック指標としての
コンサルティング　　　　　　　　　　　　　退職給付会計基準

財務報告書の作成者
経営者（生え抜き型）
　　　　　S1　　E1

制度ごとに異なる
退職給付の運営活動

日本版ビッグ・バンによる　　　　　　　　　　従業員重視の企業システム
株主重視の経営への転換　　　　　　　　　　　従業員主権

　　　　　　　　　拠出企業の　　　制度の財務報告
　　　　　　　　　財務報告　　　　開示目標としての
　　　　　　　　　退職給付会計基準　財政運営基準

株　　主　　　　　　　　　　　　　　　従 業 員
財務報告書の利用者　←―利害の調整―→　財務報告書の利用者

整構造においても，経営者，株主および従業員のそれぞれの利害を調整する構造が形成されていたからである。

ただ実際には，制度ごとに規制全体が異なるなどの多様性が存在していることからこのようなシステムが十分に機能するか否かが必ずしも明確ではない面もある。たとえば，確定給付企業年金法で定められる受託責任についても，その他の制度と同様の規制がなされるわけではなく，その点からすれば，経営者の自由な制度運営を保証する割引率等の退職給付会計基準上の代替処理は，ス

テークホルダーの視点からは諸刃の剣という側面を有していることは否めないであろう。そうであるならばこのような経営者の退職給付会計政策を事前および事後に支える信頼性付与の構造をより充実し，制度間の相互互換性を高めていくようなシステムおよび会計基準の整備が今後必要となるであろう。

注

(1) 神代和欣・連合総合生活開発研究所編 [1996]，287頁。
(2) 電産争議とは，長い間戦時体制のもとで国家管理下におかれてきた電気産業（現在の電力）に対して，労働組合側が戦後電産労協を設立し，産業別の統一交渉を行ったものである。
(3) 法人税法，第84条3項，法人税法施行令，第108条，159条ないし161条，所得税法施行令，第156条，租税特別措置法，第68条の5，租税特別措置法施行令，第39条の35。
(4) ある意味では，この代行部分の存在こそが日本の厚生年金基金制度を独特の制度にしてきた要因ともいえるだろう。たとえば，制度資産を企業年金部分と公的年金部分に分ける必要が存在する場合，本質的な意味においては，両者をいかなる基準をもって分離すべきかということが必ずしも判然としない。それは，制度資産の総額が，もともとの拠出金額からのみではなく，果実としての投資収益をも含んでいるためである。
(5) 退職給与引当金の設定に際して，客観的な積立を保障するために理論的には信託預金などの基金（特定資産）を設けておくことが望ましいだろう。
(6) 企業会計原則の注解18では，引当金に関して次のように示されている。
「将来の特定の費用又は損失であって，その発生が当期以前の事象に起因し，発生の可能性が高く，かつ，その金額を合理的に見積もることができる場合には，当期の負担に属する金額を当期の費用又は損失として引当金に繰入れ，当該引当金の残高を貸借対照表の負債の部又は資産の部に記載するものとする。
製品保証引当金，売上割戻引当金，返品調整引当金，賞与引当金，工事補償引当金，退職給与引当金，修繕引当金，特別修繕引当金，債務保証損失引当金，損害補償損失引当金，貸倒引当金等がこれに該当する。
発生の可能性の低い偶発事象に係る費用又は損失については，引当金を計上することはできない」。
(7) ただ，前払費用はいまだ提供されていない役務に対し支払われた対価をいうのであるから，すでに役務提供されている繰延資産とは性質を異にしている。従って，本来ならば過去勤務費用を計上するための勘定としては不適当と考えられるだろう。
(8) 従業員主権に関しては，伊丹は次のように述べている。

「主権者が企業に長期的にコミットするコアメンバーとしての従業員だからといって，その企業がすべての労働者の福祉『ばかりをつねに』最優先するということでもないし，いわゆる『資本の論理』をもたないということでもない。経済的合理性の追求が『経営者も含めたコア従業員全体の利益のために』行われるようになり，『株主の利益』最優先ではなくなる，ということである（伊丹［1989］，54頁）」。

(9) 当時は，企業年金会計基準は存在しなかったのであるが，実務上の指針として1979年（昭和54年）に日本公認会計士協会（以下，JICPA）の監査第1委員会より，監査第1委員会報告第33「適格年金制度等に移行した場合の会計処理および表示と監査上の取り扱い（以下，委員会報告第33）」が利用されていた。

(10) 事業主の退職給付コストは，企業が採用する制度によって異なっている。事業主は，税制適格年金制度において，標準掛金の総収入現価に基づく第1掛金および責任準備金，という2種類の退職給付コストを負担しなければならず，厚生年金基金制度においては，標準掛金の総収入現価に基づく第1掛金，特別掛金の総収入現価に基づく第2掛金，および責任準備金という3種類の退職給付コストを負担しなければならない。

(11) 数理的評価に関しては，財政運営基準によれば，時価移動平均方式，収益差平滑化方式，評価損益平滑化方式のいずれかである（財政運営基準，第3の2(3)および(4)）。

(12) この点に関しては，退職給与引当金を引当金として含めることに疑問を投げかける見解も存在する。たとえば中村（忠）［1984a］では，退職給与引当金は役務提供を既に受けているものであるために，毎期の費用が既発生であり，将来における費用の発生という観点から引当金を考えるのは理論的におかしいので，減価償却引当金と同様に引当金の分類から退職給与引当金をはずすことが望ましいとされている（167-168頁）。かかる視点からすれば，新基準のように退職給付会計基準として引当金概念を拡大することは望ましいこととはいえない。

(13) JICPA実務指針では，退職給付資産のうち，(ⅰ)退職給付以外に使用できないこと，(ⅱ)事業主及び事業主の債権者から法的に分離されていること，(ⅲ)積立超過分を除き，事業主への返還，事業主からの解約・目的外の払出し等，事業主の受給者等に対する詐害行為が禁止されていること，(ⅳ)資産を事業主の資産と交換できないことという4つの要件を満たす資産を年金資産であるとしている（JICPA実務指針6）。

(14) この本質的な積立不足は，会計基準変更時差異を構成する要素の1つである。

(15) SFAC 2では，正確性と不確実性の問題について次のように述べている。
「しばしば，見積りを行う時点に幅を持たせれば，単一（時点）の見積りよりももっと信頼できる情報を伝達できることがある（par. 72）」。

第7章

退職給付会計の日米比較

第1節 比較分析の視点

　これまでの分析から，ごく形式的な部分だけに着目すれば，両国の退職給付の財務報告には，利害調整と信頼性付与の構造が形成されていることが判明した。ただし，退職給付会計が形成されてきたプロセスに着目するのであれば，両国の退職給付会計がまったく同質であるということは必ずしも自明なことではないはずである。ステークホルダーである経営者・株主・従業員の性質，個々の経済主体間の相互関係，退職給付制度の規制環境，退職給付会計の規制等の相違が，両国の本質的な相違を導いていると考えられるからである。このように考えれば，退職給付の財務報告がもつ役割および機能も，両国間で違う可能性があるといえるだろう。そこで本章では，合衆国および日本における退職給付の財務報告を，日米比較という視点から整理・分類し考察する。比較分析の手順は，おおよそ次の通りである。

　まず，両国において退職給付の財務報告が形成されてきたプロセスを会計代替案の社会的選択という視点から幾つかの局面に分け，その局面ごとに利害調整と信頼性付与の構造がどのように変化してきたのかを両国について比較検討する。次に，退職給付の財務報告において伝達される拠出企業の報告利益に関する日米の比較を行う。

第2節 退職給付会計の形成過程の比較

1 利害バランスの変容過程

退職給付システムにおける利害関係の変容過程は，図表7-1に示されるように，合衆国および日本では異なっている。これを見れば明らかなように，退職給付システムの形成プロセスは，資本市場というキーワードの下においては，

図表7-1 退職給付システムの変容過程に関する日米比較

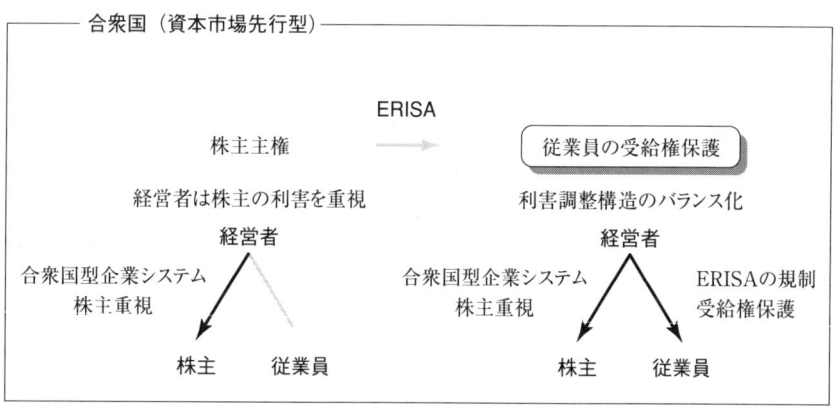

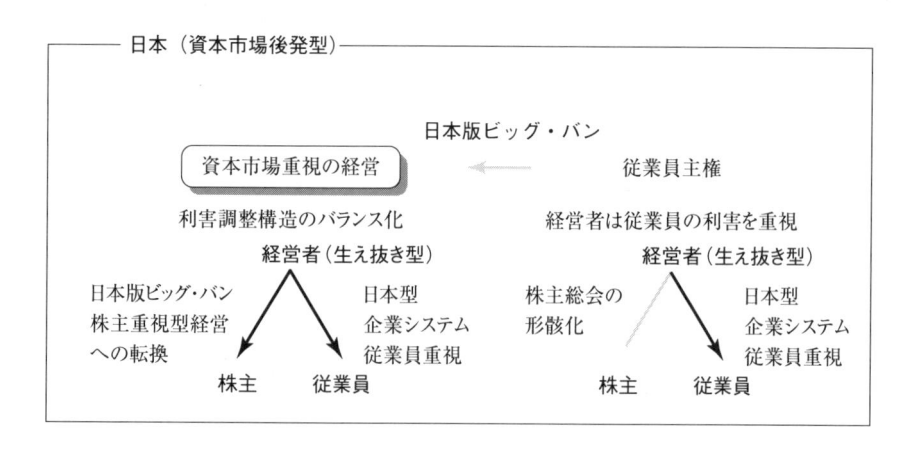

┌─── 合衆国（資本市場先行型）───────────────┐

　　　　　　　　　ERISA
　　株主主権　　　　→　　　　　従業員の受給権保護
　経営者は株主の利害を重視　　　利害調整構造のバランス化
　　　　　経営者　　　　　　　　　　経営者
合衆国型企業システム　　　　合衆国型企業システム　　ERISAの規制
株主重視　　　　　　　　　　株主重視　　　　　　　　受給権保護
　　　↙　　　　　　　　　　　　↙　　　↘
　　株主　　従業員　　　　　　株主　　従業員

└────────────────────────────┘

┌─── 日本（資本市場後発型）────────────────┐

　　　　　　　　　　　　　日本版ビッグ・バン
　　資本市場重視の経営　　　　←　　　従業員主権
　利害調整構造のバランス化　　　　経営者は従業員の利害を重視
　　　経営者（生え抜き型）　　　　　　経営者（生え抜き型）
日本版ビッグ・バン　　日本型　　　株主総会の　　　　日本型
株主重視型経営　　　　企業システム　形骸化　　　　　企業システム
への転換　　　　　　　従業員重視　　　　　　　　　　従業員重視
　　　↙　　↘　　　　　　　　　　　　↙　　↘
　　株主　　従業員　　　　　　　　株主　　従業員

└────────────────────────────┘

合衆国および日本で，まったく逆のプロセスにより行われてきているものと解釈することができる。

　まず合衆国の場合を見てみよう。もともと合衆国では，日本に比べて資本市場の発達が著しく先行していた。このため，経営者は資本提供者としての株主を重視する行動をとっていた。このような企業システムを，本書では株主重視型システムと呼んできたが，ERISA 制定以前の合衆国企業においては，まさに株主重視型という，経営者と株主が強く結びつく企業システムが形成されていたのである。このような企業システムの下で，ステークホルダーとしての従業員の権利は，経営者自身や株主に比して本質的に劣位におかれることを余儀なくされていたと考えられるだろう。退職給付の受給権に関してもこの例外ではなく，受給権の侵害は公然と行われていたのである。

　ERISA は，このような受給権の侵害から従業員を保護するべく制定された企業年金の基本法であるが，これによって従業員の受給権が保護されることで，従業員のステークホルダーとしての地位が向上し，バランスのとれた退職給付会計システムが形成されることとなったのである。

　合衆国の退職給付システムにおける利害バランスの変容過程を，ごく簡単に特徴付けるとするのであれば，「資本市場先行型」というとらえ方をすることが出来るだろう。退職給付システムにおいては，制度資産の投資活動が重要な役割を担っている。この資産投資のための市場が存在していたことは，ERISA におけるフィデューシャリー概念の形成に決定的な役割をもっていたのである。既述のように，ERISA におけるフィデューシャリー概念は，現代投資理論（MPT）の存在を背景として成立している。したがって，MPT を成立させ得るに十分な資本市場の存在が，ERISA の成立の前提条件として必要であったのである。より踏み込んでいえば，資本市場の先行的な発展に基づいて ERISA が成立しなければ，退職給付システムの利害バランスが，現在のような形に変容することはなかったという可能性もあるだろう。これが合衆国の退職給付会計システムを資本市場先行型と呼ぶ理由である。

　これに対して日本の場合には，退職一時金制度に対する引当金の会計処理を

通じて，企業経営に従業員が参加するという極めて特徴的な企業システムが，企業年金の発達に比べ先行的に形成されていた。退職一時金を引当金によって内部に積立てる会計処理は，日本企業に実質上の「もう１つの資本」の提供機会をもたらし，それによってステークホルダーとしての従業員が，企業利益増大を目的に積極的に経営に関わってくることとなる。経営者は従業員から生え抜きによって選抜されることが多いことから，このような従業員の利害を保護するような行動をとるのである。それゆえ，従業員と経営者が強く結びつく従業員主権のシステムが日本の退職給付会計システムでは形成されていたと考えられるだろう。

これに加えて，戦後，証券取引法の制定に基づいて近代的な資本市場が形成されてはいたものの，株式持ち合い等に特徴付けられるように，ピープルズ・キャピタリズムと呼ばれるには程遠い状態であったことも，重要なファクターとして忘れてはならない。資本市場がこのように未発達であったことは，すなわち退職給付制度の資産運用の環境が良好ではなかったことを意味しているからである。これまで折に触れて述べてきたように，資産運用の基礎は適正なリスク＝リターンの把握からはじまり，それを投資活動によって実行することで実現するものである。したがって，退職給付制度資産の運用環境が改善されない限り，適正な利害調整も行い得ない状態であったのである。

資本市場重視型への転換は，日本版ビッグ・バンという強制力によって後発的に行われた。日本版ビッグ・バンでは，資本市場の改革によって資産運用の環境を向上し，日本の資本市場へ投資家の資金流入が促進することを目的として行われた経済政策である。これによって，退職給付制度資産の運用環境とその成果配分に関する会計制度が改善されたために，退職給付システムの利害関係は著しく改善され，バランス化が図られるようになったのである。この特徴は，資本市場後発型の利害バランス変容過程ととらえることが出来るだろう。

2　利害調整と信頼性付与の構造に関する形成過程

利害調整および信頼性付与の構造に関する形成過程は，上述のような利害バ

ランスの変容過程に密接に関わっている。利害関係の明確化によって信頼を与えるべき会計情報の範囲が限定されるからである。ここでは，この関係に着目して日米の退職給付会計の生成・展開過程を日米比較しよう。

まずは合衆国の場合である。退職給付会計の生成期，すなわち規制以前の会計処理に関しては，大きく分けて，退職給付コストを引当金として負債計上し，バランスシートに退職給付債務を表示するべきか否かという点と，年金コスト自体をどのように算定するのかという2つの論点が存在していた。当時，Simons［1948］の研究において明らかにされているように，税制優遇政策を端緒として信託制度が普及しはじめていた。退職給付制度に関しては，事業主側の利益確保を動機として設置されていたので，給付が保障されず，従業員効用極大化に有用な情報が財務報告の基本財務諸表本体で表現されていなかった。それらの情報は，補足情報として開示されていたのである。この点で，経営者が従業員の効用のみならず，株主の効用を犠牲にしてまで自己の利益を追求することも可能であったために，従業員による制度への信頼性は低かったのである。

これに対して，徐々に会計規制が設けられるようになってくる。CAPによって公表されたARB 36・ARB 43では，財務報告において開示される会計情報の作成プロセスに，多様な会計代替処理および開示が認められ，利益計算が緩やかな計算構造において行われていた。たとえば，過去勤務コストの計上方法に関しては，利益剰余金へチャージする方法，全額を当期に償却する方法，一定の期間に配分する方法の3つが会計基準において羅列されていたに過ぎなかった。つまり，本来，業績指標および分配指標として機能するはずの算定利益に一定の幅が与えられ，財務諸表の比較可能性が保たれていなかったのである。株主，従業員および経営者の利害調整に対する財務情報としては，利潤計算面でも，また補足情報としても有用性は乏しかったといえよう。

1940年代の後半まで，退職給付制度資産の投資および運用管理の焦点は元本の確保にあった。そのために，確実な保証を背景とする年金保険制度が普及し，信託制度を選択した場合でも，投資対象となる資産は債券のような元本保

証型の有価証券が中心であった。ところが，1950年代の前半から1960年代になると，IRSによる課税優遇策を背景として，投資信託制度が多くの企業で選択され，結果的に企業経営者が無意識のうちに投資運用活動へと乗りだす必要が生じてきた。これが転じて，徐々にリターン獲得の目的で投資が行われるようになり，投資対象となる資産が，固定リターンをもたらすだけの債券から，価格変動性の高い株式等へと移行していった。年金管理上の主題が，次第に投資収益率（ROI）に関心が寄せられていったのはこの背景による。

このROIの重視が，年金コストの算定をクローズ・アップしたことがきっかけとなり，ARB 47に保険数理計算の利用を規定することになる。そしてその算定を行う職業専門家としてのアクチュアリーの関与がにわかに意識されるようになってきたのである。ただ，ARB 47では，年金コスト計算において保険数理計算を推奨しつつも，多様な会計代替案を認めてしまったために，利害調整基準に関する問題は依然未決のままであった。

これに対する変化は，保険数理法による発生主義のもとでの会計処理を義務化するAPBO 8の公表によって生じた。APBO 8は，法的フレームワークにおいては，1958年に公表された連邦福祉および年金公開法によって，年金受給者に年金制度の財務情報を提供することが企業に義務づけられたことに影響を受けている。この法規制によって，当時，頻繁に生じていた不正等に対処するために，財務状況に関する報告書を，毎年度DOLの長官に提出することが示された。一方，会計目的観の変化に目を転じてみれば，1966年にASOBATが公表されたことを受けて，いわゆる意思決定＝有用性アプローチへの転換が起こった。この2つの事柄から，年金会計が計算構造面で発生主義へと転換し，財務報告プロセスへのアクチュアリーが全面的に関わることが明らかにされたのである。

しかしながら，この後，APBO 8が対応し難いほどの急速な変化が，退職給付システムに起こった。第1の変化は，1960年代半ば以降に生じていた株価の低迷である。資本市場の低迷に伴って年金制度資産の市場価値が急速に低下し，年金ROIの仮定が現実にそぐわなくなったのである。このようなROIの

修正によって，年金コストは当初予想されていた金額よりも増大することが確実に予想され，それゆえ，企業の期間利益の算定に対する重要な影響を及ぼす可能性が生じたのである。そのような算定数値の変動は，利害調整に影響をもたらすので，財務報告数値に対して監査人の信頼性付与が課題としてクローズ・アップされた。第2の変化は，スチュードベーカー社の倒産を契機として，受給権保護の思潮を根底に掲げる包括的退職給付法としてのERISAが設定されたことである。特に，この規定のなかでDOLに対して監査済みの財務報告書の提出が義務付けられたことで，当時の職業会計人が財務報告に関する監査のガイドラインを何ら持ち合わせていなかったために，基金会計基準の設定が必要とされ，またAPBO 8が会計基準として妥当であるかという疑問を投げかけたのである。第3の変化は，会計基準設定主体の交代である。新たに設立されたFASBは，基金の会計に関する専門委員会，および事業主の会計に関する専門委員会という2つの年金プロジェクトを1975年に編成したのである。これらの専門委員会の活動は，それぞれSFAS 35およびSFAS 87という形で実を結んでいるが，このように退職給付会計を2元的にとらえるようになるまでの間には，財務理論における研究の蓄積[1]と社会的会計選択としての基準設定のあり方が大きく変化したことが大きく関わっている。特に基準設定に関しては，FASBはそれまでの基準設定主体とは異なり，オープン型のデュープロセスによって利害関係者の基準設定への参加が可能な構造となったのである。

　合衆国における退職給付制度は，企業の責任範囲の相違に基づいて，確定給付制度においては年金制度の財務報告はSFAS 35によって，制度設置企業の財務報告はSFAS 87によって別々に規制されている。SFAS 35はERISAの影響を強く受けているために，経営者が従業員の受給権を保護するという視点から制度運営を行うことを主たる目標とし，同時に企業の投資家および債権者に対する有用な情報を提供することも目標としている。計算構造面では，制度資産は公正価値によって，制度の負債である年金債務は割引現在価値によってそれぞれ評価し，現代企業における資本維持計算のための利潤計算とは，明ら

かに性質を異にするサープラス・マネジメントの財務運営が反映されるような構造になっている。

一方，拠出企業の退職給付会計に関するSFAS 87では，退職給付制度の運営活動が企業業績にどのようなインパクトを有するのかが表現される。SFAS 87では，年金コストは2つの方法によって算定される。1つは，PBOから期間年金費用を求める方法である。もう1つは，年金資産を公正価値で，年金債務を割引現在価値でそれぞれ評価し，その差額をコストとして年金負債計上するものである。

このように，合衆国における退職給付会計システムでは，企業経営者が退職給付の運営活動を財務報告する際に，代替的会計処理を広く認めている。企業経営者はそのなかの1つの方法を会計方針として選択し，退職給付の財務報告を行うことになるので，どの代替処理を選択するのかによって，会計利益情報およびキャッシュ・フロー予測に有用な情報が異なることになる。

要するに合衆国の退職給付会計の利害調整と信頼性付与の構造に関する形成過程には大きな転換が3つ存在していた。第1に，1957年に公表されたARB 47から1966年公表のAPBO 8までの間に，発生主義による期間年金費用の計算が完全に保険数理法に基づいて行われるようになったという転換がある。これには，専門職としてのアクチュアリーが社会に普及しつつあったことも十分関係があると思われる。第2に，ERISAに基づいて，確定給付制度の会計基準が拠出企業の退職給付会計基準とは別に公表され，退職給付の財務報告が2本立てになったという転換が指摘しうる。この転換によって，従業員効用極大化目的の退職給付会計がクローズ・アップされ，利害関係者としての従業員の情報ニーズが財務報告に反映されるようになった。特に，保険数理計算に関しては，ERISAによってコンサルティング・アクチュアリーの利用が求められたために，FASBもそれを会計基準に反映することが可能になったのである。第3に，企業年金会計の利益計算構造に関する転換が生じている。年金運営上生じた追加的な年金コストおよび年金ベネフィットが，オープン型のデュープロセスを採用するFASBによる社会的な会計選択の結果，利潤計算

に反映されたのである。

　このように考えると，合衆国における退職給付会計の形成過程はアクチュアリーの専門家としての普及と ERISA によって支えられていることが判明するだろう。特に ERISA では，経営者にフィデューシャリーとしての強い権限を与えそれに見合う重い責任を課している。そのような規定があってはじめて，経営者は退職給付の運営活動に対する自由裁量を持つことができ，また退職給付の財務報告においても会計方針として採用し得る代替処理が広く規定されているのである。

　日本の場合はどうであろうか。日本の退職給付システムは，制度の複雑性と日本的経営と表現される日本企業に特有な雇用慣行によって，諸外国のシステム，特に合衆国および英国とは異なった特徴を有している。日本の退職給付は，伝統的に，企業の内部へと退職給付資金を積立てる方式（内部積立方式）によって，退職一時金として行われていたのである。それゆえ，外部積立方式によって退職給付資金を積立てる企業年金は後発的に形成されてきた。

　退職給与引当金による会計処理の特徴は，退職給与引当金として従業員に対する企業の労働債務を負債計上し，退職給付資金を経営資本と分離しないことである。このような会計処理のメリットは2つ存在する。1つは，これによって従業員がビジネス・リスクの負担者となるために，ステークホルダーとしての従業員の権利が強大化することである。もう1つは，退職給付資金を企業経営のもう1つの資本として活用することができるのである。企業が利益極大化の目的のもとに行動することによって，従業員の利益も追求されることになる。

　日本の企業においては，合衆国の場合とは異なり，従業員サイドからの「生え抜き」の経営者がヒエラルキーの頂点に位置するので，経営者は従業員の利益を優先する傾向を有することになる。利害調整構造においては本質的に従業員の利益が重視されることから，退職一時金制度を通じて，相対的には従業員効用極大化のための退職給付運用が経営者によって行われてきたのである。

　この会計処理は従業員と企業の結びつきを強め，「従業員主権」の企業シス

テムの中核を担っていた。退職一時金による会計処理と会社主義とが結びつくこのようなメカニズムは，高い生産性を実現するための日本企業の要件としては，極めて合理的でかつ効率的なシステムであった。

　しかし，近年このような効率的な退職給付システムに関して，水面下で重要な変化が起こった。退職給付資金が企業の経営資本から切り離され，「外部拠出による退職給付資金積立」によって行われる企業年金制度へと次第に移行したにもかかわらず，その財務内容が十分にステークホルダーに開示されなかったからである。

　企業年金制度には，税法（法人税法）適格年金および厚生年金基金という2つの異なる系統がその管轄省庁の相違から存在している。このいわゆる縦割り行政によって，それぞれが独立にかつ相互互換性なく規制されることによって，退職給付システム自体が複雑化し，結果として，年金基金が合衆国および英国に見られるような機関投資家としての機能を十分に発揮し得ない環境が形成されてきた。

　日本企業は，このシフトによって，意識するか否かに関わらず，経営のバック・ボーンを崩しかねない重要な転換に迫られた。外部積立への切り替えによって，退職給付資金が企業の経営資本から切り離されたために，企業の経営資本が減少したのである。同時に，ステークホルダーとしての従業員の役割に変化がもたらされたことで，従業員が企業経営に対して積極的に関わってくるインセンティブが失われる可能性もあったのである。

　退職給付会計は，当初，有効な処方箋を提示し得なかった。退職給与引当金会計から企業年金会計へのシフトに伴って，退職給与引当金の取崩しはどうするのか，過去勤務費用はどう償却するのか，そして，内部積立にせよ外部積立にせよ，給付資金の積立が適切に行われるのかという3つの問題に関しては依然として未決の状態が続いていた。そして，分配可能利益計算，投資意思決定情報の提供といった財務会計の目的を，十分に達成できない状態にあったのである。このようなシステムが，バブル経済崩壊以後に顕在化した構造不況や，グローバル化の動きに対し無力であったことはいうまでもないだろう。

このような状況に対し，日本版ビッグ・バンは2つの退職給付会計による規制を生み出した。第1に，厚生年金基金に対して財政運営基準が定められ，第2に，企業会計審議会より公表された「退職給付に係る会計基準」が企業の退職給付会計の基準として公表されたのである。日本版ビッグ・バンの名が示す通り，好むと好まざるとに関わらず，時代は確実にマーケット・ベースによる「資産投資運用」を指向していた。そして，このような動きに大きく関わっている退職給付制度の会計体系を整備することが，日本企業の競争力を強化する上で大変重要な課題となっていたのである。

　財政運営基準に関しては，資産および負債が限りなく時価に近い公正価値によって評価されることになる。年金基金の運営は，本来サープラス・マネジメントを背景にしたALMによって行われるべきであるが，この時価＝発生基準ベースの利潤計算によって，これまで行われてきたような原価＝実現主義の弊害は除かれることとなり，基金はマーケット・ベースの運営活動が可能となるのである。一方，企業の人的資源管理に対する退職給付会計基準では，このように従来別々の会計領域であった退職一時金および企業年金に関する会計領域を，企業の労働債務に関する会計分野として統一的にとらえている。退職給付債務は，割引現在価値によってPBOを求めることで統一されている。そのうえで，退職一時金は従来のような引当金処理と内部積立を行い，企業年金は，追加的退職給付コスト，すなわち年金負債の計上を行うのである。

　このような退職給付会計の変化によって，基金の会計においては，サープラス・マネジメントを背景とするALMがマーケット・ベースの資産・負債評価によって行われ，拠出企業の退職給付会計では，制度運営コストおよびベネフィットが事前・事後に受ける影響として利潤計算に表現されることとなったのである。この退職給付会計システムは，合衆国の場合と同様に，代替的会計処理を広く認めている点に特徴を見出せるが，日本の場合には問題点が幾つか指摘し得る。

　まず，退職給付制度の運営においては，経営者は人的資源管理の側面とサープラス・マネジメントの側面をバランス良く配分し，財務報告において両者の

利潤計算を適切に行い得るようにする能力が求められることになるが，退職給付制度が縦割り行政に基づいて一様でないために，経営者の制度への関与と責任が統一されていないという問題が指摘できよう。

合衆国の退職給付会計の場合と比べてみれば，日本版ビッグ・バンによって利害調整と信頼性付与の構造がトップダウン的に一度に形成されることになることが分かるだろう。つまり，合衆国では基準形成過程で時系列的に生じた事象および変化を，トップダウン型の社会的会計選択によって同時に迎える形になるために，退職給付の財務報告が持つ経済的なインパクトは大きくならざるを得ない。例えば，合衆国の場合にはERISAにおいて多様な退職給付の運営に関わるステークホルダーの責任が規定され，それに基づいた利害調整と信頼性付与の構造が，社会的選択レベルの会計基準設定において取り込まれてきたが，日本においては社会的会計選択のレベルで利害調整を行うことが，企業会計審議会の基準設定がオープン・システムではなかったために，十分ではなかったと思われる。そうであるならば，退職給付会計基準が利害の中和点としての規定になっているとは必ずしもいえないため，基準設定後の私的会計選択による利害調整が大きくなると想定せざるを得ないのである。

第３節 利益計算構造に関する日米比較

1 利益計算構造の比較の意義

退職給付会計規制を考える場合，両国の基準設定プロセスの特徴が大変重要な役割を果たしていると考えられる。それは，基準設定主体の相違によって，重視される会計目的と利益計算構造が異なるからである。ここでは，それらについて整理しながら，比較検討しよう。

最初に考慮すべきは，両国の会計制度はその会計目的を異にしている点である。合衆国の場合，会計規制は証券取引法系列の会計規制[2]によっているので，相対的に投資意思決定情報の提供を中心目的として規定され，SECなどによって実質的に権威ある支持を得ていることを背景に強制力を有している。

これに対し，日本の会計制度は，従来，受託責任遂行と処分可能利益算定を重視する商法系列の会計規範と，受託責任遂行と投資意思決定情報の提供を相対的に重視している証券取引法の会計規範が強い結びつきを持ち（新井・白鳥[1991]，30頁）[3]，一方で，制定法・成文法以外の会計規範は，企業会計審議会によって設定されてきた。そこにおいて，企業会計に期待されてきたものは，分配指標と業績指標を同時に表現し得る稼得利益情報を算定するための利益計算体系であった。かかる背景からすれば，このような強いリンケージのもとで会計利益に期待される役割を果たすために，会計基準の利益計算構造に取得原価主義の計算体系が採用されてきたことの意味が分かるであろう。

ところが，近年ではこのような商法および証券取引法の強いリンケージのもとで選択されていた取得原価主義会計に基づく利潤計算が，十分に機能し得ない側面が散見されるようになってきた。そこには，少なくとも，次の2つの要因が関係しているように思われる。第1に，資本市場の重要性が一層クローズ・アップされるようになってきたことに伴い，資本市場を規制する財務ディスクロージャーの会計情報に対し，従来とは異なった意味での投資意思決定有用性が求められるようになってきている。第2に，日々ダイナミックに進展する現代企業の経済活動が取得原価主義会計では十分に表現し得なくなってきているのである。

周知の通り，取得原価主義会計は未実現利益の計上を排除することによって，貨幣性資産の裏付けのある利益が算出される構造となっている。そこでは，保有資産の市場価格がいくら上昇しても，それを利益計算に算入することがなく，算入されるのは当該資産を売却した場合のように収益が実現した時点に限られる。

もともと，このような取得原価主義の利潤計算構造については，次のような問題点が指摘されていた。これは，原価配分の原理は，物理的な財の動きについて人為的に仮定（Bell [1970], p. 20）しているという本質を有しており，そのために，原価配分には複数の会計方法が予定され，原価配分には本質的にこの人為的仮定という恣意性が介入することになるというものである。また，

「原価=実現主義」の視点に関しても，次のような問題が指摘されていた。まず，未実現利益の排除はなされるものの，一般物価水準および個別価格の変動が利益計算に反映されず，会計上の利益に保有利得と実現利益が混入してしまう問題が本質的に存在している。さらに，回収によって利益としてイン・フローしてきた資産は投下可能資産となるが，回収済投下資本と回収前に既に存在していた未投下の資産とが同一の属性を有する資産であった場合には，その峻別が困難となる。たとえば，現金で投下した費用を現金によって回収した場合，未投下の現金と新たに流入する現金の峻別は困難であろう。その現金自体の区別は，帳簿記録の上でしか行いえないのである。

このような性質のもと，仮に資金投下から回収のプロセスの間に貨幣価値の変動が生じた場合，未投下の現金も回収済みの現金も原初取引時点で測定されるので，名目的には回収されることになるが，真の意味で投下資金が回収され，それを上回る利益が生じたのかは曖昧になる。未投下の現金100と回収された現金100の貨幣価値が大きく異なっていても貨幣額という同一の尺度によってのみ合計されることになってしまう。

近年の日本版ビッグ・バンは，このような日本の企業会計にドラスティックな変容をもたらした。資本市場が国際的な意味でクローズ・アップされるにつれて，従来見られたような証券取引法と商法の強い連携関係を基礎とした利潤計算体系では，証券取引法の本来の基本理念である投資意思決定情報に有用な情報が，投資家等の市場参加者に提供できないことが声高に叫ばれるようになった。投資家の投資意思決定に有用な情報が提供されなければ，資本市場の株価形成が機能しないからである。日米の会計基準がどちらも投資意思決定情報の提供機能を重視し，キャッシュ・フロー情報の提供を想定して設定されていることを考えるとき，このような会計目的のなかで利益計算構造を改めて検討することには十分な意義を見出せるのではないかと思われる。

2 拠出企業の財務報告に関する比較

退職給付会計の利益計算体系は，表面的には，このように日本と米国とで非

常に似通ったものとなったのであるが，既に指摘しているように，実際上は，その内容面において本質的に重要な相違が見られる。そういった意味からすれば，計算体系を検討する必要が生じることになる。以下では，簡単な設例を用いて日米の退職給付会計，特に，拠出企業の利益計算にどのような構造上の特性があるのかを探ってみよう。

まず，新基準以前の日本の退職給付会計である。

【設例 7-1】 退職給付会計基準公表前の退職給付会計

F 社は，当期首において貨幣性資産を 200，費用性資産を 300 保有している。資本調達関係は，借入が 200，自己資本による資本調達は 200 である。F 社は，退職金制度と確定給付年金制度を併設しており退職給与引当金が 100 計上されている。F 社の期首貸借対照表（期首 B/S）は，次のようになっている。

期首 B/S

貨幣性資産	200	借入金	200
費用性資産	300	退職給与引当金	100
		資本金	200
	500		500

F 社の期中取引および期末修正は次の通りである。費用（退職給付費用を除く）は 80，収益は 300 であった。費用性資産は，定額法により償却している（10 年均等償却，減価償却費は間接計上している）。年金基金への現金拠出額は 20 であった。期末に退職給与引当金を 30 計上する。また，当期に一時金制度の従業員に関して給与のベース・アップがあり，過去勤務コストが 100 発生したが，全額を当期の費用として処理する。なお F 社では，収支はすべて現金によっている。

この設例にしたがって，まず，設例 7-1 の各取引を仕訳し，利益の計算をしてみよう。

期中取引の仕訳

（借）費　　用	80	（貸）現　　金	80
（借）現　　金	300	（貸）収　　益	300

242 第3節 利益計算構造に関する日米比較

| (借) | 年金費用 | 20 | (貸) | 現　　金 | 20 |

期末修正仕訳

(借)	減価償却費	30	(貸)	費用性資産	30
(借)	退職給与引当金繰入	30	(貸)	退職給与引当金	130
	過去勤務費用	100			

計算式　　期末の貨幣性資産
　　　　　　　＝期首貨幣資産＋期中貨幣性資産増加
　　　　　　　＝200＋(－80＋300－20)
　　　　　　　＝400
　　　　　期間利益
　　　　　　　＝収益－費用
　　　　　　　＝収益－(年金費用＋費用＋引当金繰入＋減価償却費＋PSC)
　　　　　　　＝300－(20＋80＋30＋30＋100)
　　　　　　　＝40

　図表7-2は，設例7-1の各種取引に基づいて作成した期末貸借対照表と損益計算書である。この図表7-2に示されるように，新基準が公表される以前の日本では，退職給付の期間費用計上は2つの会計処理により行われていた。1つは，図表中のaのように，拠出した年金費用を，現金支出額を基準に直接費用として計上する方法である。いま1つは，図表中のbのように，発生主義によって把握した退職給与引当金を負債計上し，同時にそれを当期の費用として処理する方法である。引当金による会計処理は，発生の高いキャッシュ・フローを事前に合理的に予測し，それを引当金として当期の負債として計上することで資金流出を防ぐ方法である。この当時の会計制度では，既述のように取得原価主義に基づく利益計算体系が採られていた。それゆえ，本質的には現時点における一時金の予測価値が測定・計上されることになる。

　したがって，取得原価主義会計のもとでも，退職給付債務に関する割引現在価値評価は部分的に，すなわち内部積立型の一時金の部分に関してのみ行われていたことになる。つまり退職一時金部分に関しては，退職給付費用も退職給付負債も，ともに割引現在価値を用いて発生主義による計上が行われていたの

図表 7-2 取得原価主義会計における退職給付会計

期末B/S

貨幣性資産	400	借入金	200
費用性資産	270	退職給与引当金	230
	300	資本金	200
	(30)	稼得利益	40
	670		670

期末P/L

費用	100	収益	300
年金費用 a 20			
その他費用 80			
退職給与			
引当金繰入 b	30		
減価償却費	30		
過去勤務費用 c	100		
期間利益	40		
	300		300

である。

　問題は，年金会計において生じていた年金負債をオフ・バランスにしていたことである。年金費用の会計処理は，現金支出を基準にして行われていたが，これが必ずしも労働役務の提供によって発生する労働債務に見合ったものではなかったのである。

　理論的に見れば，労働債務としての性質は，年金であろうと一時金であろうと違いはないはずである。その違いは，外部に拠出されるか否かの問題であり，本質的には，将来のキャッシュ・アウトフローである年金負債が，拠出におけるキャッシュ・アウトフロー（この場合は現金支出）に先立ち，労働提供に応じて決定されなければならないはずである。年金負債がオフ・バランス項目になれば，費用拠出額とこの金額の差額に係る将来のキャッシュ・アウトフロー情報がディスクローズされないことになる。そればかりか，両建て計上さ

れるはずの期間費用も，当該金額の分だけ過少計上されることになり，企業の報告利益の算定に影響が生じてしまうのである。

また，給料のベース・アップ等に基づく過去勤務コストの計上に関しても問題が存在していた。年金会計の場合には，第2掛金という形によって過去勤務コストを拠出した場合にのみ費用計上していたが，退職給与引当金会計の場合には，原則として当期費用として計上されていた。本設例においては，この原則処理に基づき全額を当期の費用として特別損失によって処理する方法を示している（図表7-2のc）。

過去勤務コストの計上についても，両退職給付制度で統一的な認識・測定が行われていなかったのである。これは，新基準以前の拠出企業の退職給付会計では，労働債務という視点から退職給付の会計処理を統一しなかったために，退職給付負債の評価および発生基準による退職給付費用の計上が徹底されていなかったととらえることができるだろう。この状況において，報告利益は分配指標としてもまた業績指標としても，十分機能するに至らない要因を抱えていたと考えることができるのである。

それでは，合衆国における退職給付会計はどのようにとらえられるのであろうか。次の設例7-2によって検討してみよう。

【設例7-2】 合衆国の退職給付会計

合衆国企業のF社は，当期首において貨幣性資産を200，費用性資産を300保有している。資本調達関係は，借入が300，自己資本による資本調達は200である。F社では，確定給付制度のみを設置しており，SFAS 87に基づいて年金ディスクロージャーを行う。

F社の期首貸借対照表（期首B/S）は，次のようになっている。

期首B/S

貨幣性資産	200	借入金	300
費用性資産	300	資本金	200
	500		500

F社の期中取引および期末修正は次の通りである。費用（退職給付費用を除く）は80，収益は300あった。費用性資産は，定額法により償却している（10年均等償却，減価償却費は間接計上している）。年金基金への現金拠出額は20であった。当期に発生した純期間年金費用は50であった。給与のベース・アップから過去勤務コストが発生した（未償却90）が，それらによる年金積立不足は140であった。なおF社では，収支はすべて現金によっている。

期中取引の仕訳
（借）	費　　用	80	（貸）	現　　金	80
（借）	現　　金	300	（貸）	収　　益	300

期末修正仕訳
（借）	減価償却費	30	（貸）	費用性資産	30
（借）	純期間年金費用	50	（貸）	現　　金	20
				未払純期間年金費用	30
（借）	無形資産	90	（貸）	追加年金負債	110
	最小年金負債調整額	20			

　図表7-3は，設例7-2の各種取引に基づいて作成した期末貸借対照表と損益計算書である。この図表中の，貨幣性資産，期間利益およびその他の包括利益は次のように算定される。

期末の貨幣性資産
　　　　＝期首貨幣資産＋期中貨幣性資産増加
　　　　＝200＋(－80＋300－20)
　　　　＝400
追加年金負債＝積立不足－未払純期間年金費用
　　　　＝140－30
　　　　＝110
期間利益
　　　　＝収益－費用
　　　　＝収益－(純期間年金費用＋費用＋減価償却費)
　　　　＝300－(50＋80＋30)
　　　　＝140

図表7-3 合衆国における退職給付会計

期末B/S

借方		貸方	
貨幣性資産	400	借入金	300
		b ⎰ 追加年金負債	110
費用性資産	270	⎱ 未払純期間年金費用	30
	300		
	(30)	資本金	200
		稼得利益	140
無形資産	90	c その他の包括利益	(20)
	760		760

期末P/L

借方		貸方	
費用	80	収益	300
純期間年金費用 a	50		
減価償却費	30		
期間利益	140		
	300		300

その他の包括利益
　　　＝最小年金負債調整額
　　　＝－20

　まず,合衆国の場合年金コストは,図表中aで表される純期間年金費用計上および図表中bで表される積立不足の負債計上の2本立てによって行われている。

　純期間年金費用に関しては,発生基準を適用し拠出に関わりなく期間費用が

算定される。したがって，現金拠出額が期間費用に比べて少ない場合には未払純期間年金費用勘定によって負債が計上されることになる。一方，追加年金負債，すなわち年金債務と制度資産の差額としてとらえられる積立不足に関しては，毎期末において評価替えが行われることになる。この際の評価基準となるのは，制度資産の場合には公正価値，年金債務の場合には割引現在価値である。この2つの退職給付コスト計上から明らかなように，合衆国の場合には労働債務としての視点からの退職給付コストの算定が発生基準によって徹底されているといえるだろう。

問題となるのは，追加最小負債の計上において両建て計上される勘定科目である。この内容には次の2つの種類が存在する。1つは，過去勤務債務に基づく積立不足であり，もう1つは過去勤務債務を超過して認識される積立不足である。

まず，1つめの過去勤務債務に関して述べれば，両建て勘定として無形資産が計上されている。これは，過去勤務債務に対する支出が従業員の勤労意欲，定着性等を高める効用を持つことから計上することができるものである。この点は，先ほどの旧日本制度の設例において示したような一時金の過去勤務債務に関する繰延費用による処理と基本的に同様の視点であると見て差し支えないものと思われる。

次に，2つめの過去勤務債務を超過する積立不足に関して述べれば，SFAS 130に規定されるように，「その他の包括利益」（図表7-3のc）が用いられる（par. 31）のである。その他の包括利益は，従来の損益計算による稼得利益概念とは違い，財産法の思考から損益計算を通さずに生じた期間損益である。つまり，この積立不足は財産法による当期の損失であると明確にとらえられることになる。このような会計処理が可能となったのは，積立不足の算定が毎期洗い替えによって行われることが関係している。当期に生じた積立不足を，過去勤務債務の未拠出によるものと，事業主の負担する確定給付制度の運営リスク負担に基づく損失によるものの2つに分けてとらえるのである。

ところで，その他の包括利益による追加最小負債の調整は，過去に存在して

いた現代会計における問題を少なくとも部分的には解決した。それは，資本の部を「便利な調整場所」とせずとも済むようになったことである。SFAS 87が公表された当時は，この調整額に関しては利益剰余金のマイナス項目としていた。このため，過年度の利益を修正するという形によって損益計算に影響が出ないような形によって会計処理が行われていた。しかし，このような会計処理は，資本の部を曖昧にしてしまうという根本的な問題が，現代会計の1つの障壁となっていた。資本概念を理論と会計処理の妥協の産物とすることは，その他の包括的利益を利用することで避けることができたのである。

もう1つ重要な論点を検討しなければならない。それは，資産・負債評価の基準として用いられている公正価値基準の意味である。公正価値基準によって制度資産および年金債務を評価していることと，歴史的原価による評価プロセスをベースにする費用性資産の会計処理が理論的に矛盾なく，整合性ある1つの計算体系として説明できる必要があるのである。ここに，価値会計という1つの計算体系が登場する意義がある。

価値会計とは，「財務会計の認識・測定対象を投下資金（原価）移転の過程とみるのではなく，財貨・用役の効用的側面およびその変化の過程と見る会計の体系（井上［1995ｂ］，21頁）」のことをいう。この計算体系のもとでは，価値という部分に焦点を合わせるので，公正価値も割引現在価値もともに同一の視点のもとにおかれることになる。また，効用的側面に着目するので，一方で使用目的資産を取得原価で評価し，他方で金融商品を公正価値で評価しても，1つの整合的な計算体系としてとらえることができるのである。

ただしこの価値会計が，実務的にはともかく理論的な1つの体系として意味を持ち得るためには，ネットの財貨・用役に関する変動価値，言い換えれば利益とは何かが十分に検討される必要がある。貨幣性資産による裏付けを有している分配可能利益とは異なり，ネットの価値増加である利益には投下資金の回収可能性が保証されているとは限らないからである。

フローからの利益を分配指標とし，ストックからの利益をその他の包括的利益に算入する合衆国の会計システムは，ある意味では合理的であるといえる。

年金基金の会計では，既に3章で考察してきたように，サープラス・マネジメントの理論を背景に，現在価値による運営管理が行われることが，年金ALMにおいては当然の倫理である。この点からすれば，資産運用などの業務を営む業種は，このような価値会計の体系を採り得るものと考えることができるだろう。

それでは，このような価値会計を目指した日本の退職給付会計基準はどのような計算構造を持っているのであろうか。合衆国のような，公正価値基準による評価体系を用いているのであろうか。資本の部はどのようになっているのであろうか。また資産項目はどのように処理されているのであろうか。以下では，設例3を用いてこれらの点を検討してみよう。

【設例7-3】 日本の新退職給付会計
　F社は，日本の企業である。当期より新基準に基づいて年金ディスクロージャーを行う。F社は，当期首において貨幣性資産を200，費用性資産を300保有している。資本調達関係は，借入が200，自己資本による資本調達は200である。F社は，現在，退職金制度と確定給付制度を併設しており，退職給与引当金が100計上されている。F社の期首貸借対照表（期首B/S）は，次のようになっている。

期首 B/S

貨幣性資産	200	借入金	200
費用性資産	300	退職給与引当金	100
		資本金	200
	500		500

　F社の期中取引および期末修正は次の通りである，費用（退職給付費用を除く）は80，収益は300であった。費用性資産は，定額法により償却している（10年均等償却，減価償却費は間接計上している）。当期の年金基金への現金拠出額は20である。退職給付費用は50であった。当期に両制度の従業員に関して給与のベース・アップがあり，過去勤務コストが100発生した（未償却90）。
　なおF社では収支はすべて現金によっている。

期首仕訳
(借) 退職給与引当金　　　100　　　(貸) 退職給付引当金　　　100
期中取引・期末修正の仕訳
(借) 費　　用　　　　　　 80　　　(貸) 現　　金　　　　　　 80
(借) 現　　金　　　　　　300　　　(貸) 収　　益　　　　　　300
(借) 減価償却費　　　　　 30　　　(貸) 費用性資産　　　　　 30
退職給付制度に関する会計処理
(借) 退職給付費用　　　　 50　　　(貸) 退職給付引当金　　　 50
(借) 退職給付引当金　　　 20　　　(貸) 現　　金　　　　　　 20

図表7-4は，設例7-3の各種取引に基づいて作成した期末貸借対照表と損益

図表7-4　日本の退職給付会計基準における退職給付会計

期末B/S

貨幣性資産	400	借入金	200
費用性資産	270	退職給付引当金	130
	300		
	(30)	資本金	200
		稼得利益	140
	670		670

期末P/L

費用	80	収益	300
退職給付費用	50		
減価償却費	30		
期間利益	140		
	300		300

計算書である。この図表中の，貨幣性資産，退職給付費用，期間利益はそれぞれ次のように算定される。

計算式
　期末の貨幣性資産
　　　　　　＝期首貨幣資産＋期中貨幣性資産増加
　　　　　　＝200＋(－80＋300－20)
　　　　　　＝400
　期間利益　＝収益－費用
　　　　　　＝収益－(過去勤務費用を含む退職給付費用＋費用＋減価償却費)
　　　　　　＝300－(70＋80＋30)
　　　　　　＝120
　退職給付費用＝期間退職給付費用
　　　　　　＝50

　新基準による退職給付コストの計上は，退職一時金制度も年金制度もともに退職給付引当金と退職給付費用の両建て計上によって行われる。

　日本の新退職給付会計には，幾つかの点で合衆国の会計処理と異なる点が見られる。合衆国の場合には，退職給付コストが期間費用としての純期間年金費用の認識・測定と，積立不足としての追加最小負債の認識・測定の2つによって計上されていたが，日本の場合には，両者を引当金による両建て会計処理で一括計上されている。

　まず，この処理によれば合衆国では未払年金費用と追加年金負債の2つに分けて開示される情報が，退職給付引当金という勘定によってのみ示されることになる。これでは未拠出の部分かそれ以外の要因によるものなのかが判別しにくいという問題が残ってしまう。

　さらに，この退職給付引当金には未認識の過去勤務コストは含まれないので，この分だけ年金負債が過少計上されることになる。過去勤務債務は原則的にオフ・バランスとなり，遅延認識によって費用計上されるのである。この違いを合衆国の設例7-2と日本の設例7-3を用いて考えてみよう。

合衆国においても日本においても当期に生じた過去勤務債務は100であり，そのうち償却分の10を除く90が未償却分として存在している。この90は将来のキャッシュ・アウトフローであるから，何らかの形で情報としてステークホルダーに開示しなければならないはずである。しかしながら，合衆国ではオンバランスとなっている一方で，日本の新基準ではオフバランスとなってしまっている。

これは合衆国では，過去勤務費用に関して無形資産として資産計上することが可能であるが，日本ではこのような会計処理に慎重な姿勢を持っていた[4]ためにこのような差が生じたのである。加えて，合衆国では利益概念として包括利益を採用しているために，最小年金負債調整額をストック・ベースの期間利益として把握するが，日本ではこの金額がダイレクトに当期の稼得利益の算定に関わってくることも，このような計算構造の差の要因である。設例では合衆国も日本もともに140の稼得利益が計上されているが，ストックベースの利益がその他の包括利益に分けられる合衆国のケースとそれが混入する日本のケースとではその額の示す意味合いは異なるであろう。

ところで，このような差異は存在するものの，両国において価値会計という利益計算体系が採られていることでは共通することを先ほど指摘したが，この価値会計という概念を用いることなしに，変容した退職給付会計を説明できるであろうか。

一見，これを発生主義の徹底化という視点で考えれば，取得原価主義会計のフレームワークを必ずしも逸脱することはないとも考え得る。たとえば，退職給付引当金を見積りによって算定することに基準が重点を置いていることを考えれば，公正価値および割引現在価値の2つの公正価値基準は，資産・負債の直接的な認識・測定基準ではなく，現時点の合理的見積りのための間接的な測定値であるととらえることもできよう。そうであるならば，従来の引当金会計のフレームを何ら損なうものではないと考えられなくもない。このような負債評価を洗い替えととらえるのであれば，このような評価は，例えば貸倒引当金の設定のように，これまでにも取得原価主義会計という利潤計算体系のもとで

行われてきているからである。つまり，洗い替えを退職給付負債にまで適用したと考えれば良いのである。

　ただ，年金基金の資産・負債を事実上の企業資産・負債であるという考え方に立つのであれば，制度資産を公正価値によって測定することは，企業資産を公正価値で直接認識・測定することを意味することになる。このような見方からすれば，もはや企業の資産・負債の評価体系は取得原価ベースであるとはいえなくなるであろう。なぜならば，制度の資産および負債は金融目的の資産・負債として保有目的を明確に区分できるようになるために，取得原価主義という利益計算体系を採る必要がなくなるからである。この意味で，退職給付会計基準による利潤計算構造の変容は，取得原価主義会計から価値会計への転換を示しているととらえ得るであろう。

　ただ，この場合に1つだけ問題となるのは，内部積立によって積立てられる資金は，外部積み立てのように経営資本と明確に区分されないという点である。内部積立による一時金制度では，不特定の資産を企業内に留保することによって経営資本と退職給付資金が分離されていない点である。この点が限界となっているのであれば，今後は引当金計上によって留保された不特定資産の処理を改善する必要があるだろう。

第4節　小　　括

　以上によって，合衆国および日本の退職給付会計が比較検討されたものと思われる。そこで明らかになったのは，退職給付のステークホルダーの利害調整機能を担う退職給付の財務報告体系が，計算構造においてもまた当該情報への信頼性付与の構造においても表面的には似通ってはいるが実質は異なったシステムとして形成されているということであった。

　まず，会計利益計算構造に関して述べれば，次のような特徴が見出せた。合衆国においては，貸借対照表におけるストック計算に関わる退職給付コストの算定と損益計算書におけるフロー計算に関わる退職給付コストの算定が，それ

ぞれ異なった基準で行われていた。そのため，貸借対照表ベースの利益と損益計算書ベースの利益にそれぞれ相違が生じ，結果としてそれらを包括利益の概念を用いて組み合わせるという計算構造がとられることになっていた。しかしながら，このような計算構造を理論的な1つの計算体系としてとらえることは実際上，難しい面もあるので，しばしば計算構造に関する混乱を引き起こしてきたことも事実である。例えば，FASBが動態論的なフローの利益計算を離れた計算体系を模索しているのではないかと解釈すること，あるいは連携・非連携に関する議論や資産負債観・収益費用観に関する議論が生じることはその典型例であろう。

　一方，日本の場合には，退職給付費用と退職給付負債の計上が両建てで行われるから，退職給付負債の評価問題と利潤計算が一元的に関わるものととらえることが出来る。したがって，貸借対照表ベースの利益概念と損益計算上の利益概念に関する本質的な差異は，合衆国の場合とは異なり，基本的に生じることはない。つまり，両者は首尾一貫した利潤計算体系を有しているものととらえることが出来る。両国の退職給付会計基準が，このように異なる利潤計算体系をとっていることは，既に本章の冒頭で述べたように，会計基準の設定という会計代替案に関する社会的選択プロセスの相違が深く関わっているといえよう。すなわち，合衆国の場合には，ステークホルダーの利害に関する調整が基準設定レベルにおいて行われるようなオープン・システムが採用されているために，利益計算構造もこのような利害調整結果を示すこととなるのである。退職給付会計基準の設定においては，ERISAの設定に基づいて変化したステークホルダー間の利害関係がこの基準設定活動で調整されたことは，既に指摘した通りである。ところが，日本の場合，企業会計審議会による基準設定はクローズド・システムであるために，ステークホルダー間の社会的利害調整が退職給付会計基準に反映され難いものとなっている。それゆえ，経済主体間の自発的利害調整というよりもどちらかといえば政策による現状への処方箋の意味合いが強いと考えることが出来よう。

　ところで，制度資産の公正価値と制度債務の割引現在価値を用いて算定した

公正価値としての負債評価がダイレクトに利潤計算に関わることは，取得原価主義の計算体系における資産負債の評価論理とは異なるように思われる。しかしながら，良く考えてみれば，これまでにも貸倒引当金において行ってきたように，将来の発生金額は合理的に予測できるとして利潤計算に取り入れられているにもかかわらず，その金額を頻繁に修正するものも存在していたはずである。実際，退職給付の一部である退職給与引当金に関しても，その計算が合理的に見積られることで利益計算がダイレクトに関わっていた。この点を考え合わせれば，日本の退職給付の財務報告において問題となるのは，計算構造のフレームワークだけでなく，利益計算に算入される費用の計算に用いる各種のパラメータを，可能な限り合理的かつ正確に算定するという部分にまで及ぶことになるだろう。そういった意味においては，それらの計算パラメータを正しく用いているのかをチェックするための信頼性付与の構造が重要な役割を担うことになると思われるが，この信頼性付与の構造に関しても，日米両国では大きく相違していることも事実であり，この点に関する検討は今後の退職給付の財務報告における課題となっているのである。

注
(1) 財務理論における年金ファクターと資本市場の研究については，少なくとも2つの源流が存在する。効率的資本市場仮説の視点から企業年金積立政策に関する分析を行った Sharpe [1976] と，資本市場における未積立年金債務の評価をもとに年金基金の実質的帰属性を検討した Oldfield [1977] である。これらの研究潮流は，最終的には基金の会計である SFAS 35 と企業の退職給付会計に関する SFAS 87 とを別々に設定する動きに繋がっていく。
(2) この背景には，商法の会社法が州レベルで規制され，商法系列の会計規制が上記の証券取引法系列の会計規制と弱い結びつきしか有していないことが関わっている。合衆国の財務報告の目的は，相対的にみると投資家保護を理念とする証券取引法系列の会計規制を強く反映しているのである。
(3) この2つに法人税法を含めた3つの会計系列のつながりは，しばしば「トライアングル体制」(新井・白鳥 [1991]，29頁) としてとらえられる。ただし，このトライアングル体制に関しては，商法も証券取引法も共に利害関係者に対する財務情報開示が必要とされている反面で，法人税に関しては情報開示の視点が本質的にないこと，

証券取引法と法人税法間の結びつきが直接的ではないこと，連結決算制度が証券取引法に独自のものであること（伊藤［1997］，53-54頁）等の理由により厳密な意味では「トライアングルではない」という見方をするものもある。
（4） 例えば，「退職給付に係る会計基準の設定に関する意見書」では，「……過去勤務債務や数理計算上の差異を一時の費用とすべきものとして一義的に決定づけることは難しいと考えられる（4.3）」と述べられている。

終　章

総括と展望
―― 知識から知恵への転換 ――

（総括と展望の視点）

　本書では，広範な研究領域のなかから，退職給付の財務報告という社会システムに着目して研究を進めてきた。冒頭に示した本研究の課題を繰り返せば，①退職給付の財務報告において，従業員，経営者，株主が，相互にどのような利害関係にあるかを明らかにすること，②財務情報に信頼性を付与し利害調整を支える構造を明らかにすること，③現行の退職給付の財務報告が形成されてきた歴史的なプロセスを検討すること，④退職給付会計がどのような点で会計理論上の問題を抱えているのかを示すこと，そして，⑤退職給付の財務報告が実体経済へ影響を及ぼすメカニズムを解明すること，の5つであった。これまでの分析によって①から③の課題に対する解答は得られたものと思われる。ここでは，本研究の足跡をごく簡単に振り返りつつ整理したうえで，今後の退職給付会計の方向性に関わる重要な課題である④および⑤に触れながら，若干の展望を示すこととする。

（退職給付会計と本研究の分析の関係）

　図表8-1は，本書でこれまで進められてきた研究が，退職給付会計の全体的な流れとどのような関係にあるかを示したものである。この図表における実線で結ばれた関係が退職給付会計の全体的な流れであり，また，この図の点線で結ばれた部分が本研究において行ってきた分析をそれぞれ示している。実線部

図表 8-1　退職給付会計と本研究の分析の関係

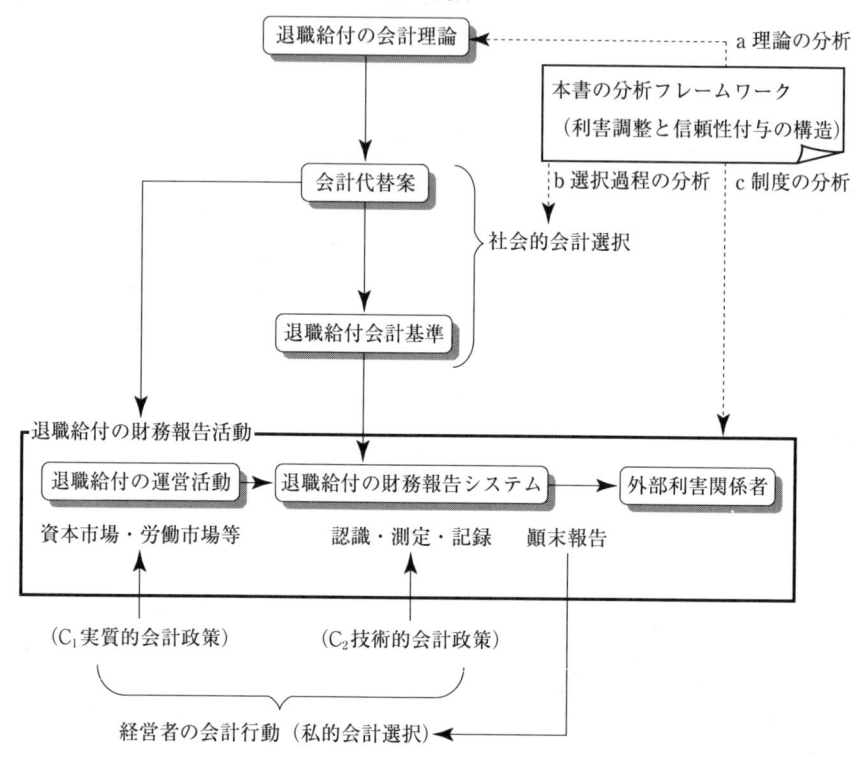

```
              ┌─────────────────┐
              │ 退職給付の会計理論 │◀┄┄┄┄┄┄┄┄┄┄┄┄┄┄ a 理論の分析
              └─────────────────┘
                       │          ┌──────────────────────┐
                       │          │ 本書の分析フレームワーク │
                       │          │（利害調整と信頼性付与の構造）│
                       ▼          └──────────────────────┘
              ┌─────────┐        b 選択過程の分析 ┊ c 制度の分析
       ┌──────│ 会計代替案 │─┐
       │      └─────────┘  │ 社会的会計選択
       │           │        │
       │           ▼        │
       │    ┌──────────────┐
       │    │ 退職給付会計基準 │
       │    └──────────────┘
       │           
 ┌─退職給付の財務報告活動──────────────────────────┐
 │ │                                                  │
 │ ▼                ┌──────────────────┐            │
 │┌──────────┐   │ 退職給付の財務報告システム │──▶│ 外部利害関係者 │
 ││退職給付の運営活動│──▶└──────────────────┘            │
 │└──────────┘                                     │
 │ 資本市場・労働市場等   認識・測定・記録    顛末報告    │
 └──────────────────────────────────────────────────┘
         ▲                    ▲
    (C₁実質的会計政策)    (C₂技術的会計政策)
         └──────────┬──────────┘
          経営者の会計行動（私的会計選択）◀─
```

分のうち退職給付の財務報告活動に着目すれば，それはおよそ3つに分けることができると考えられる。1つめは，退職給付の運営活動そのものである。2つめは，そのような運営活動を，退職給付の財務報告システムにおいて認識・測定・記録することである。そして3つめは，そのような運営活動の顛末を利害関係者に報告することである。

　経営者は，従業員向けに何等かの退職給付制度を設置し，退職給付の運営活動を行う。その活動内容の中心は，企業内外における退職給付原資の投資活動および退職給付債務の管理におかれることになるが，それは，同時に資本市場や労働市場さらには生産活動を通じて実体経済と関わりを有することになる。本書では，これを退職給付の財務報告活動の第1段階ととらえている。

終章 総括と展望 259

　第2段階としては，この運営活動を認識・測定し利害関係者に伝達するために，退職給付の財務報告システムが利用されるが，これは現在までの退職給付の会計理論および実務から導かれた会計代替案のなかから，基準設定主体により社会的な会計選択をされたもの，すなわち退職給付会計基準に基づいて形成されている。このようなプロセスを反映して，退職給付の財務報告システムには2つの特徴が認められる。第1に，会計代替案の導出元である退職給付の会計理論と実務がどのようなレベルであるかということによって強い制約を受ける。第2に，基準設定主体による基準設定プロセスを通過することによって，その基準設定主体の特徴が退職給付の財務報告システムに反映される構造となっている。

　退職給付の財務報告の第3段階は，利害関係者への顛末報告である。経営者は顛末報告に際して，退職給付の財務報告の内容，種類，範囲，記載個所に関して設定された会計基準に従わなければならないが，その際，私的会計選択を行うことができる。技術的会計政策は認められた複数の代替処理を任意に選択するのみであるが，運営活動のベクトルを変える実質的会計政策が行われれば，退職給付の運営活動を介して，資本市場，労働市場，生産市場などの実体経済に，退職給付の財務報告が影響を及ぼすことになる。

　さて，本研究の最終的な目的は，これまで繰り返し述べているように利害調整と信頼性付与の構造の視点から退職給付会計を再検討することにあった。実はこの視点から退職給付の財務報告プロセスを改めて概観すれば，それが退職給付会計の理論的な（再）検討視点を導くための鳥瞰図であることが判明するであろう。実は，本書における研究はこの考えに基づいて行われている。それは，図表8-1の点線で結ばれるaからcまでの流れを基本として，再構成したものである。まず，退職給付の財務報告に関して，利害調整と信頼性付与の構造という分析フレームワークを導き出し，次に合衆国における分析を，特に，会計理論と会計基準の設定過程の相関関係に留意しながら史的に考察した。そのうえで，合衆国および日本の現行の退職給付の財務報告システムに関する分析を行い，比較考察を行ったのである。

(退職給付の会計理論に関する検討)

　会計理論の近年における変容は目覚しいものがある。中でも議論が絶えないのは，公正価値という評価基準を取り入れつつある利益計算体系を会計理論上どのようにとらえるのかという問題である。しばしば，このような変化は費用収益中心観から資産負債中心観への転換である（連携観のみならず非連携観への転換も視野に入れる場合もある）とされるように，評価基準として公正価値を会計基準に導入することは報告利益およびキャッシュ・フローに関する情報の質を左右する重要な問題となる。退職給付の財務報告に関しても，制度資産および制度債務を評価する際に公正価値を利用するため，利益計算体系の変容をもたらしていると考えられることになる。

　ただ，問題は公正価値が会計上の測定尺度としての意味をどの程度持っているのかという疑問である。「価値」という認識・測定の属性は，従来の資産・負債に関する評価基準と比較して，どのような特性を有しているのであろうか。従来の評価基準では，その前提として，交換経済における市場取引が想定されている。そういった意味からすれば，歴史的原価，取替原価，正味実現可能価格も，すべて，市場における販売者および購入者間で，過去から現在までの期間に合意された市場価格，すなわち「客観価値」を表している。しかしながら，退職給付会計基準で採用されている認識・測定の属性は，必ずしも客観性のある価格ではなく，むしろ，会計主体の「主観価値」という，変動可能性を伴った基準である。退職給付債務に関しては，離職率・昇給率等の統計値の利用，保険数理上の仮定の設定，割引率の選択・決定などの会計方針の決定に際して，極めて多様な選択パターンが可能であり，他方の制度資産に関しても，経営者が何をもって期末における公正な評価額ととらえるかという点で，主観が介入する可能性を否定できない。

　かかる前提に立てば，測定数値としての退職給付債務および退職給付費用には，経営者の選択した会計方針に由来する変動可能性が本源的に存在すること

になる。つまり，利益計算によって算出される報告利益は極めて弾力的なものとなるのである。

さらに，評価・測定上の問題を考える上では，保険数理法および会計上の退職給付債務の本質的な相違についても検討する必要がある。会計上の退職給付債務は顚末報告としての性格を有するべきであるが，保険数理法による算定値はもっぱら財政計算の視点からのものであり，それが会計上の目的に必ずしも合致するとは自明なことではないからである。これまでの検討によっても明らかなように，保険数理計算の算定数値を財務報告において用いるのは，実務における便宜と法律による後ろ盾という側面が大きい。したがってその数値には，保険数理上の根拠はあるものの，財務情報としての信頼性が付与され得るか否かは実は理論的に十分検討する余地があるのである。いうまでもなく，この点が達成されなければ，退職給付のステークホルダー間の利害調整は十分に機能しないはずである。それだけに，会計上の測定理論に照らして保険数理計算を考え直すことが，退職給付会計の理論研究においては欠かせない視点となり得るだろう。

（社会的会計選択に関する検討）

退職給付会計を理論的に検討する視点として次に重要なものは，社会的選択である。退職給付の財務報告は退職給付会計基準に基づいて行われるが，そこに規定される会計手続きは，先ほど指摘したように，（現在想定し得るものも含めて）退職給付会計の理論と実務から導かれた会計代替案から，基準設定主体が社会的なレベルで選択したものである。言い換えれば，基準設定主体の設定プロセスを通して設定されることで，その主体の会計目的観と計算構造観を反映するという本質的な性質を有しているのである。つまり，基準設定主体の社会的位置づけ，法的強制力等の要因によっては，会計基準が政策的なものとなる可能性は否めないのである。

例えば，合衆国の基準設定機関である FASB は，サンシャイン・ポリシー

のもとに，多様な利害関係者の意見を基準設定に取り入れ，しかも，理論および実務双方の問題を考慮した会計基準を公表する。このようなシステムの性質から，ロビイング（lobbying）等の活動を通じて自己に有利な会計基準を設定しようとするインセンティブが利害関係者に働くのである。合衆国のように，会計の政治化（politicization of accounting）といわれる現象が強く作用すれば，会計基準は理論的なものから乖離する危険性を否定し得ないことになる。

　このような政策面の介入から，FASB は会計基準の拠り所としての概念フレームワークを登場させているが，これについてもオープンシステムを通じて設定されることに変わりはなく，結局，純粋理論との乖離現象が起こりかねないのも事実である。実際，本研究で明らかになったように，SFAS 87 の設定過程では，一部の概念フレームワーク（SFAS 3）を改訂してまで年金負債の概念を導入したのである。また，SFAS 35 および SFAS 87 は，当時会計上の位置づけが未決であった公正価値および割引現在価値も，法律上の必要性という背景から基準に取り入れているが，そのような未決の評価概念から生じた退職給付負債，特に過去勤務債務を超える額については，当初，利益剰余金のマイナス項目として当期の利益計算に関わらせない会計処理を行っていた。周知の通り，後年には，SFAS 130 において包括利益のマイナス項目とされることで，ストックベースの利益（マイナス）情報としての性質を付与されるのであるが，そこに至るまでの間，理論的裏づけが不足していたということになる。

　理論的な裏づけがない報告利益を利害調整の基準として利用して良いか否かという問題は，利害関係者にとっては重大な関心事であるばかりでなく，社会的なシステムである以上，富の分配など根本問題を適正に行うためにも，決して見過ごしてはならない問題である。また，制度の質が向上してこそ，理論面へのフィードバックという新たな貢献が生まれるのである。そういった意味において，社会的会計選択を理論的な見地から検討することは，退職給付の会計理論のさらなる充実のために不可欠の視点であるといえよう。

(私的会計選択)

　社会的会計選択における利害調整の程度は，私的会計選択における利害調整を左右し，ひいては実体経済に影響を及ぼす可能性がある。次にこの点を考えてみよう。

　経営者の制度運営において年金政策策定は重要である。それは，給付政策，積立政策および投資政策がリスク＝リターンという一つの指標に基づいて決定されるからである。経営者は，リスク＝リターンを設定するのに目標とするのが，会計上の退職給付債務概念である。この退職給付債務概念としては，第5章から第7章において検討したように，日米双方の国でPBOが採用されている。しかし，その算定において，割引率の選択，期待運用収益率，昇給率その他の基礎率を変えることによってその金額に大幅な違いが生じることになる。

　投資政策は，リスク＝リターンにしたがって決定され，それが運用受託機関の選択をはじめとするアセット・アロケーション（投資資産割当）の方向を決定する。アセット・アロケーションに際しては，運用受託機関の選択が行われるが，これにはリスク選好的な投資スタイルを持つアクティブ型の運用受託機関と，市場のインデックスに従って安定的な投資活動を行うパッシブ型の運用受託機関が存在している。経営者は投資政策の基本として，自己の選択したリスク＝リターンに最も達成するようにこれらの受託機関を用いてアセット・アロケーションを行うのである。

　このように考えると，先ほどのような退職給付債務の保険数理算定値の相違に基づく投資目標の違いは，資本市場の株価形成等の動向にまで影響を及ぼすことになることがわかるだろう。つまり退職給付会計は，財務報告システムを通じて経済的な影響を持つばかりか，運営活動のベクトルを変更することで，経営者が実質的会計政策を行うことも可能となり得るのである。

　確定給付制度の場合であれば，退職給付の財務報告は機関投資家としての年金基金の投資動向に影響を与えることになる。そのインパクトは，資本市場に

おける株価形成を左右するのみならず，株式投資などの場合には，議決権の行使等を通じて，いわゆる企業支配（corporate governance）の動向の鍵さえ握っているといっても過言ではなかろう。確定拠出制度の場合には，フィデューシャリーとしての経営者の役割は，運用受託機関の選別までであり，実際の資金投資運用を担うのは従業員自身であることになる。したがって，実体経済に対する財務報告を通じてのインパクトは少なく，逆に個人の活動としてのインパクトが社会的に大きくなるのである。いずれにせよ，従業員，経営者，株主というステークホルダーの利害関係の変化と利害調整が，実質的会計政策という経営者会計行動を通じて実体経済に与えるインパクトはきわめて大きく，その点で今後このようなインパクトを実証分析等を通じて解明していく必要があるといえよう。

（展　　望）

退職給付の財務報告制度は，国際的なステージへの転換期にある。それは日本においても合衆国においても同じである。国際会計のイニシアティブが，どこに置かれるのかによってこの方向が変容する可能性があるためである。ただ，最も基本的な企業会計の機能に立ち返るとき，いかなる変化が生じる場合であっても，意思決定情報提供と利害調整という現代会計の2大機能の重要性は，大きく揺らぐことはないであろう。

事実，退職給付会計の場合には，日本においてもまた合衆国においても，利害調整機能と企業システムとが結びつくことによって，経済的な効率性を生じさせてきたのである。特に日本の場合には，退職一時金制度において内部積立方式をとり，それを引当金会計によって処理してきたために，従業員主権という，極めて特異な企業システムを形成していた。そのような実状を考える場合，退職給付の財務報告の経済的インパクトを利害調整の視点から再検討し，それに対する退職給付会計基準を理論的な視点からより充実したものへと変容させることが切望されるのである。

引用文献・参考文献

Aaron, B., *Legal Status of Employee Benefit Rights under Private Pension Plans* (Pension Research Council and Richard D. Irwin, 1961).

Akerlof, G. A., "The Market for' Lemons': Quality Uncertainty and the Market Mechanism," *Quarterly Journal of Economics*, Vol. 84, No. 3 (August 1970), pp. 488-500.

Alderson, M., and K. C. Chen, "Excess Asset Reversions and Shareholder Wealth," *Journal of Finance*, Vol. 41, No. 1 (March 1986), pp. 225-241.

Alderson, M., and K. C. Chen, "A Survey on Current Practice in Defined Benefit Plan Terminations," *Financial Analysts Journal*, Vol. 42, No. 6 (November-December 1986), pp. 14-18.

Alderson, M., and J. L. Van Dehei, "Pension Asset Reversions," in J. A. Turner and D. J. Beller, eds., *Trends in Pensions*, U. S. Department of Labor, (Pension and Welfare Benefits Administration, 1992).

Ali, A., and K. R. Kumar, "The Magnitude of Financial Statement Effects and Accounting Choice: The Case of Adoption of SFAS 87," *Journal of Accounting and Economics*, Vol. 18, No. 1 (July 1994), pp. 89-114.

Allen, E. T., J. J. Melone, J. S. Rosenbloom, and J. L. Van Derhei, *Pension Planning* 6 th ed. (Richard D. Irwin, 1988).

Allen, S. G., and R. L. Clark, "Unions, Pension Wealth, and Age-Compensation Profiles," *Industrial and Labor Relation Review*, Vol. 39, No. 4 (July 1986), pp. 502-517.

Allen, S. G., R. L. Clark, and D. A. Summer, "Postretirement Adjustments of Pension Benefits," *Human Resources*, Vol. 21, No. 1 (Winter 1986) pp. 118-137.

Allen, S. G., and R. L. Clark, "Pensions and Firm Performance," in M. Kleiner, R. Block, M. Roomkin, and S. Salburg, eds., *Human Resources and the Performance of the Firm* (Industrial Relations Research Association, 1987).

Ambachsheer, K. P., *Pension Funds and the Bottom Line* (Dow-Jones Irwin, 1986). 第一生命保険相互会社投資開発室・年金運用室訳『年金 ALM と財務戦略』(金融財政事情研究会, 1991 年)。

Ambachsheer, K. P., "Pension Fund Asset Allocation: In Defense of a 60/40 Equity/Debt Asset Mix," *Financial Analysts Journal*, Vol. 43, No. 5 (September-

October 1987), pp. 14-24.
Amble, J. L., and J. M. Cassel, *A Guide to Implementation of Statement 87 on Employer's Accounting for Pensions—Questions and Answer* (Financial Accounting Standards Board, 1986). 三菱信託銀行 FAS 研究会訳『米国の企業年金会計基準と適用指針』(白桃書房, 1997 年)。
American Accounting Association, *A Statements of Basic Accounting Theory* (American Accounting Association, 1996). 飯野利夫訳『基礎的会計理論』(国元書房, 1969 年)。
American Accounting Association, Committee on Concepts and Standards for External Financial Reports, *Statement on Accounting Theory and Theory Acceptance* (American Accounting Association, 1977). 染谷恭次郎訳『会計理論及び理論承認』(国元書房, 1980 年)。
American Institute of Accountants, Committee on Accounting Procedure, *Accounting Research Bulletin No. 36 : Pension Plans Accounting For Annuity Costs Based on Past Services* (American Institute of Accountants, 1948).
American Institute of Accountants, Committee on Accounting Procedure, *Accounting Research Bulletin No. 43 : Restatement and Revision of Accounting Research Bulletin* (American Institute of Accountants, 1953).
American Institute of Accountants, Committee on Accounting Procedure, *Accounting Research Bulletin No. 47 : Accounting for the Cost of Pension Plans* (American Institute of Accountants, 1956).
American Institute of Certified Public Accountant, Accounting Principles Board, *Opinion of Accounting Principles Board No. 8 : Accounting for the Cost of Pension Liabilities* (American Institute of Certified Public Accountant, November 1966).
American Institute of Certified Public Accountants, *Statement of the Accounting Principles Board No. 4 : Basic Concepts and Accounting Principles Underlying Financial Statements of Business Enterprises* (American Institute of Certified Public Accountant, 1970). 川口順一訳『企業会計原則』(同文舘, 1973 年)。
American Institute of Certified Public Accountants, Auditing Standards Boards *Statement of Auditing Standards No. 69 : The Meaning of 'Present Fairly in Conformity with Generally Accepted Accounting Principles' in the Independent Auditor's Report* (American Institute of Certified Public Accountant, January 1992).
Ames, C., and J. D. Hlavacek, "Vital Truths About Managing Your Costs," *"Har-*

vard Business Review, Vol. 68, No. 1 (January-February 1990), pp. 140-147.
Amir, E., and S. Benartzi, "The Expected Rate of Return on Pension Funds and Asset Allocation as Predictors of Portfolio Performance, Accounting Review, Vol. 73, No. 3 (July 1998), pp. 335-352.
Andrews, E. S., *The Changing Profile of Pensions in America* (Employee Benefit Research Institute, 1985).
Andrews, E. S., *Pension Policy and Small Employers : At What Price Coverage?* (Employee Benefit Research Institute, 1989).
Andrews, V. L., "Pension Funds in the Securities Markets," *Harvard Business Review*, Vol. 37, No. 6 (November-December 1959), pp. 90-103.
Archibald, T. R., *Accounting for Pension Costs and Liabilities* (The Canadian Institute of Chartered Accountants, 1981).
Arnott, R. D., and P. L. Bernstein, "The Right Way to Manage Your Pension Fund," *Harvard Business Review*, Vol. 66, No. 1 (January-February 1988), pp. 95-102.
Arrow, K. J., *Social Choice and Individual Values* (John Wiley and Sons, 1951). 長名寛明訳『社会的選択と個人評価』(日本経済新聞社, 1977年)。
Arrow, K. J., *The Limits of Organization* (Norton and Company, 1974). 村上泰亮訳『組織の限界』(岩波書店, 1976年)。
Barth, M. E., "Relative Measurement Errors Among Alternative Pension Asset and Liability Measures," *Accounting Review*, Vol. 66, No. 3 (July 1991), pp. 433-463.
Barth, M. E., W. R. Landsman, and W. H. Beaver, "The Market Valuation Implications of Net Periodic Pension Cost Components," *Journal of Accounting and Economics*, Vol. 15, No. 1 (March 1992), pp. 27-62.
Barth, M. E., and W. R. Landsman, "Fundamental Issues Related to Using Fair Value Accounting for Financial Reporting," *Accounting Horizons*, Vol. 9, No. 4 (December 1995), pp. 97-107.
Barnow, B. L., and R. G. Ehrenberg, "The Costs of Defined Benefit Pension Plans and Firm Adjustments," *Quarterly Journal of Economics*, Vol. 93, No. 4 (November 1979), pp. 523-540.
Barton, S. L., and Paul J. Gordon, "Corporate Strategy and Capital Structure," *Strategic Management Journal*, Vol. 9, No. 6 (November-December 1988), pp. 623-632.
Bassett, P. C., "Who, What, and When of Accounting and Reporting for Pension

Plans," *Financial Executive*, Vol. 46, No. 1 (January 1976), pp. 12-17.

Beaver, W. H., *Financial Reporting : An Accounting Revolution*, 3rd ed. (Prentice Hall, 1998).

Bell, P. W., "On Current Replacement Costs and Business Income," in R. R. Sterling, eds., *Asset Valuation and Income Determination* (Scholars Book, 1971).

Bernard, V., "The Feltham-Ohlson Framework : Implications for Empiricists," *Contemporary Accounting Research*, Vol. 11, No. 2 (Spring 1995), pp. 733-747.

Bernard, V., and D. Skinner, "What Motivates Manager's Choice of Discretionary Accruals ?," *Journal of Accounting and Economics*, Vol. 22, No. 1-3 (August-December 1996), pp. 313-325.

Bevis, H. W., *Corporate Financial Reporting in a Competitive Economy* (Macmillan Company, An Arkville Press Book, 1965).

Black, F., "The Tax Consequences of Long-Run Pension Policy," *Financial Analysts Journal*, Vol. 36, No. 4 (July-August 1980), pp. 21-28.

Black, F., "Should You Use Stocks to Hedge Your Pension Liability ?," *Financial Analysts Journal*, Vol. 45, No. 1 (January-February 1989), pp. 10-12.

Blankley, A. I., and E. P. Swanson, "A Longitudinal Study of SFAS 87 Pension Rate Assumptions," *Accounting Horizons*, Vol. 9, No. 4 (December 1995), pp. 1-21.

Blinder, A. S., *NBER Working Paper No. 902 : Private Pensions and Public Pensions : Theory and Fact* (National Bureau of Economic Research, June 1982).

Bloom, D. E., and R. B. Freeman, *NBER Working Paper No. 3973 : The Fall in Private Pension Coverage in the U. S.* (National Bureau of Economic Research, January 1992).

Bodie, Z., *NBER Working Paper No. 3101 : Pensions and Financial Innovations* (National Bureau of Economic Research, September 1989).

Bodie, Z., "The ABO the PBO and Pension Investment Policy," *Financial Analysts Journal*, Vol. 46, No. 5 (September-October 1990), pp. 27-34.

Bodie, Z., J. O. Light, R. Morck, and R. A. Taggart, Jr., *NBER Working Paper No, 1315 : Funding and Asset Allocation in Corporate Pension Plans : An Empirical Investigation* (National Bureau of Economic Research, 1984).

Bodie, Z., J. O. Light, R. Morck, and R. A. Taggart, Jr., "Corporate Pension Plans : An Empirical Investigation," *Financial Analysts Journal*, Vol. 41, No. 5 (September-October 1985), pp. 10-16.

Bodie, Z., and O. S. Mitchell, "Pension Security in Aging World," in Bodie, Z., O. S. Mitchell, and J. A. Turner, eds., *Securing Employer-Based Pensions : An International Perspective* (Pension Research Council, Warton School of University of Pennsylvania, University of Pennsylvania Press, 1996). [1996 a]

Bodie, Z., O. S. Mitchell, and J. A. Turner, eds., *Securing Employer-Based Pensions : An International Perspective* (Pension Research Council, Warton School of University of Pennsylvania, University of Pennsylvania Press, 1996). [1996 b]

Bostck, P., P. Woolley, and M. Duffy, "Duration-Based Asset Allocation," *Financial Analyst, Journal*, Vol. 45, No. 1 (January-February 1989), pp. 53-60.

Bowen, R., L. Ducharme, and D. Shores, "Stakeholders' Implicit Claims and Accounting Method Choice," *Journal of Accounting and Economics*, Vol. 20, No. 3 (December 1995), pp. 255-295.

Bradley, K. and A. Galb, "Employee Buyouts of Troubled Companies," *Harvard Business Review*, Vol. 63, No. 5 (September-October 1985), pp. 121-130.

Brancato, C. K., *Institutional Investors and Corporate Governance : Best Practices for Increasing Corporate Value* (McGraw-Hill, 1997).

Bronson, D. C., *Concepts of Actuarial Soundness in Pension Plans* (Pension Research Council, Wharton School of Finance and Commerce, University of Pennsylvania, 1957).

Brundage, P. F., "Pension Plans from an Accountant's Point of View," *Journal of Accountancy*, Vol. 89, No. 1 (January 1950), pp. 8-15.

Bulow, J., *NBER Working Paper No. 402 : Analysis of Pension Funding under ERISA* (National Bureau of Economic Research, 1979).

Bulow, J. I., "What are Corporate Pension Liabilities ?," *Quarterly Journal of Economics*, Vol. XC Ⅶ, No. 3 (August 1982), pp. 435-452.

Bulow, J., and M. Scholes, *NBER Working Paper Series Working Paper No. 924 : Who Owns the Assets in a Defined Benefit Pension Plan* (National Bureau of Economic Research, 1982).

Bureau of National Affairs Editional Staff, *Hilights of the New Pension Reform Law* (Bureau of National Affairs, 1974).

Carlson, D. G., "Responding to the Pension Reform Law," *Harvard Business Review*, Vol. 52, No. 6 (November-December 1974), pp. 133-144.

Cassel, J. M., and D. W. Kahn, "FASB Statement No. 35 : Not Enough about the Future ?," *Financial Executive*, Vol. 48, No. 12 (December 1980), pp. 44-51.

Clare, J. L., "An Actuarial Response to the AISG Study 'Accounting for Pension

Costs'," *Financial Executive*, Vol. 46, No. 11 (November 1978), pp. 18-26.

Clark, G. L., *Pensions and Corporate Restructuring in American Industry : A Crisis of Regulation* (John Hopkins University Press, 1993).

Coase, R. H., "The Nature of The Firm," *Economica*, Vol. 4, No. 16 (November 1937), pp. 386-405.

Coggin, T. D., F. J. Fabozzi, and S. Rahman, "The Investment Performance of U. S. Equity Pension Fund Managers: An Empirical Investigation," *Journal of Finance*, Vol. 48, No. 3 (July 1993), pp. 1039-1055.

Collins, D., and E. Maydew, and I. Weiss, "Changes in the Value-Relevance of Earnings and Book Values over the Past Forty Years," *Journal of Accounting Economics*, Vol. 24, No. 1 (December 1997), pp. 39-67.

Collins D. W., M. Pincs and H. Xie, "Equity Valuation and Negative Earnings: The Role of Book Value of Equity," *Accounting Review*, Vol. 74, No. 1, (January 1999) pp. 29-61.

Copeland, T., T. Kollor, and J. Mullen, *Valuation, Measuring and Managing the Value of Companies* (John Wiley and Sons, 1990). 伊藤邦雄訳『企業評価と戦略経営―キャッシュフロー経営への転換―』(日本経済新聞社, 1993年)。

Croot, D. J., "Coping With the Decline of Asset Values in Pension Funds," *Financial Executive*, Vol. 38, No. 11 (November 1970), pp. 20-31.

Croot, D. J., "Worlds in Collision: Pensions, Social Security, and Welfare," *Financial Executive*, Vol. 41, No. 5 (May 1973), pp. 70-81.

Cummings, F., "Private Pensions: The Case for Reasonable Reform," *Financial Executive*, Vol. 41, No. 5 (May 1973), pp. 25-31.

Daley, L., "The Valuations of Reported Pension Measures for Firms Sponsoring Defined Benefit Plans," *Accounting Review*, Vol. 59, No. 2 (April 1984), pp. 177-198.

Davis, E. P., *Pension Funds : Retirement-Income Security and Capital Markets : An International Perspective* (Oxford University Press, 1995).

Davis, E. P., "An International Comparison of the Financing of the Occupational Pensions," in Bodie, Z., O. S. Mitchell, and J. A. Turner, eds., *Securing Employer-Based Pensions : An International Perspective* (Pension Research Council, Warton School of the University of Pennsylvania, University of Pennsylvania Press, 1996).

Daykin, C. D., "Occupational Pension Provision in the United Kingdom," in Bodie, Z., O. S. Mitchell, and J. A. Turner, eds., *Securing Employer-Based Pensions :*

An International Perspective (Pension Research Council, Warton School of the University of Pennsylvania, University of Pennsylvania Press, 1996).

Dean, A. H., "Accounting for the Cost of Pensions," *Harvard Business Review*, Vol. 28, No. 4 (July 1950), pp. 25-40. [1950 a]

Dean, A. H., "Accounting for the Cost of Pensions," *Harvard Business Review*, Vol. 28, No. 5 (September 1950), pp. 102-122. [1950 b]

Dechow, P. M., and R. G. Sloan, "Executive Incentives and the Horizon Problem: An Empirical Investigation," *Journal of Accounting and Economics*, Vol. 14, No. 1 (March 1991), pp. 57-89.

Dechow, P., R. Sloan, and A. Sweeney, "Detecting Earnings Management," *Accounting Review*, Vol. 70, No. 2 (April 1995), pp. 193-225.

Demski, J. S., "Choice among Financial Reporting Alternatives," *Accounting Review*, Vol. 49, No. 2 (April 1974), pp. 221-232.

Demski, J. S., and G. A. Feltham, *Cost Determination: A Conceptual Approach* (Iowa State University, 1976).

Demski, J. S., J. M. Patell, and M. A. Wolfson, "Decentralized Choice of Monitoring Systems," *Accounting Review*, Vol. 59, No. 1 (January 1984), pp. 16-34.

Demski J. S., and R. A. Dye, "Risk, Return, and Moral Hazard," *Journal of Accounting Research*, Vol. 37, No. 1 (Spring 1999), pp. 27-55.

Dewhirst, J. F., "A Conceptual Approach to Pension Accounting," *Accounting Review*, Vol. 46, No. 2 (April 1971), pp. 365-373.

Dewing, A. S., *The Financial Policy of Corporations Vol. I and II*, 5th ed. (Ronald Press, 1953).

Dhaliwal, D. S., "The Effect of the Firms' Capital Structure on the Choice of Accounting Method," *Accounting Review*, Vol. 55, No. 1 (January 1980), pp. 78-84.

Dhaliwal, D. S., "Measurement of Financial Leverage in the Presence of Unfunded Pension Obligations," *Accounting Review*, Vol. 61, No. 4 (October 1986), pp. 651-661.

Dhaliwal, D. S., G. Salamon, and E. D. Smith, "The Effect of Owner Versus Management Control on the Choice of Accounting Methods," *Journal of Accounting and Economics*, Vol. 4, No. 1 (July 1984), pp. 41-53.

Dicksee, L. E., *Depreciation, Reserves, and Reserve Funds* (1903; Reprinted, Arno-Press, 1976.)

Drucker, P. F., *The Unseen Revolution: How Pension Fund Socialism Came to*

America (Harper and Row, 1976). 上田惇生訳『(新訳) 見えざる革命：年金が経済を支配する』(ダイヤモンド社，1996年)。

Drucker, P. F., "Recognizing with the Pension Fund Revolution," *Harvard Business Review*, Vol. 69, No. 2 (March-April 1991), pp. 106-114.

Dyckman, T. R., and D. Morse, *Efficient Capital Markets and Accounting : A Critical Analysis*, 2nd ed. (Prentice Hall, 1986).

Dye, R. A., "Discretion vs. Uniformity : Choices among GAAP," *Accounting Review*, Vol. 70, No. 3 (July 1995), pp. 389-415.

Ellis, C. D., "Caution on Pension ROI Assumptions," *Harvard Business Review*, Vol. 50, No. 4 (July-August 1972), pp. 6-15 and 146.

Ezra, D. D., and K. P. Ambachsheer, "Pension Funds : Rich or Poor ?," *Financial Analysts Journal*, Vol. 41, No. 2 (March-April, 1985), pp. 43-56.

Fabozzi, F. J., eds., *Pension Fund Investment Management : A Handbook for Sponsors and Their Advisors* (Probus, 1990)。榊原茂樹監訳，大和銀行年金信託運用部訳『年金運用のリスク管理：年金基金の手引書』(金融財政事情研究会，1995年)。

Fabozzi, F. J., "Dedicated Bond Portfolios," in Fabozzi, F. J., and T. D. Fabozzi, eds., *The Handbook of Fixed Income Securities*, 4th ed. (Irwin Professional Publishing, 1995). [1995 a]

Fabozzi, F. J. and T. D. Fabozzi, eds., *The Handbook of Fixed Income Securities*, 4th ed. (Irwin Professional Publishing, 1995). [1995 b]

Fama, E. F., "Agency Problem and the Theory of the Firm," *Journal of Political Economy*, Vol. 88, No. 2 (April 1980), pp. 288-307.

Fama, E. F., "Efficient Capital Markets : II," *Journal of Finance*, Vol. 46, No. 5 (December 1991), pp. 1575-1617. 小峰みどり監訳，兼広崇明訳『効率的資本市場：II』証券アナリストジャーナル，第30巻第7号 (1992年7月)。

Fama, E. F., and M. C. Jensen, "Agency Problem and Residual Claims," *Journal of Law and Economics*, Vol. 26, No. 2 (June 1983), pp. 327-349. [1983 a]

Fama, E. F., and M. C. Jensen, "Separation of Ownership and Control," *Journal of Law and Economics*, Vol. 26, No. 2 (June 1983), pp. 301-326. [1983 b]

Feltham, G. A., "The Value of Information," *Accounting Review*, Vol. 43, No. 4 (October 1968), pp. 684-696.

Feltham, G. A., and J. A. Ohlson, "Valuation and Clean Surplus Accounting for Operating and Financial Activities," *Contemporary Accounting Research*, Vol. 11, No. 2 (Spring 1995), pp. 689-731.

Ferdstein, M., and S. Seligman, "Pension Funding, Share Prices, and National Savings," *Journal of Finance*, Vol. 36, No. 4 (September 1981), pp. 801-824.

Figgie, H. E., Jr., "Defusing the Pension Liability Bomb," *Harvard Business Review*, Vol. 59, No. 6 (November-December 1981), pp. 157-163.

Financial Accounting Standards Board, *Interpretation No. 3 : Accounting for the Cost of Pension Plans : Subject to the Employee Retirement Income Security Act of 1974* (Financial Accounting Standards Board, December 1974).

Financial Accounting Standards Board, *Statement of Financial Accounting Concepts No. 1 : Objectives of Financial Reporting by Business Enterprises* (Financial Accounting Standards Board, November 1978). 平松一夫・広瀬義州訳『FASB財務会計の諸概念（増補版）』（中央経済社，2002年）。

Financial Accounting Standards Board, *Statement of Financial Accounting Concepts No. 2 : Qualitative Characteristics of Accounting Information* (Financial Accounting Standards Board, May 1980)。同上訳書（2002年）。

Financial Accounting Standards Board, *Statement of Financial Accounting Concepts No. 3 : Elements of Financial Statements* (Financial Accounting Standards Board, December 1980).

Financial Accounting Standards Board, *Statement of Financial Accounting Concepts No. 5 : Recognition and Measurement in financial Statements of Business Enterprises* (Financial Accounting Standards Board, December 1984)。平松・広瀬前掲訳書（2002年）。

Financial Accounting Standards Board, *Statement of Financial Accounting Concepts No. 6 : Elements of Financial Statements* (Financial Accounting Standards Board, December 1985). 平松・広瀬前掲訳書（2002年）。

Financial Accounting Standards Board, *Statement of Financial Accounting Concepts No. 7 : Using Cash Flow Information and Present Value in Accounting Measurements* (Financial Accounting Standards Board, February 2000). 平松・広瀬，前掲訳書（2002年）。

Financial Accounting Standards Board, *Statement of Financial Accounting Standards No. 35 : Accounting and Reporting by Benefit Pension Plans* (Financial Accounting Standards Board, March 1980).

Financial Accounting Standards Board, *Statement of Financial Accounting Standards No. 36 : Disclosure of Pension Information (an Amendment of APB Opinion No. 8)*, (Financial Accounting Standards Board, May 1980).

Financial Accounting Standards Board, *Statement of Financial Accounting Standards No. 87 : *Employer's Accounting for Pensions* (Financial Accounting Standards Board, December 1985).

Financial Accounting Standards Board, *Statement of Financial Accounting Standards No. 88 : Employer's Accounting for Settlement and Curtailments of Defined Benefits Pension Plans and for Termination Benefits* (Financial Accounting Standards Board, December 1985).

Financial Accounting Standards Board, *Statement of Financial Accounting Standards No. 130 : Reporting Comprehensive Income* (Financial Accounting Standards Board, June 1997).

Financial Accounting Standards Board, *Statement of Financial Accounting Standards No. 132 : Employer's Disclosures about Pensions and Other Postretirement Benefits—an amendment of FASB Statements No. 87, 88, and 106* (Financial Accounting Standards Board, February 1998).

Financial Accounting Standards Board, *Background Paper : Accounting for Pensions of Employers'* (Financial Accounting Standards Board, March 1980).

Financial Accounting Standards Board, *Discussion Memorandum : Employers' Accounting for Pensions and Postretirement Benefits* (Financial Accounting Standards Board, February 1981). [DM 87-1]

Financial Accounting Standards Board, *Discussion Memorandum : Employers' Accounting for Pensions and Other Postretirement Benefits* (Financial Accounting Standards Board, April 1983). [DM 87-2]

Financial Accounting Standards Board, *Public Record : Statement of Financial Accounting Standards No. 35 : Accounting and Reporting by Defined Benefit Pension Plans* (Financial Accounting Standards Board, 1983). [PR 35]

Financial Accounting Standards Board, *Public Record : FASB Discussion Memorandum : Employers' Accounting for Pensions and Other Postretirement Benefits* (Financial Accounting Standards Board, 1982). [PR 87 a]

Financial Accounting Standards Board, *Public Record : FASB Preliminary Views and FASB Discussion Memorandum : Employers' Accounting for Pensions and Other Postretirement Benefits* (Financial Accounting Standards Board, 1983). [PR 87 b]

Financial Accounting Standards Board, "FASB's Plan for International Activities," *HIGHLIGHTS of Financial Accounting Issues* (January, 1995 : Reprint February 1997).

Finton, I. L., and R. I. Mehr, *Pension Funds and Insurance Reserves* (DowJones-

Irwin, 1986).

Fogarty, T. J., and J. Grant, "Impact of the Actuarial Profession on Financial Reporting," *Accounting Horizons*, Vol. 9, No. 3 (September 1995), pp. 23-33.

Francis, J. R., "Lobbying Against Proposed Accounting Standards: The Case of Employer's Pension Accounting," *Journal of Accounting and Public Policy*, Vol. 6, No. 1 (Spring 1987), pp. 35-57.

Francis, J. R., and Reiter, S. A., "Determinants of Corporate Pension Funding Strategy," *Journal of Accounting and Economics*, Vol. 9, No. 1 (April 1987), pp. 35-59.

Freeman, R. B., "Unions, Pensions and Union Pension Funds," in D. A. Wise, eds., *Pensions, Labor, and Individual Choice* (University of Chicago Press, 1985).

Fridman, B. M., *NBER Working Paper No. 957 : Pension Funding, Pension Asset Allocation and Corporate Finance, Evidence from Individual Company Data* (National Bureau of Economic Research, 1982).

Gamble, G. O., and J. J. Cramer, Jr., "The Role of Present Value in the Measurement and Recording of Nonmonetary Financial Assets and Liabilities," *Accounting Horizons*, Vol. 6, No. 4 (December 1992), pp. 32-41.

Gersovitz, M., "Economic Consequences of Unfunded Vested Pension Benefits," *Journal of Public Economics*, Vol. 19, No. 2 (November 1982), pp. 171-186.

Gewirtz, P. A., and R. C. Phillips, "Unfunded Pension Liabilities… The New Myth," *Financial Executive*, Vol. 46, No. 8 (August 1978). pp. 18-24

Ghicas, D. C., "Determinants of Actuarial Cost Method Changes for Pension Accounting and Funding," *Accounting Review*, Vol. 65, No. 2 (April 1990), pp. 384-405.

Gjesdal, F., "Accounting for Stewardship," *Journal of Accounting Research*, Vol. 19, No. 1 (Spring 1981), pp. 208-231.

Gopalakrishnan, V., and T. F. Sugrue, "An Empirical Investigation of Stock Market Valuation of Corporate Projected Pension Liabilities," *Journal of Business Finance and Accounting*, Vol. 20, No. 5 (September 1993), pp. 711-724.

Gordon, M. J., and G. Shillinglaw, *Accounting : A Management Approach*, 3rd ed. (Richard D Irwin, 1964).

Gore, P., *The FASB Conceptual Framework Project 1973-1985* (Manchester University Press, 1992).

Gradison, W. D., Jr., "Key Questions in Pension Fund Investment, "*Harvard Business Review*, Vol. 33, No. 4 (September-October 1955), pp. 84-90.

Graham, F. W., and R. C. Bower, "Corporate Responsibility in Pension Fund Management," *Financial Executive*, Vol. 33, No. 6 (June 1965), pp. 36-49.

Greenough, W. C., and F. P. King, *Pension Plans and Public Policy* (Columbia University Press, 1976).

Grifin, F. L., Jr., "Myths in Proposed Pension Regulations," *Financial Executive*, Vol. 37, No. 10 (October 1969), pp. 92-104.

Grossman, S. J., and O. D. Hart, "Corporate Financial Structure and Managerial Incentives," in McCall, eds., *The Economics of Information and Uncertainty* (University of Chicago Press 1982).

Grossman, S. J., and O. D. Hart, "An Analysis of Principal-Agent Problem," *Econometrica*, Vol. 51, No. 1 (January 1983), pp. 7-45.

Gustman, A. L., and O. S. Michell, "Pensions and Labor Market Activity: Behavior and Data Requirements," in Z. Bodie and A. Munnell, eds., *Pensions and the Economy: Sources, Uses, and Limitations of Data* (University of Pennsylvania Press, 1992).

Hagerman, R. L., and M. E. Zmiewski, "Some Economic Determinants of Accounting Policy Choice," *Journal of Accounting and Economics*, Vol. 1, No. 2 (August 1979), pp. 141-161.

Hall, W. D., and D. L. Landsittel, *A New Look at Accounting for Pension Costs* (Richard D. Irwin, 1977)

Hamada, R. S., "The Effect of the Firm's Capital Structure on the Systematic Risk of Common Stocks," *Journal of Finance*, Vol. 27, No. 2 (May 1972), pp. 435-452.

Hamadallh, A. E., and W. Ruland, "The Decision to Terminate Overfunded Pension Plans," *Journal of Accounting and Public Policy*, Vol. 5, No. 2 (Summer 1986), pp. 77-91.

Hardiman, P. F., and W. R. Schwarts, "Development in Pension Accounting," *Accountants Digest*, Vol. 52, No. 2 (December 1986), pp. 26-33.

Harper, R. M., Jr., W. G. Mister, and J. R. Straeser, "The Impact of New Pension Disclosure Rules on Perceptions of Debt," *Journal of Accounting Research*, Vol. 25, No. 2 (Autumn 1987), pp. 327-330.

Harris, M. C., and R. A. Raviv, "Some Results in Incentive Contracts with Applications to Education and Employment, Health Insurance, and Law Enforcement," *American Economic Review*, Vol. 68, No. 1 (March 1978), pp. 20-30.

Hatfield, H. R., *Modern Accounting*, (1916; Reprinted, Arno Press, 1976).
松尾憲橘訳『近代会計学：原理とその問題』(雄松堂書店，1971年)。

Haw, In-Mu, K. Jung, and S. B. Lilien, "Overfunded Defined Benefit Pension Plan Settlement without Asset Reversions," *Journal of Accounting and Economics*, Vol. 14, No. 3 (September 1991), pp. 295-320.

Hayton, D. J., *The law of Trusts*, 2nd ed. (Sweet and Maxwell 1993). 新井誠監訳, 三菱信託銀行信託研究会訳『信託法の基本原理』(勁草書房, 1996年)。

Healy, P. M., "The Effect of Bonus Schemes on Accounting Decisions," *Journal of Accounting and Economics*, Vol. 7, No. 1-3 (April 1985), pp. 85-107.

Hicks, E. L., *Accounting Research Study No. 8 : Accounting for the Cost of Pension Plan* (American Institute of Certified Public Accountant, 1965).

Higgins, E. D., "Getting More Mileage from Your Pension Trust," *Financial Executive*, Vol. 39, No. 12 (December 1971), pp. 26-31.

Holmstorm, B., "Moral Hazard and Observability," *Bell Journal of Economics*, Vol. 10, No. 1 (Spring 1979), pp. 74-91.

Holthausen, R. W., and R. W. Leftwich, "The Economic Consequences of Accounting Choice: Implications of Costly Contracting and Monitoring," *Journal of Accounting and Economics*, Vol. 5, No. 2 (August 1983), pp. 77-117.

Holthausen, R. W., "Accounting Method Choice: Opportunistic Behavior, Efficient Contracting, and Information Perspectives," *Journal of Accounting and Economics*, Vol. 12, No. 1-3 (January 1990), pp. 207-218.

Houff, J., and W. J. Wiatrowski, "Analyzing Short-Term Disability Benefits," *Monthly Labor Review*, Vol. 112, No. 6 (June 1989), pp. 3-9.

Hubbard, R. H., Jr., "The Future of Private Pension Plans," *Financial Executive*, Vol. 35, No. 4 (April 1967), pp. 30-40.

Ijiri, Y., "A Defense for Historical Cost Accounting," in R. R. Sterling, eds., *Asset Valuation and Income Determination* (Scholars Book, 1971).

Ijiri, Y., *The Foundations of Accounting Measurement : A Mathematical, Economic, and Behavioral Inquiry* (Prentice-Hall, 1967). 井尻雄士『会計測定の基礎―数学的・経済学的・行動学的探究―』(東洋経済新報社, 1968年)。

International Accounting Standards Committee, *An Issues Paper prepared by the IASC Staff for comment by 31 October 1995 : Retirement Benefit and Other Employee Benefit Costs* (International Accounting Standards Committee, 1995).

International Labor Organization, *Pensions and Inflation An International Discussion* (International Labor Organization, 1980).

Ippolito, R. A., "The Labor Contract and True Economic Pension Liabilities," *American Economic Review*, Vol. 75, No. 5 (December 1985), pp. 1031-1043.

Ippolito, R. A., *Pensions, Economics and Public Policy* (Pension Research Council and Dow Jones-Irwin, 1986).

Ippolito, R. A., *Pension Plans and Employee Performance : Evidence, Analysis, and Policy* (University of Chicago Press, 1997). みずほ年金研究所監訳『企業年金の経済学―年金制度と生産性―』(シグマベイスキャピタル, 2000年)。

Ivancevich, J. M., *Human Resource Management*, 6th ed., (Richard D. Irwin, 1995).

Jenkins, D. O., "Accounting for Funded Industrial Pension Plans," *Accounting Review*, Vol. 39, No. 3 (July 1964), pp. 648-653.

Jensen, M. C., and W. H. Meckling, "Theory of the Firm: Managerial Behavior, Agency Costs and Ownership Structure," *Journal of Financial Economics*, Vol. 3, No. 4 (October 1976), pp. 305-360.

Kalay, A., "Stockholder-Bondholder Conflict and Dividend Constraints," *Journal of Financial Economics*, Vol. 10, No. 2 (July 1982), pp. 211-233.

Kam, V., *Accounting Theory*, 2nd ed. (John Wiley and Sons, 1990).

Keasey, K., and M. Wright, eds., *Corporate Governance Responsibilities Risk, and Remuneration* (John Wiley and Sons, 1997).

Kester, W. C., and T. A. Luehrman, "The Myth of Japan's Low-cost Capital," *Harvard Business Review*, Vol. 70 No. 3 (May-June 1992), pp. 130-138.

Kopits, G., "Reforming Social Security Systems," *Finance and Development*, Vol. 30, No. 2 (June 1993), pp. 21-23.

Korczyk, S. M., *Retirement Security and Tax Policy* (Employee Benefit Research Institute, 1984).

Lambart, R. A., and D. F. Larcker, "An Analysis of the Use of Accounting and Market Measures of Alternative Hypotheses," *Journal of Accounting Research*, Vol. 25 (Supplement 1987), pp. 85-125.

Landsman, W., "An Empirical Investigation of Pension Fund Property Rights," *Accounting Review*, Vol. 61, No. 4 (October 1986), pp. 662-691.

Langer, R., and B. Lev, "The FASB's Policy of Extended Adoption for New Standards: An Examination of FAS No. 87, "*Accounting Review*, Vol. 68, No. 3 (July 1993), pp. 515-533.

Lazear, E. P., "Agency, Earnings Profiles, Productivity and Hours Restrictions," *American Economic Review*, Vol. 71, No. 4 (September 1981), pp. 606-620.

Lazear, E. P., *NBER Working Paper No. 854 : Severance Pay, Pensions and Efficient Mobility* (National Bureau of Economic Research, 1982).

Lazear, E. P., "Pensions as Severance Pay," in Z. Bodie and J. B. Shoven, eds.,

Financial Aspects of the United States Pension System (University of Chicago Press, 1983).

Lee, M. M., "30% of What?," Financial Executive, Vol. 46, No. 1 (January 1978), pp. 30-35.

Leftwich, R., "Accounting Information in Private Markets: Evidence from Private Lending Agreements," Accounting Review, Vol. 58, No. 1 (January 1983), pp. 23-42.

Leftwich, R., "Aggregation of Test: Statistics vs. Economics," Journal of Accounting and Economics, Vol. 12, No. 3 (January 1990), pp. 37-44.

Leibowitz, M. L., "The Dedicated Bond Portfolio in Pension Funds—Part I : Motivations and Basics," Financial Analysts Journal, Vol. 42, No. 1 (January-February 1986), pp. 68-75.

Leibowitz, M. L., "Pension Asset Allocation through Surplus Management," Financial Analysts Journal, Vol. 43, No. 2 (March-April 1987), pp. 29-40.

Leibowitz, M. L., L. N. Bader, and S. Koglman, Return Targets and Shortfall Risks: Studies in Strategic Asset Allocation (Irwin Professional Publishing, 1996).

Lev, B., "On the Usefulness of Earnings and Earnings Research: Lessons and Directions from Two Decades of Empirical Research," Journal of Accounting Research, Vol. 27 (Supplement, 1989), pp. 153-192.

Lilien, S., M. Mellman, and V. Pastena, "Accounting Changes: Successful versus Unsuccessful Firms," Accounting Review, Vol. 63, No. 4 (October 1988), pp. 642-656.

Lipe, R., "The Information Contained in the Component of Earnings," Journal of Accounting and Research, Vol. 24 (Supplement 1986), pp. 37-68.

Lorensen, L., and P. Rosenfield, "Vested Benefit-A Company's only Pension Liability," Journal of Accountancy, Vol. 156, No. 4 (October 1983), pp. 64-76.

Lucus, T. S., and B. A. Hollowell, "Pension Accounting: The Liability Question," Journal of Accountancy, Vol. 152, No. 4 (October 1981), pp. 57-66.

Magee, R. P., "Accounting Measurement and Employment Contracts: Current Value Reporting," Bell Journal of Economics, Vol. 9, No. 1 (Spring 1978), pp. 145-158.

Maher, J. J., "Pension Obligations and the Bond Credit Market: An Empirical Analysis of Accounting Numbers," Accounting Review, Vol. 62, No. 4 (October 1987) pp. 785-798.

Malley, S. L., and S. Jayson, "Why Do Financial Executives Manage Pension Funds," *Financial Analysts Journal*, Vol. 42, No. 6 (November-December 1986), pp. 56-62.

Mallin, C. A., "Investors' Voting Rights," in Keasey, K., and M. Wright, eds., *Corporate Governance Responsibilities, Risks and Remuneration* (John Wiley and Sons, 1997).

Marks, B. R., and K. K. Raman, "The Importance of Pension Data for Municipal and State Creditor Decisions: Replication and Extensions," *Journal of Accounting Research*, Vol. 23, No. 2 (Autumn 1985), pp. 878-886.

May, G. O., *Financial Accounting : A Distillation of Experience* (Macmillan Company, 1943). 木村重義訳『G. O. メイ財務会計―経験の蒸留』(同文舘, 1970 年)。

McGill, D. M., K. N. Brown, J. J. Haley, and S. J. Schieber, *Fundamentals of Private Pensions*, 7th ed. (Pension Research Council, Warton School of The University of Pennsylvania, University of Pennsylvania Press, 1996).

Miller, P. B. W., and R. J. Redding, "Measuring the Effects of Political Compromise on Employers' Accounting for Defined Benefit Pensions," *Accounting Horizons*, Vol. 6, No. 1 (March 1992), pp. 42-61.

Mills, D. Q., "When Employees Make Concessions," *Harvard Business Review*, Vol. 61, No. 3 (May-June 1983), pp. 103-113.

Mittelstaedt, H. F., and P. R. Regier, "Future Evidence on Excess Asset Reversions and Shareholder Wealth," *Journal of Risk and Insurance*, Vol. 57, No. 3 (1990), pp. 471-486.

Mittelstaedt, H. F., and P. R. Regier, "The Market Response to Pension Plan Termination," *Accounting Review*, Vol. 68, No. 1 (January 1993), pp. 1-27.

Modigiani, F. and M. H. Miller, "The Cost of Capital, Corporation Finance and Theory of Investment," *American Economic Review*, Vol. 48, No. 3 (June 1958), pp. 261-297.

Modigiani, F. and M. H. Miller, "The Cost of Capital, Corporation Finance and Theory of Investment: Reply," *American Economic Review*, Vol. 49, No. 4 (Sept 1959), pp. 655-669.

Modigiani, F. and M. H. Miller, "Corporate Income Taxes and the Cost of Capital: A Correction," *American Economic Review*, Vol. 53, No. 3 (June 1963), pp. 433-443.

Modigiani, F. and M. H. Miller, "Reply to Heins and Sprenkle," *American Eco-*

nomic Review, Vol. 59, No. 4 (September 1969), pp. 592-595.

Moonitz, M., and A. Russ, "Accrual Accounting for Employer's Pension Costs," Journal of Accounting Research, Vol. 4, No. 1 (Spring 1966), pp. 155-168.

Moore, N. H., and S. W. Pruitt, "A Comment on Excess Asset Reversions and Shareholder Wealth," Journal of Finance, Vol. 45, No. 5 (December 1990), pp. 1709-1714.

Munnell, A. H., The Economics of Private Pensions (Brookings Institution, 1982).

National Commission on Fraudulent Financial Reporting, Report of National Commission on Fraudulent Financial Reporting (National Commission on Fraudulent Financial Reporting, October 1987). 鳥羽至英・八田進二共訳『不正な財務報告結論と勧告』(白桃書房, 1991年)。

Ng, D. S., "An Information Economics Analysis of Financial Reporting and External Auditing," Accounting Review, Vol. 53, No. 4 (October 1978), pp. 910-920.

Ng, D. S., and J. Stoeckenius, "Auditing: Incentives and Truthful Reporting," Journal of Accounting Research, Vol. 17 (Supplement 1979), pp. 1-24.

Nobles, R., Oxford Monographs on Labor Law : Pensions Employment and the law (Claredon Press Oxford, 1993).

Noll, D. L., and J. J. Weygandt, "Business Reporting: What Comes Next?," Journal of Accountancy, Vol. 183, No. 2 (February 1997), pp. 59-62.

O'Barr, W. M., and J. M. Conley, "Managing Relationships: The Culture of Institutional Investing," Financial Analysts Journal, Vol. 48, No. 5 (September-October 1992), pp. 21-27.

Oldfield, G., "Financial Aspects of Private Pension System," Journal of Money, Credit and Banking (February 1977), pp. 48-54.

O'Reilly, V. M., M. B. Hirsch, P. L. Defliese and H. R. Jaenicke, Montgomery's Auditing, 11th ed. (John Wiley and Sons, 1990). 中央監査法人訳『モントゴメリーの監査論』(中央経済社, 1993年)。

Organization for Economic Co-operation and Development, OECD Social Policy Studies No. 5 : Reporting Public Pensions (Organization for Economic Co-operation and Development, 1988).

Organization for Economic Co-operation and Development, Private Pensions and Public Policy (Organization for Economic Co-operation and Development, 1992). 船後正道監修, 厚生年金基金連合会訳『企業年金改革―公私の役割分担をめぐって―』(東洋経済新報社, 1997年)。

Organization for Economic Co-operation and Development, *OECD Social Policy Studies No. 10 : Private Pensions in OECD Countries the United States* (Organization for Economic Co-operation and Development, 1993).

Otis, H. W., "Comparing Pension Cost," *Harvard Business Review*, Vol. 35, No. 4, (July-August 1957), pp. 58-66.

Paine, T. H., "Anticipating Tomorrow's Environment for Pension Plans," *Financial Executive*, Vol. 36, No. 6 (July 1968), pp. 47-52.

Papke, L. E., *NBER Working Paper No. 4199 : Perticipation in and Contributions to 401 (k) Pension Plan : Evidence from Plan Deta* (National Bureau of Economic Research, October 1992).

Paton, W. A., and A. C. Littleton, *American Accounting Association Monograph No. 3 : An Introduction to Corporate Accounting Standards* (American Accounting Association, 1940). 中島省吾訳『会社会計基準序説』(森山書店, 1953年)。

Paton, W. A., *Asset Accounting : An Intermediate Course* (Macmillan Company, 1952).

Peifer, D. B., "A Sponsor's View of Benchmark Portfolios," in Fabozzi, F. J., and T. D. Fabozzi, eds., *The Handbook of Fixed Income Securities*, 4th ed. (Irwin Professional Publishing, 1995).

Pesando, J. E., and S. A. Rea, *Public and Private Pensions in Canada : An Economic Analyses* (University of Toronto Press for the Ontario Economic Council, 1977).

Pesando, J. E., and C. K. Clarke, "Economic Models of the Labor Market and Pension Accounting : An Exploratory Analysis," *Accounting Review*, Vol. 58, No. 4 (October 1983), pp. 733-748.

Pesando, J. E., "The Usefulness of the Wind-Up Measure of Pension Liabilities : A Labor Market Perspective," *Journal of Finance*, Vol. 40, No. 3 (July 1985), pp. 927-940.

Pesando, J. E., "The Economic Effects of Private Pensions'," in OECD, *Private Pensions and Public Policy* (OECD, 1992)

Philips, G. E., "Pension Liabilities and Assets," *Accounting Review*, Vol. 43, No. 1 (January-February 1968), pp. 10-17.

Phillips, R. C., "Circling in on Worldwide Pension Costs," *Financial Executive* Vol. 45, No. 11 (November 1977), pp. 36-40.

Pontiff, J., A. Shleifer, and M. S. Weibach, "Reversions of Excess Asset Reversions and Shareholder Wealth," *Journal of Finance*, Vol. 45, No. 5 (December 1990), pp. 600-613.

Press, E. G., and J. B. Weintrop, "Accounting-Based Constraints in Public and Private Debt Agreements: Their Association with Leverage and Their Impact on Accounting Choice," *Journal of Accounting and Economics*, Vol. 12, No. 1-3 (January 1990), pp. 65-95.

Rand, W. H., "Bonus-Profit-Sharing-Pensions," *Journal of Accountancy*, Vol. 12, No. 5 (November 1911), pp. 493-504.

Rasmusen, E., *Games and Information—An Introduction to Game Theory*— (Basil Blackwell, 1989). 細江守紀・村田省三・有定愛展訳『ゲームと情報の経済分析Ⅰ・Ⅱ』(九州大学出版会, 1990年).

Regan, P. J., "Potential Corporate Liabilities under ERISA," *Financial Analysts Journal*, Vol. 32, No. 2 (March-April 1976), pp. 26-32.

Regan, P. J., "Major Redesign of the Pension Insurance Program," *Financial Analysts Journal*, Vol. 34, No. 5 (September-October 1978), p. 10.

Regan, P. J., "Credit Ratings and Pension Costs," *Financial Analysts Journal*, Vol. 35, No. 2 (March-April 1979), pp. 6 and 7.

Regan, P. J., and Blieiberg, Steven D., "Overfunded Pension Plans" *Financial Analysts Journal*, Vol. 41, No. 6 (November-December 1985), pp. 10-12.

Revsine, L., "Understanding Financial Accounting Standard 87," *Financial Analysts Journal*, Vol. 45, No. 1 (January-February 1989), pp. 61-68.

Ross, S. A., "The Economic Theory of Agency: The Principal's Problem," *American Economic Review*, Vol. 63, No. 2 (May 1973), pp. 134-139.

Roughton, J., "Introducing the Newest Business Liability: Workers' Compensation," *Industrial Management*, Vol. 35, No. 3 (May-June 1993), pp. 19-22.

Rue, J. E., and D. E. Tosh, "Continuing Unresolved Issues of Pension Accounting," *Accounting Horizons*, Vol. 1, No. 4 (December 1987), pp. 21-27.

Schipper, K., and R. L. Weil, "Alternative Accounting Treatments for Pensions," *Accounting Review*, Vol. 57, No. 4 (October 1982), pp. 806-824.

Schwartz, R., and J. M. Lorentz, "FASB Project on Employer's Accounting for Pensions," *Accountants Digest*, Vol. 50, No. 1 (September 1984), pp. 33-41.

Securities and Exchange Commission, *Accounting Series Releases No. 4 : Administrative Policy on Financial Statements* (Securities and Exchange Commission, April 25, 1938). 加藤盛弘・鵜飼哲夫・百合野正博訳著『会計原則の展開』(森山書店, 1981年).

Securities and Exchange Commission, *Accounting Series Releases No. 150 : Statement of Policy on the Establishment and Improvement of Accounting Principles and Standards*, (Securities and Exchange Commission, December 20,1973)。加藤・鵜飼・百合野同上訳著。

Selling, T. I., and C. P. Stickney, "Accounting Measures of Unfunded Pension Liabilities and the Expected Present Value of Future Pension Cash Flows," *Journal of Accounting and Public Policy*, Vol. 5, No. 4 (Winter 1986), pp. 267-285.

Sen, A. K., "A Possibility Theorem on Majority Decisions," *Econometrica*, Vol. 34, No. 2 (April 1966), 491-499.

Sharpe, W. F., "Corporate Pension Funding Policy," *Journal of Financial Economics*, Vol. 3, No. 3 (June 1976), pp. 183-193.

Short, H. and K. Keasey, "Institutional Shareholders and Corporate Governance," in K. Keasey, and M. Wright, eds., *Corporate Governance Responsibilities Risk, and Remuneration* (John Wiley and Sons, 1997).

Simons, G., "Payroll Flexibility through Employee Trusts," *Harvard Business Review*, Vol. 26, No. 4 (July 1948), pp. 441-453.

Skinner, D. J., "The Investment Opportunity Set and Accounting Procedure Choice," *Journal of Accounting and Economics*, Vol. 16, No. 4 (October 1993), pp. 407-447.

Solomons, D., *Making Accounting Policy : The Quest for Credibility in Financial Reporting* (Oxford University Press, 1986). 加藤盛弘監訳『会計原則と会計方針』(森山書店, 1990年。)

Steven, G. V., *Employee Benefits : Valuation, Analysis, and Strategies* (John Wiley and Sons, 1993).

Stone, M. S., "A Survey of Research on the Effects of Corporate Pension Plan Sponsorship: Implications for Accounting," *Journal of Accounting Literature* (Spring 1982), pp. 1-33.

Stone, M. S., and B. Bublitz, "An Analysis of Reliability of the FASB Data Bank of Changing Price and Pension Information," *Accounting Review*, Vol. 59, No. 2 (July 1984), pp. 469-473.

Stone, M. S., "A Financial Explanation for Overfunded Pension Plan Terminations," *Journal of Accounting Research*, Vol. 25, No. 2 (Autumn 1987), pp. 317-326.

Stone, M. S., and R. W. Ingram, "The Effect of Statement No. 87 on the Financial

Reports of Early Adopters, *Accounting Horizons*, Vol. 2, No. 3 (September 1988), pp. 48-61.

Stone, M. S., "The Pension Accounting Myth," In E. E. Coffman, R. H. Tondker, and G. J. Previts eds., *Historical Perspectives of Selected Financial Accounting Topics* (Richard D. Irwin, 1993), pp. 253-270.

Stout, D. F., "New Pension Option for High-Level Managers," *Harvard Business Review*, Vol. 54, No. 5 (September-October 1976), pp. 128-132.

Study Group on Business Income, *Changing Concepts of Business Income : Report of Study Group on Business Income* (Scholars Book, 1975). SGBI [1975]

Sullivan, J. D., R. A. Gnospelius, P. L. Defliese, and H. R. Jaenicke, *Montgomery's Auditing*, 10th ed. (John Wiley and Sons, 1985).

Tarner, J. A., and D. M. Rayjnes, "Private Pension Systems in Transition Economics," in Z. Bodie, O. S. Mitchell, and J. A. Turner, eds., *Securing Employer-Based Pensions : An International Perspective* (Pension Research Council, Warton School of the University of Pennsylvania, University of Pennsylvania Press, 1996).

Tepper, I., and A. R. P. Affleck, "Pension Plan Liability and Corporate Financial Strategies," *Journal of Finance*, Vol. 24, No. 5 (March 1974), pp. 1549-1564.

Thomas, A. L., "The FASB and the Allocation Fallacy," *Journal of Accountancy*, Vol. 140, No. 5 (November 1975), pp. 65-68.

Thomas, J. K., "Corporate Taxes and Defined Benefit Pension Plans," *Journal of Accounting and Economics*, Vol. 10, No. 3 (July 1988), pp. 199-237.

Thomas, J. K., "Why Do Firms Terminate Their Overfunded Pension Plans?," *Journal of Accounting and Economics*, Vol. 11, No. 4 (November 1989), pp. 361-398.

Thomas, J. K., and S. Tung, "Cost Manipulation Incentives Under Cost Reimbursement Pension Costs for Defense Contracts," *Accounting Review*, Vol. 67, No. 4 (October 1992), pp. 691-711.

Thomas, W. A., *The Securities Market* (Philip Allan Publishers, 1989)。飯田隆・稲富信博・小林裏治『イギリスの証券市場』（東洋経済新報社，1991 年）。

Treynor, J. L., "The Principles of Corporate Pension Finance," *Journal of Finance*, Vol. 32, No. 2 (May 1977), pp. 627-638.

Treynor, J. L., P. J. Regan, and W. W. Priest, *The Financial Reality of Pension Funding under ERISA* (Dow Jones-Irwin, 1976).

Tyson, R. C., "Private Pension Plans and Public Policy," *Financial Executive*, Vol.

35, No. 11 (November 1967), pp. 16-22.

U. S. Department of Labor, Bureau of Labor Statistics, *Employee Benefits in Medium and Large Firms 1989* (U. S. Department of Labor, June 1990).

U. S. Department of Labor, Pension and Welfare Benefits Administration, *Trends in Pension* (U. S. Department of Labor, 1992).

VanDerhei, J. L., "The Effect of Voluntary Termination of Overfunded Pension Plans on Shareholder Wealth," *Journal of Risk and Insurance*, Vol. 55, No. 1 (March 1987), pp. 131-156.

Watts, R. L., and L. Zimmerman, *Positive Accounting Theory*, 1st ed. (Prentice-Hall, 1986)。須田一幸訳『実証理論としての会計学』(白桃書房, 1991年)。

Whitemore, J., "Industrial Pensions and Wages," *Journal of Accountancy*, Vol. 47, No. 3 (March 1929), pp. 174-183. [1929 a]

Whitemore, J., "Industrial Pensions and Wages," *Journal of Accountancy*, Vol. 47, No. 4 (April 1929), pp. 241-252. [1929 b]

Williamson, O. E., M. L. Wacher, and J. E. Harris, "Understanding the Employment Relation: The Analysis of Idiosyncratic Exchange," *Bell Journal of Economics*, Vol. 6, No. 1 (Spring 1975), pp. 250-278.

Williamson, O. E., "Credible Commitments Using Hostages to Support Exchange," *American Economic Review*, Vol. 73, No. 4 (September 1983), pp. 519-540.

Willinger, G. L., "A Contingent Claims Models for Pension Costs," *Journal of Accounting Research*, Vol. 23, No. 1 (Spring 1985), pp. 351-359.

Winklevoss, H. E., *Pension Mathematics with Numerical Illustrations*, 2nd ed. (Pension Research Council, Warton School of the University of Pennsylvania, University of Pennsylvania Press, 1993).

Zmijewski, M. E., and R. L. Hagerman, "An Income Strategy Approach to the Positive Theory of Accounting Standard Setting/Choice," *Journal of Accounting and Economics*, Vol. 3, No. 2 (August 1981), pp. 129-149.

Zucca, L. J., and D. P. Kirch, "A Gap in GAAP: Accounting for Midrange Stock Distributions," *Accounting Horizons*, Vol. 10, No. 2 (June 1996), pp. 100-112.

Anonymous Article, "Commingled Trusts Funds and Variable Annuities: Uniform Federal Regulation of Investment Funds Operated by Banks and Insurance Companies," *Harvard Law Review*, Vol. 82 (1968), pp. 435-468.

Anonymous Article, "NOTES: The Regulation of Risky Investments," *Harvard Law Review*, Vol. 83 (1970), pp. 603-625.

Anonymous Article, "NOTES: Fiduciary Standards and the Prudent Man Rule

Under the Employment Retirement Income Security Act of 1974," *Harvard Law Review*, Vol. 88 (1975), pp. 960-979.

Anonymous Article, "ERISA Flowcharts," *Journal of Accountancy* (April 1976), pp. 74-79.

青木昌彦・奥野正寛編『経済システムと比較制度分析』(東京大学出版会, 1996年)。
浅谷輝雄『リスク管理とアクチュアリー』(金融財政事情研究会, 1992)。
浅野幸弘「年金債務の特質とその把握」『証券アナリストジャーナル』第32巻3号 (1994年3月), 63-75頁。
新井清光『資本会計論』(中央経済社, 1965年)。
新井清光「退職給与引当金の設定について」『企業会計』第20巻第12号 (1968年12月), 72-77頁。
新井清光『会計公準論 (増補版)』(中央経済社, 1978年)。
新井清光『国際会計研究』(中央経済社, 1982年)。
新井清光編『企業会計原則の形成と展開』(中央経済社, 1989年)。
新井清光『新版財務会計論 (第二版)』(中央経済社, 1991年)。
新井清光・白鳥庄之助「日本における会計の法律的および概念的フレームワーク」『JICPAジャーナル』第3巻第10号 (1991年10月), 28-33頁。
安藤英義『商法会計制度論』(国元書房, 1985年)。
安藤英義「簿記および会計の空洞化」新井清光編『企業会計原則の形成と展開』(中央経済社, 1989年) 第2部第2章所収。
安藤英義編『会計フレームワークと会計基準』(中央経済社, 1996年)。
安藤英義『簿記会計の研究』(中央経済社, 2001年)。
石塚博司『意思決定の財務情報分析』(国元書房, 1985年)。
石原裕也「アメリカ会計諸原則におけるアプローチの時系列的研究」『會計』第163巻第5号 (2003年5月), 96-109頁。
伊丹敬之「日本企業の『人本主義』システム」, 今井賢一・小宮隆太郎編『日本の企業』(東京大学出版会, 1989年) 第3章所収。
伊藤邦雄「会計政策と財務戦略―ミッシング・リンクの探求―」『ビジネスレビュー』, 第33巻第1号 (1985年11月), 14-32頁。
伊藤邦雄「会計政策の可能性」『企業会計』第38巻第7号 (1986年7月), 34-43頁。
伊藤邦雄「わが国における時価評価の可能性と問題点」『証券アナリストジャーナル』, 第31巻第3号 (1993年3月), 15-27頁。

伊藤邦雄「負債会計にみる現代会計のチャレンジ―忍び寄るバルネラビリティー（脆弱性）とパラドックス―」『企業会計』第46巻第8号（1994年8月），26-53頁。
伊藤邦雄『会計制度のダイナミズム』（岩波書店，1996年）。
伊藤邦雄「連結決算とトライアングル体制」『JICPAジャーナル』第9巻第2号（1997年2月），53-57頁。
井上久子『追手門学院大学経済学研究叢書　第2号：アメリカの年金制度』（追手門学院大学経済学会，1998年）。
井上良二『会計社会学』（中央大学出版部，1984年）。
井上良二「経営者会計行動と企業戦略」『會計』第134巻第2号（1988年8月），184-197頁。
井上良二「会計上の認識・測定対象の意義―貨幣思考と財貨思考について―」『駿河台経済論集』第4巻第2号（1995年3月），271-290頁。[1995 a]
井上良二「原価主義と価値会計の論理」『會計』第148巻第2号（1995年8月），16-27頁。[1995 b]
井上良二『財務会計論』（新世社，1995年）。[1995 c]
井上良二「資産・負債観と収益費用観に関する一考察」『彦根論叢』第293号（1995年1月），111-125頁。[1995 d]
井上良二「時価の意味と計算体系」『駿河台経済論集』第6巻第2号（1997年3月），143-161頁。
井上良二編『制度会計の論点』（税務経理協会，2000年）。
猪木武徳・樋口美雄編『日本の雇用システムと労働市場』（日本経済新聞社，1995年）。
今福愛志『企業年金会計の国際比較』（中央経済社，1996年）。
今福愛志『年金の会計学』（新世社，2000年）。
今福愛志『労働債務の会計』（白桃書房，2001年）。
岩田　巌『利潤計算原理』（同文舘，1956年）。
宇沢弘文『日本企業のダイナミズム』（東京大学出版会，1991年）。
内川菊義『引当金会計論』（森山書店，1981年）。
海原文雄「信託資産投資における慎重性原則」，海原文雄『英米信託法の諸問題(上巻)』（大学図書，1993年）第8章所収。[1993 a]
海原文雄「信託における収益と元本の配分」，海原文雄『英米信託法の諸問題(上巻)』（大学図書，1993年）第12章所収。[1993 b]
海原文雄「アメリカにおける労働信託法」，海原文雄『英米信託法の諸問題(上巻)』（大学図書，1993年）第13章所収。[1993 c]

大石桂一「デュー・プロセスに関する考察―会計基準設定プロセスの国際的調和化に関連して―」『JICPAジャーナル』第13巻第2号（2001年2月），46-47頁。
大塚成男「社会的選択としての会計基準の設定」『企業会計』第40巻第4号（1988年4月），123-130頁。
大塚成男「合衆国会計基準の実像―利害関係者分割アプローチによる分析―」『千葉大学経済研究』第4巻第2号（1990年12月），281-323頁。
大塚成男「合衆国における会計基準設定プロセスの特徴―FASBの外貨換算会計基準を題材として―」『會計』第142巻第3号（1992年9月），386-400頁。
大塚成男「FASBによる新たな概念設定の意味―基準設定における利害調整の影響―」，中村　忠編『財務会計と制度会計』（白桃書房，1994年）35-53頁所収。
大塚成男「会計基準設定活動を分析するための枠組み」『會計』第160巻第3号（2001年9月），29-41頁。
大塚宗春「リスクの管理と会計」『會計』第151巻第1号（1997年1月），31-45頁。
岡部孝好『会計情報システム選択論』（中央経済社，1985年）。
音川和久『会計方針と株式市場』（千倉書房，1999年）。
小野武美『企業会計の政治経済学―会計規制と会計政策の動態分析―』（白桃書房，1996年）。
大日方隆『企業会計の資本と利益―名目資本維持と実現概念の研究―』（森山書店，1994年）。
大日方隆『CIRJEディスカッションペーパー NO. J-21：年金費用の測定』（Center for International Research on Japanese Economy, 2000年）。
大日方隆「利益の概念と情報価値(2)―純利益と包括利益―」，齋藤静樹編『会計基準の基礎概念』（中央経済社，2002年）IX-第1章所収。
加古宜士「新会計基準と利益概念」『會計』第159巻第3号（2001年3月），1-13頁。
加藤盛弘・鵜飼哲夫・百合野正博共訳著『会計原則の展開』（森山書店，1984年）。
加藤盛弘『現代の会計原則』（森山書店，1985年）。
加藤盛弘「アメリカ新年金会計基準の実務への影響と設定の意味」『産業経理』第51巻第1号（1991年4月），20-30頁。
加藤盛弘「アメリカ新年金会計基準による年金会計の変化」『同志社商学』第43巻第5号（1992年2月），74-105頁。
加藤盛弘『一般に認められた会計原則』（森山書店，1995年）。
神代和欣・連合総合生活開発研究所『戦後50年　産業・雇用・労働史』（日本労働研究機構，1995年）。
川村義則「減損会計における現在価値と公正価値―米国基準と国際会計基準の比較

検討―」『企業会計』第 52 巻第 2 号（2000 年 2 月），62-71 頁。
川村義則「負債の定義と認識要件：近接諸概念との比較検討」『會計』第 163 巻第 1 号（2003 年 1 月），40-55 頁。
企業会計審議会『企業会計上の個別問題に関する意見第二：退職給与引当金の設定について』（企業会計審議会，1968）。
企業会計審議会『退職給付に係る会計基準の設定に関する意見書』（企業会計審議会，1998 年）。
企業会計審議会『退職給付に係る会計基準』（企業会計審議会，1998 年）。
企業財務制度研究会（COFRI）編『年金会計研究委員会報告：年金会計をめぐる論点』（企業財務制度研究会，1997 年）。
企業利益研究委員会編『会計上の利益概念』（同文館，1968 年）。
工藤久嗣「ペンション・ファンドのディスクロージャー問題」『會計』第 160 巻第 3 号（2001 年 9 月），83-97 頁。
工藤久嗣「年金基金とコーポレートガバナンス問題」『産業経理』第 61 巻第 3 号（2001 年 10 月），21-28 頁。
黒川行治「年金基金資産・負債のオンバランス」『JICPA ジャーナル』第 9 巻第 10 号（1997 年 10 月），38-45 頁。
黒川行治「退職給付会計基準の論点」『企業会計』第 50 号第 11 巻（1998 年 11 月），64-74 頁。
小池和男『日本の雇用システム―その普遍性と強み―』（東洋経済新報社，1994 年）。
厚生年金基金連合会『年金数理懇談会報告書：厚生年金基金の年金財政の評価方法について―年金財政における資産の数理的評価と割引率―』（厚生年金基金連合会，1994 年 2 月）。［1994 a］
厚生年金基金連合会『資産運用専門委員会報告書：年金資産評価の今後のあり方について―時価・簿価問題解決のために―』（厚生年金基金連合会，1994 年 3 月）。［1994 b］
厚生年金基金連合会『資産運用専門委員会報告書：年金資産・債務評価のあり方と資産運用の効率化について』（厚生年金基金連合会，1995 年 3 月）。［1995 a］
厚生年金基金連合会『年金数理懇談会第 2 検討部会専門委員会報告書：厚生年金基金の新しい財政運営の提案』（厚生年金基金連合会，1995 年 6 月）［1995 b］
厚生年金基金連合会『受託者責任研究会第 1 次報告：わが国における受託者責任の確立に向けて』（厚生年金基金連合会，1996 年 6 月）。
厚生年金基金連合会編『21 世紀の企業年金』（東洋経済新報社，1997 年）。
斎藤静樹『会計測定の理論』（森山書店，1975 年）。
斎藤静樹『資産再評価の研究』（東京大学出版会，1984 年）。

斎藤静樹『企業会計―利益の測定と開示―』(東京大学出版会，1988年)．
斎藤静樹『企業会計とディスクロージャー』(東京大学出版会，1999年)．
齋藤静樹編『会計基準の基礎概念』(中央経済社，2002年)．
桜井久勝『会計利益情報の有用性』(千倉書房，1991年)．
桜井久勝「企業年金会計の基礎」『国民経済雑誌』第171巻6号 (1995年6月), 31-53頁．
桜井久勝「アメリカの企業年金会計」『COFRIジャーナル』第23号 (1996年6月), 32-42頁．
佐藤信彦「負債の測定と割引現在価値の本質」『會計』第147巻第5号 (1995年5月), 15-29頁．
佐野哲也「アメリカ年金会計に見る完全未履行契約の認識―SFAS第87号『事業主の年金会計の検討』」『京都大学経済論集』第156巻第2・3号 (1995年8・9月), 115-130頁．
志谷匡史『マーケットメカニズムと取締役の経営責任』(商事法務研究会，1995年)．
篠原　淳「退職給付会計と発生主義」『経営論集』第42巻第2-4合併号 (1995年3月), 171-179頁．
渋谷博史『レーガン財政の研究』(東京大学出版会，1992年)．
社会保障研究所編『リーディングス日本の社会保障3：年金』(有斐閣，1992年)．
須田一幸「ファンダメンタル分析と証券市場の効率性(一)」『會計』第153巻第5号 (1998年5月), 49-59頁．[1998 a]
須田一幸「ファンダメンタル分析と証券市場の効率性（二・完)」『會計』第153巻第6号 (1998年6月), 94-104頁．[1998 b]
須田一幸「ファンダメンタル分析の新たな展開」，新田忠誓・長谷川茂編『会計学説と会計数値の意味』(森山書店，1998年), 第13章所収．[1998 c]
須田一幸『財務会計の機能―理論と実証―』(白桃書房，2000年)．
須田一幸「キャッシュフロー情報と利益情報の有用性(一)」『會計』第160巻第1号 (2001年7月), 39-50頁．[2001 a]
須田一幸「キャッシュフロー情報と利益情報の有用性(二)」『會計』第160巻第2号 (2001年8月), 12-24頁．[2001 b]
清家　篤「労働政策と年金制度」『年金と雇用』第9巻第3号 (1990年12月), 26-35頁．
生命保険協会FAS研究会『米国における企業年金の新会計基準（FAS 87・88）について―FAS研究会報告書―』(生命保険協会，1988年)．
醍醐　聰「年金資産・負債の評価問題」『會計』第146巻第1号 (1994年7月), 1-19頁．

醍醐　聰編『時価評価と日本経済』(日本経済新聞社，1995年)。
醍醐　聰「企業経営と企業年金」『社会保障研究』第33巻第2号 (1997年秋期)，157-165頁。
千葉準一『英国近代会計制度―その展開過程の探求―』(中央経済社，1991年)。
通商産業省産業政策局産業資金課編『通商産業省版ビッグバン構想：産業構造審議会産業資金部会産業金融小委員会中間報告書』(通商産業調査会出版部，1997年)。通産省［1997］
辻山栄子『所得概念と会計測定』(森山書店，1991年)。
津田眞澂『日本の労務管理』(東京大学出版会，1970年)。
堤　一浩『現代企業年金会計』(森山書店，1991年)。
津守常弘『会計基準形成の論理』(森山書店，2002年)。
徳賀芳弘「伝統的な負債概念から新しい負債概念へ―米国における変化―」『企業会計』第46巻第8号 (1994年8月)，67-73頁。
徳賀芳弘「資産負債中心観」『企業会計』第53巻第1号 (2000年12月)，56-62頁。[2000 a]
徳賀芳弘「退職給付会計の光と影」『税経通信』第56巻第1号 (2000年12月)，65-71頁。
徳賀芳弘『国際会計論』(中央経済社，2000年)。
徳賀芳弘「退職給付会計と利益概念」『會計』第159巻第3号 (2001年3月)，14-26頁。
中野　誠「年金会計生成プロセスにおける従業員の視点の浸透」『企業会計』第46巻第10号 (1994年10月)，127-133頁。[1994 a]
中野　誠「年金会計における従業員受給権保護の思潮―年金基金の所有権の分析視角から―」『産業経理』第54巻第3号 (1994年10月)，138-148頁。[1994 b]
中野　誠「年金資産・年金負債に対するわが国資本市場の評価―SEC基準採用企業の実証分析―」『會計』第152巻第5号 (1997年11月)，65-80頁。
中野　誠「企業価値評価と年金ファクター―P/Lモデルによる実証分析―」『企業会計』第50巻第5号 (1998年5月)，57-63頁 [1998 a]
中野　誠「年金ファクターで分析する企業価値最大化戦略」『ダイヤモンド・ハーバード・ビジネス』第23巻第3号 (1998年5月)，36-45頁。[1998 b]
中野　誠「企業年金会計基準の経済的影響―行動誘発型会計基準のケース―」『企業会計』第51巻第10号 (1999年9月)，54-60頁。
中村隆英『日本経済―その成長と構造―』(東京大学出版会，1993年)。
中村　忠『資本会計論』(白桃書房，1969年)。
中村　忠『財務会計論』(国元書房，1984年)。[1984 a]

中村　忠「引当金の概念と分類」『税経セミナー』第 29 巻第 3 号（1984 年 1 月），2-6 頁。[1984 b]
中村　忠編『財務会計と制度会計』（白桃書房，1994 年）。
中村　忠編『制度会計の変革と展望』（白桃書房，2001 年）。
中村文彦「米国における退職後給付会計」『千葉大学社会文化科学研究』第 2 号（1998 年 3 月），271-292 頁。
中村文彦「退職給付会計基準の意義と課題―望ましい日本型退職給付システム構築への視点―」『産業経理』第 59 巻第 1 号（1999 年 4 月），94-103 頁。
中村文彦「退職給付の財務報告―利害調整と信頼性付与の構造」『會計』第 163 巻第 6 号（2003 年 6 月），72-83 頁。
並木俊守『アメリカにおける取締役の経営責任の法理』（中央経済社，1983 年）。
西澤　茂「現在価値による会計測定の意義と問題点」『會計』第 151 巻第 5 号（1997 年 5 月），711-725 頁。
西山忠範『株式会社における資本と利益―企業会計法の問題点―』（勁草書房，1961 年）。
日本會計学界編『會計の本質と職能』（森山書店，1955 年）。
日本経済新聞社編『年金の誤算―企業を脅かす巨大債務の危機―』（日本経済新聞社，1996 年）。
日本公認会計士協会会長通牒『退職給与引当金に関する会計処理及び表示と監査上の取扱い』（日本公認会計士協会，1969 年）。
日本公認会計士協会会長通牒『退職給与引当金に関する監査上の取扱等について』（日本公認会計士協会，1974 年）。
日本公認会計士協会監査第一委員会『報告書第 33 号：適格年金制度に移行した場合の会計処理および表示と監査上の取り扱い』（日本公認会計士協会，1979 年 4 月）。
日本公認会計士協会京滋会編『問答式退職金の会計と税務』（清文社，1991 年）。
日本公認会計士協会東京会編『問答式企業年金の会計と実務』（同文舘，1981 年）。
橋本寿朗『日本経済論』（ミネルバ書房，1991 年）。
橋本寿朗「日本型分業システムの形成―たくまざる『柔らかな』企業・作業場内分業と『意図された計画的な』企業内分業―」『ビジネス・レビュー』第 40 巻 2 号（1992 年 11 月），32-49 頁。
平松一夫『外部情報会計』（中央経済社，1980 年）。
平松一夫『国際会計の新動向』（中央経済社，1994 年）。
平松一夫「アメリカにおけるディスクロージャー制度」『企業会計』第 50 巻第 1 号（1998 年 1 月），113-119 頁。
深尾光洋・森田泰子『企業ガバナンス構造の国際比較』（日本経済新聞社，1997 年）。

古市峰子『IMES DISCUSSION PAPER SERIES No. 99-J-9：年金基金を巡る法律関係と会計処理との整合性について』（日本銀行金融研究所，1999年）．

松本敏史「わが国の退職給付会計統合の視点―退職給与引当金会計と年金会計―」『會計』第148巻5号（1995年11月），48-63頁．

松本敏史「わが国の年金会計と退職給与引当金会計の問題点」『企業会計』第48巻6号（1996年6月），32-38頁．

松本敏史「退職給付会計」，井上良二編著『制度会計の論点』（税務経理協会，2000年）第8章所収．

真野脩『経営年金制度』（森山書店，1959年）．

真野脩『退職年金制度―経営年金制度の動向―』（森山書店，1962年）．

万代勝信『現代会計の本質と職能―歴史的および計算構造的研究―』（森山書店，2000年）．

村上清「企業年金制度の会計・税務上の問題点」『企業会計』第42巻3号（1990年3月），12-17頁．

村上清『年金改革　21世紀への課題』（東洋経済，1993年）．

森田哲彌『価格変動会計』（国元書房，1979年）．

森田哲彌「原価主義会計の再検討」『企業会計』第47巻第1号（1995年1月），26-30頁．

森戸英幸「米国の企業年金法制―ポータビリティー，支払保証，401（k）プラン―」『日本労働研究雑誌』第444号（1997年5月），22-31頁．

諸井勝之助・若杉敬明『現代経営財務論』（東京大学出版会，1984年）．

弥永真生「現在価値計算と商法計算規定」『企業会計』第47巻第1号（1995年1月），77-83頁．

弥永真生「負債の会計と企業会計法Ⅰ」『商事法務』第1420号（1996年4月），2-8頁．[1996 a]

弥永真生「負債の会計と企業会計法Ⅱ」『商事法務』第1421号（1996年4月），5-13頁．[1996 b]

弥永真生「負債の会計と企業会計法Ⅲ」『商事法務』第1424号（1996年6月），17-24頁．[1996 c]

弥永真生「負債の会計と企業会計法Ⅳ・完」『商事法務』第1425号（1996年6月），22-29頁．[1996 d]

山浦久司「会社機構の国際比較とわが国監査制度の問題点」，中村忠編著『財務会計と制度会計』，（白桃書房，1994年）263-293頁所収．

山浦久司「適性意見の意味の再確認とわが国へのインプリケーション」『會計』第151巻第3号（1997年3月），1-14頁．

山地秀俊『労使問題と会計情報公開』(神戸大学経済研究所, 1992 年).
吉田和生「我が国における税制と企業年金政策」『ファイナンス研究』第 11 号 (1989 年 11 月), 55-75 頁.
吉田和生「企業年金政策と労働組合」『日本労働研究雑誌』第 34 巻第 12 号 (1992 年 12 月), 22-32 頁.
吉田和生「企業年金制度の債務情報はグッドニュースか―過去勤務債務の増減と株価の分析―」『産業経理』第 57 巻第 3 号 (1997 年 10 月), 108-117 頁.
吉田和生「企業年金債務の要因分析」『會計』第 154 巻第 2 号 (1998 年 8 月), 176-187 頁.
善積康夫「実証的会計理論の一動向―経営者による会計方法の選択行動について―」『三田商学研究』第 32 巻 5 号 (1989 年 12 月), 245-258 頁.
善積康夫「会計政策論の一展開―企業の利益管理政策に関する考察を中心に―」『産業経理』第 54 巻 1 号 (1994 年 4 月), 108-118 頁.
善積康夫『千葉大学経済研究叢書 4 : 経営者会計行動論の展開』(千葉大学, 2002 年).
ライフデザイン研究所編『企業年金白書―平成 11 年版―』(ライフデザイン研究所, 1999 年).
労働大臣官房政策調査部編『第 50 回労働統計年報』(労務行政研究所, 1997 年).
若杉敬明『企業財務』(東京大学出版会, 1988 年).
若杉敬明「年金基金と企業財務―年金基金のパフォーマンスと企業業績―」『企業会計』第 48 巻 6 号 (1996 年 6 月), 25-31 頁.
若杉敬明・清水栄『運用時代の年金戦略』(財務詳報社, 1997 年).
渡部記安「職域(企業)年金制度の現状と課題」『日本労動研究雑誌』第 392 巻第 5 号 (1997 年 5 月), 2-11 頁.

著者略歴

中村　文彦（なかむら　ふみひこ）
1969年　静岡県沼津市に生まれる
1995年　早稲田大学大学院商学研究科
　　　　修士課程修了
2001年　千葉大学大学院社会文化科学研究科
　　　　後期博士課程修了
　　　　千葉大学より博士（経済学）の学位
　　　　を取得
現　在　千葉経済大学経済学部専任講師

> 著者との協定
> により検印を
> 省略致します

退職給付の財務報告
―― 利害調整と信頼性付与の構造 ――

2003年10月15日　初版第1刷発行

著　者　©中村文彦
発行者　菅田直文
発行所　有限会社　森山書店　東京都千代田区神田錦町
　　　　　　　　　　　　　1―10 林ビル（〒101-0054）
　　　　TEL 03-3293-7061 FAX 03-3293-7063 振替口座 00180―9―32919

落丁・乱丁本はお取りかえいたします。印刷・製本／三美印刷

本書の内容の一部あるいは全部を無断で複写複製することは，著作者および出版者の権利の侵害となりますので，その場合は予め小社あて許諾を求めて下さい。

ISBN 4-8394-1979-5